FONOLOGÍA ESPAÑOLA

BIBLIOTECA ROMÁNICA HISPÁNICA

Fundada por DÁMASO ALONSO

III. MANUALES, 1

EMILIO ALARCOS LLORACH

FONOLOGÍA ESPAÑOLA

CUARTA EDICIÓN AUMENTADA Y REVISADA

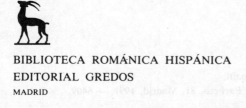

BIBLIOTECA ROMÁNICA HISPÁNICA
EDITORIAL GREDOS
MADRID

© EMILIO ALARCOS LLORACH, 1991.

EDITORIAL GREDOS, S. A.
Sánchez Pacheco, 81, Madrid.

Primera edición, 1950.
Segunda edición, 1954.
Tercera edición, 1961.
Cuarta edición, 1965.
   1.ª reimpresión, 1968.
   2.ª reimpresión, 1971.
   3.ª reimpresión, 1974.
   4.ª reimpresión, 1976.
   5.ª reimpresión, 1981.
   6.ª reimpresión, 1983.
   7.ª reimpresión, 1986.
   8.ª reimpresión, 1991.

Depósito Legal: M. 6082-1991.

ISBN 84-249-1101-6.

Impreso en España. Printed in Spain.
Gráficas Cóndor, S. A., Sánchez Pacheco, 81, Madrid, 1991. — 6409.

ADVERTENCIA A LA TERCERA EDICIÓN

Se mantiene en lo esencial la ordenación de la primera (1950) y la segunda (1954). En su parte general, sigue los *Grundzüge* de Trubetzkoy, pero se recogen otras opiniones y otros desarrollos ulteriores de la fonología. Hemos encabezado esta parte con una bibliografía general numerada, para evitar las repeticiones obligadas al colocar, como en las ediciones anteriores, tras cada capítulo, las referencias correspondientes; ahora, en esos lugares remitimos simplemente con números a las obras pertinentes de la lista bibliográfica general.

Aunque se introducen modificaciones, la exposición pretende conservar su carácter relativamente ecléctico. Como el libro está escrito pensando en el estudiante, nos hemos convencido de que las posibles contradicciones derivadas del eclecticismo y del querer armonizar opiniones encontradas son preferibles a la exposición dogmática de una sola teoría exclusiva, pues despiertan la atención y obligan al análisis crítico.

En la segunda parte, consagrada al español, se han ampliado y aclarado—creemos—ciertos puntos, discutiendo algunas opiniones contrarias a lo que habíamos expuesto precedentemente. También se ha procurado ordenar con más rigor la sección diacrónica y hacerla más completa, aunque, forzosamente, esquemática.

Por último, se han atendido oportunamente las reseñas que las ediciones anteriores han merecido, así como indicaciones orales de algunos colegas.

Sobre los signos empleados en las notaciones fonológica (entre / /) y fonética (entre [ ]), digamos que seguimos en general las normas de la *Revista de Filología Española*, con pequeñas variaciones que creemos están aclaradas por el contexto.

Oviedo-Valladolid, julio 1959.

NOTA A ESTA EDICIÓN

La urgencia en reimprimir este libro, impide revisar y redactar de nuevo ciertos párrafos. Sólo se ha completado en lo esencial la bibliografía y se han retocado algunos puntos.

Se agradecen y tienen en cuenta las reseñas aparecidas sobre la tercera edición.

Oviedo, noviembre 1964.

BIBLIOGRAFÍA GENERAL

1. *Actes du Premier Congrès de Linguistes*, Leyden, 1928.
2. *Actes du VI⁰. Congrès International de Linguistes*, París, 1949.
3. *Proceedings of the 7th. Int. Congress of Linguists*, Londres, 1953.
4. E. ALARCOS LLORACH, *Fonología expresiva y poesía*, en *Revista de Letras*, Universidad de Oviedo, 1950.
5. A. ALONSO, *Substratum y Superstratum*, en *Rev. Filología Hispánica*, 3 (1941), p. 209.
6. A. ALONSO, *La identidad del fonema*, en *RFH*, 6 (1944), p. 280-283; incluido en *Estudios lingüísticos (temas españoles)*, Madrid, 1951, p. 308-314.
7. V. ARTEMOV, *Tone and Intonation*, en *Proc. IV Int. Congr. Phon. Sc.*, p. 403-406.
8. A. AVRAM, *Sur la phonologie de la norme*, en *Revue de Linguistique*, 3 (Bucarest, 1958), p. 225-235.
9. A. AVRAM, *Homonymie und Synonymie in der Phonologie*, en *Rev. de ling.* (Bucarest), 8 (1963), p. 37-41.
10. CH. BALLY, *Intonation et Syntaxe*, en *Cahiers F. de Saussure*, 1, p. 33-42.
11. CH. BALLY, *Linguistique générale et linguistique française*, 2 ed., Berna, 1944.
12. C. E. BAZELL, *Three Conceptions of Phonological Neutralisation*, en *For R. Jakobson*, 1956, p. 25-30.
13. C. E. BAZELL, *The Choice of Criteria in Structural Linguistics*, en *Word*, 10 (1954), p. 126-135.
14. C. E. BAZELL, *Phonemic and Morphemic Analysis*, en *Word*, 8 (1952), p. 33-38.

15. A. Belić, *L'accent de la phrase et l'accent du mot*, en *TCLP*, 4, p. 183-187.

16. E. Benveniste, *Répartition des consonnes et phonologie du mot*, en *TCLP*, 8, p. 27-35.

17. B. Bloch y G. L. Trager, *Outline of Linguistic Analysis*, Baltimore, 1942.

18. B. Bloch, *A Set of Postulates for Phonemic Analysis*, en *Language*, 24 (1948), p. 3-47.

19. L. Bloomfield, *A Set of Postulates for the Science of Language*, en *Language*, 2 (1926), p. 153-164.

20. L. Bloomfield, *Language*, Nueva York, 1933.

21. D. L. Bolinger, *Intersections of Stress and Intonation*, en *Word*, 11 (1955), p. 195-203.

22. V. Brøndal, *Sound and Phoneme*, en *Proceedings of the 2d. Int. Cong. of Phonetic Sciences*, Cambridge, 1935, p. 40 sigs.

23. V. Brøndal, *The variable Nature of Umlaut*, en *Proceedings of the 3d. Int. Congr. of Phon. Sc.*, Gante, 1938, p. 47-51.

24. V. Brøndal, *Essais de Linguistique générale*, Copenhague, 1943.

25. K. Bühler, *Psychologie der Phoneme*, en *Proc. of the 2d. Int. Congr. of Phon. Sciences*, Cambridge, 1935, p. 162 sigs.

26. K. Bühler, *Phonetik und Phonologie*, en *TCLP*, 4, p. 22 sigs.

27. K. Bühler, *Sprachtheorie*, Jena, 1934. Traducción española de J. Marías, Madrid, 1950.

28. E. Buyssens, *Les langages et le discours*, Bruselas, 1943.

29. J. Cantineau, *Le classement logique des opositions*, en *Word*, 11 (1955), p. 1-9.

30. D. Catalán, *Dialectología y estructuralismo diacrónico*, en *Misc. Martinet*, III, p. 69-80.

31. J. G. H. de Carvalho, *Introdução aos Estudos Linguísticos*, Coimbra 1960-1961.

32. J. G. H. de Carvalho, *Lições de Linguística*, Coimbra 1962-1963.

33. G. R. Cochrane, *The Australian English Vowels as a Diasystem*, en *Word*, 15 (1959), p. 69-88.

34. M. Cohen, *Catégories de mots et phonologie*, en *TCLP*, 8, p. 36-42.

35. E. Coseriu, *Sistema, norma y habla*, Montevideo, 1952.

36. E. Coseriu, *Forma y sustancia en los sonidos del lenguaje*, Montevideo, 1954. Recogidos en libro: *Teoría del lenguaje y lingüística general*, Madrid, Gredos, 1961.

37. E. Coseriu, *A propósito de la «distribución»*, en *Contribuciones a los debates del VIII Congr. Int. de Ling.*, Montevideo, 1957, p. 3-2.

38. E. Coseriu, *Sincronía, diacronía e historia*, Montevideo, 1958.

39. E. Coseriu y W. Vásquez, *Para la unificación de las ciencias fónicas*, Montevideo, 1953.

40. Yuen-Ren Chao, *The Non-uniqueness of Phonemic Solutions of phonetic Systems*, reeditado en *Readings in Linguistics*, ed. M. Joos, Wáshington, 1957, p. 38-54.

41. E. C. Cherry, M. Halle, R. Jakobson, *Toward the Logical Description of Languages*, en *Language*, 29 (1953), p. 34-46.

42. H. A. Deferrari, *The Phonology of Italian, Spanish and French*, Wáshington, 1954.

43. P. Delattre, *Les indices acoustiques de la parole*, en *Phonetica*, 2 (1958), p. 108-118 y 226-251, con la bibliografía ahí consignada (p. 249-51).

44. P. Delattre, *Le jeu des transitions des formants et la perception des consonnes*, en *Proc. IV Int. Congr. Phon. Sc.*, p. 407-417.

45. P. Delattre, *Some Factors of Vowel Duration and their Cross-linguistic Validity*, en *JASA*, 34 (1962), p. 1141-1143.

46. P. Delattre, *Comparing the prosodic Features of English, German, Spanish and French*, en *IRAL*, 1 (1963), p. 193-210.

47. P. Diderichsen, *The Importance of Distribution vs. Other Criteria in Linguistic Analysis*, en *Proc. 8th. Cong. Ling.*, Oslo, 1958, p. 156 sgs.

48. M. Durand, *Essai sur la nature de la notion de durée vocalique*, en *TCLP*, 8, p. 43-50.

49. M. Durand, *Voyelles longues et voyelles brèves. Essai sur la nature de la quantité vocalique*, París, 1946.

50. P. Eringa, *Het phonologische Quantiteitsbegrip (Tijdsaspecten van de Taal)*, Leiden, 1948.

51. G. Fant, *Modern Instruments a. Methods for Acoustic Studies of Speech*, en *Proc. 8th. Cong. Ling.*, Oslo, 1958, p. 282 sgs.

52. G. Fant, *Sound Spectrography*, en *Proc. IV Int. Congr. Phon. Sc.*, Helsinki, 1961, p. 14-33.

53. G. Faure, *L'intonation et l'identification des mots*, en *Proc. IV Int. Congr. Phon. Sc.*, p. 598-609.

54. Ch. A. Ferguson, *Diglossia*, en *Word*, 15 (1959), p. 325-340.

55. J. R. FIRTH, Sounds and Prosodies, en Papers in Linguistics 1934-
    1951, Oxford (1957), p. 121-138.
56. E. FISCHER-JØRGENSEN, Neuere Beiträge zum Quantitätsproblem,
    en Acta Lingüística, 2 (1940-41), p. 32 sigs.
57. E. FISCHER-JØRGENSEN, Remarques sur les principes de l'analyse
    phonémique, en TCLC, 5 (1959), p. 214-234.
58. E. FISCHER-JØRGENSEN, On the Definition of Phoneme Categories
    on a Distributional Basis, en Acta Ling., 7 (1952), p. 8-39.
59. E. FISCHER-JØRGENSEN, The Commutation Test and its Application
    to Phonemic Analysis, en For R. Jakobson, 1956, p. 140-151.
60. E. FISCHER-JØRGENSEN, What can the New Techniques of Acoustic
    Phonetics contribute to Linguistics?, en Proc. 8th. Cong. Ling.,
    Oslo, 1958, p. 433 sigs.
61. E. FISCHER-JØRGENSEN, Sound Duration and Place of Articulation,
    en Zeit. f. Phon., 17 (1964), p. 175-207.
62. J. FOURQUET, Analyse linguistique et analyse phonologique, en
    TCLC, 5, p. 38-47.
63. J. FOURQUET, Classification dialectale et phonologie evolutive, en
    Miscelánea A. Martinet, 2 (1958), p. 55-62.
64. H. FREI, La grammaire de fautes, París, 1929.
65. H. FREI, De la linguistique comme science de lois, en Lingua, 1,
    p. 25-35.
66. H. FREI, Critères de délimitation, en Word, 10 (1954), p. 136-145.
67. D. B. FRY, The Function of the Syllable, en Zeit. f. Phon., 17
    (1964), p. 215-221.
68. G. GOUGENHEIM, Réflexions sur la phonologie historique du fran-
    çais, en TCLP, 8, p. 262 sigs.
69. P. S. GREEN, Consonant-Vowel Transitions, Lund 1959.
70. A. W. DE GROOT, Phonologie und Phonetik als Funktionswissen-
    schaften, en TCLP, 4, p. 116-147.
71. A. W. DE GROOT, La syllabe: essai de synthèse, en Bul. Société
    Ling., 27, págs. 1-42.
72. A. W. DE GROOT, L'accent en allemand et en néerlandais, en TCLP,
    8, p. 149-172.
73. A. W. DE GROOT, Structural Linguistics and Phonetic Law, en Lin-
    gua, 1, p. 175-208.
74. A. W. DE GROOT, Neutralisation d'oppositions, en Neophilologus,
    25, p. 139.

75. A. W. DE GROOT, *Structural Linguistics and Word Classes*, en *Lingua*, 1, p. 427-500.

76. A. W. DE GROOT, *L'intonation de la phrase néerlandaise et alleman-de*, en *Cahiers F. de Saussure*, 5, p. 17-31.

77. W. HAAS, *Relevance in Phonetic Analysis*, en *Word*, 15 (1959), p. 1-18.

78. B. HÁLA, *La nature phonétique de la syllabe*, en *Proc. IV Int. Congr. Phon. Sc.*, p. 418-427.

79. M. HALLE, *The Strategy of Phonemics*, en *Word*, 10 (1954), páginas 197-209.

80. M. A. K. HALLIDAY, *Linguistique générale et ling. appliquée*, en *Études de Ling. Appl.* (Besançon), 1, p. 5-42.

81. Z. S. HARRIS, *Methods in Structural Linguistics*, Chicago, 1951.

82. A. G. HAUDRICOURT, *Quelques principes de phonologie historique*, en *TCLP*, 8, p. 270-272.

83. A. G. HAUDRICOURT y A. G. JUILLAND, *Essai pour une histoire structurale du phonétisme français*, París, 1949.

84. E. HAUGEN, *Phoneme or Prosodeme*, en *Language*, 25 (1949), páginas 281-282.

85. E. HAUGEN, *Directions in Modern Linguistics*, en *Language*, 27 (1951), p. 211-222.

86. E. HAUGEN, *The Syllable in Linguistic Description*, en *For R. Jakobson*, p. 213-221.

87. B. HAVRÁNEK, *Zur phonologischen Geographie (Das Vokalsystem des balkanischen Sprachbundes)*, en *Arch. Néerl. Phon. Exp.*, 8-9, p. 119-125.

88. B. HAVRÁNEK, *Ein phonologischer Beitrag zur Entwicklung der slavischen Palatalreihen*, en *TCLP*, 8, p. 327-334.

89. A. A. HILL, *Phonetic and Phonemic Change*, en *Languages*, 12 (1930), p. 15-22.

90. A. A. HILL, *Introduction to Linguistic Structures*, New York, 1958.

91. A. A. HILL, *Suprasegmentals, Prosodies, Prosodemes*, en *Language*, 37 (1961), p. 457-468.

92. F. HINTZE, *Bemerkungen zur Methodik phonologischer Untersuchungen der Wortstruktur*, en *Studia Linguistica*, 2 (1948), p. 37-47.

93. L. HJELMSLEV, *Principes de grammaire générale*, Copenhague, 1928.

94. L. HJELMSLEV, *On the Principles of Phonematics*, en *Proc. of the 2d. Int. Congr. Phon. Sc.*, 1935, p. 51-54.

95. L. HJELMSLEV, *Accent, intonation, quantité,* en *Studi Baltici,* 6 (1937).

96. L. HJELMSLEV, *Ueber die Beziehungen der Phonetik zur Sprachwissenschaft,* en *Arch. f. vgl. Phonetik,* 2 (1938), p. 129-134.

97. L. HJELMSLEV, *The Syllable as a Structural Unit,* en *Proc. of the 3d. Int. Congr. Phon. Sc.,* 1938, p. 266-272.

98. L. HJELMSLEV, *Note sur les oppositions supprimables,* en *TCLP,* 8, p. 51-57.

99. L. HJELMSLEV, *Langue et parole,* en *Cahiers F. de Saussure,* 2, p. 29-44.

100. L. HJELMSLEV, *Omkring Sprogteoriens Grundlaeggelse,* Copenhague, 1943; traducción inglesa: *Prolegomena to a Theory of Language,* The Univ. of Wisconsin Press, Madison, 1961.

101. CH. F. HOCKETT, *A Manual of Phonology,* Baltimore, 1955.

102. CH. F. HOCKETT, *A Course in Modern Linguistics,* New York, 1959.

103. H. M. HOENIGSWALD, *Sound Change and Linguistic Structure,* en *Language,* 22 (1946), p. 138-143.

104. H. M. HOENIGSWALD, *Language Change and Linguistic Reconstruction,* Chicago, 1960.

105. J. HOLT, *La frontière syllabique en danois,* en *TCLC,* 5, p. 236-265.

106. A. ISAČENKO, *A propos des voyelles nasales,* en *Bull. Société Ling.,* 38 (1937), p. 267 sigs.

107. A. ISAČENKO, *Morphologie, syntaxe et phraséologie,* en *Cahiers F. de Saussure,* 7, p. 17-32.

108. P. IVIĆ, *On the Structure of Dialectal Differentiation,* en *Word,* 18 (1962), p. 33-53.

109. R. JAKOBSON, *Remarques sur l'évolution phonologique du russe,* en *TCLP,* 2.

110. R. JAKOBSON, *Prinzipien der historischen Phonologie,* en *TCLP,* 4, p. 247-267; incluido en la traducción de Cantineau de los *Grundzüge,* de Trubetzkoy, p. 315-336.

111. R. JAKOBSON, *Die Betonung und ihre Rolle in der Wort- und Syntagmaphonologie,* en *TCLP,* 4, p. 164-182.

112. R. JAKOBSON, *Ueber die phonologischen Sprachbünde,* en *TCLP,* 4, p. 234-240.

113. R. JAKOBSON, *Ueber die Beschaffenheit der prosodischen Gegensätze,* en *Mélanges van Ginneken,* 1937, p. 25 sigs.

114. R. JAKOBSON, *Sur la théorie des affinités phonologiques*, en *Actes du 4ᵉ. Congr. de Ling.*, Copenhague, 1938; incluido en trad. francesa de *Grundzüge*, p. 351-365.

115. R. JAKOBSON, *Observations sur le classement phonologique des consonnes*, en *Proc. 3. Int. Congr. Phon. Sc.*, 1938, p. 34-41.

116. R. JAKOBSON, *Kindersprache, Aphasie und allgem. Lautgesetze*, Uppsala, 1942.

117. R. JAKOBSON, *On the Identification of Phonemic Entities*, en *TCLC*, 5, p. 205-213.

118. R. JAKOBSON, *On the correct Presentation of Phonemic Problems*, en *Symposium*, 5 (1951), p. 328-335.

119. R. JAKOBSON, *The Phonemic Concept of Distinctive Features*, en *Proc. IV Int. Congr. Phon. Sc.*, p. 440-455.

120. R. JAKOBSON y J. LOTZ, *Notes on the French Phonemic Pattern*, en *Word*, 5 (1949), p. 151 sigs.

121. R. JAKOBSON, C. G. M. FANT y M. HALLE, *Preliminaries to Speech Analysis*, Massachussets Institute of Technology, 1952.

122. R. JAKOBSON y M. HALLE, *Fundamentals of Language*, La Haya, 1956.

123. R. JAKOBSON y M. HALLE, *Phonology in relation to Phonetics*, en Kaiser, *Manual of Phonetics*, 1957, p. 215-251.

124. W. JASSEN, *The Acoustic of Consonants*, en *Proc. IV Int. Congr. Phon. Sc.*, p. 50-72.

125. D. JONES, *On phonemes*, en *TCLP*, 4, p. 74-79.

126. D. JONES, *The Theory of Phonemes and its Importance in Practical Linguistics*, en *Arch. Néerl. Phon. Exp.* 8-9, p. 114-115.

127. D. JONES, *The Phoneme: Its Nature and Use*, Cambridge, 1950.

128. M. JOOS, *Acoustic Phonetics*, Baltimore, 1948.

129. M. JOOS, *Description of Language Design*, en *Journal of the Acoust. Soc. of America*, 22 (1950), p. 701-708.

130. A. G. JUILLAND, *A Bibliography of Diachronic Phonemics*, en *Word*, 9 (1953), p. 198-208.

131. F. JUNGEMANN, *La teoría del sustrato y los dialectos hispano-romances y gascones*, Madrid, 1955.

132. S. KARCEVSKIJ, *Sur la phonologie de la phrase*, en *TCLP*, 4, p. 188-228.

133. W. KOCH, *Zur Theorie des Lautwandels*, Münster, 1963.

134. J. M. KOŘINEK, *Zur Definition des Phonems*, en *Acta Ling.*, 1, p. 90-93.

135. J. KURYLOWICZ, *Contribution à la théorie de la syllabe*, en *Bull. Société polonaise de Ling.*, 8 (1948), p. 80-114.

136. P. LADEFOGED, M. H. DRAPER, D. WHITTERIDGE, *Syllables and Stress*, en *Misc. Phon.*, 3 (1958), p. 1-14.

137. J. C. LAFON, *Message et phonétique*, París (PUF), 1961.

138. J. LAZICZIUS, *Phonétique et phonologie*, en *Lingua*, 1, p. 293-305.

139. J. LAZICZIUS, *Problème der Phonologie*, en *Ungarische Jahrbücher*, 15.

140. I. LEHISTE, *An Acoustic-Phonetic Study of Internal Open Juncture*, suppl. ad *Phonetica*, 5 (1960).

141. I. LEHISTE, *Acoustic Studies of Boundary Signals*, en *Proc. IV Int. Congr. Phon. Sc.*, p. 178-187.

142. W. P. LEHMANN, *Historical Linguistics*, New York, 1962.

143. H. LÜDTKE, *Die strukturelle Entwicklung des romanischen Vokalismus*, Bonn, 1956.

144. A. MAACK, *Ueber den Verlauf des Lautwandels*, en *Phonetica*, 3 (1959), p. 65-89.

145. B. MANDELBROT, *Structure formelle des textes et communication*, en *Word*, 10 (1954), p. 1-27.

146. B. MALMBERG, *Die Quantität als phonetisch-phonologischer Begriff*, Lund, 1954.

147. B. MALMBERG, *Voyelle, consonne, syllabe, mot*, en *Misc. Martinet*, III, p 81-97.

148. B. MALMBERG, *Analyse des faits d'accent*, en *Proc. IV Int. Congr. Phon. Sc.*, p. 456-475.

149. B. MALMBERG, *Structural Linguistics and Human Communication*, Berlín, 1963.

150. S. MARINER BIGORRA, *Latencia y neutralización, conceptos precisables*, en *Archivum*, 8 (1958), p. 15-32.

151. A. MARTINET, *Neutralisation et archiphonème*, en *TCLP*, 6, p. 46 siguientes.

152. A. MARTINET. *Equilibre et instabilité des systèmes phonologiques*, en *Proc. 3d. Int. Congr. Phon. Sc.*, 1938, p. 30-34.

153. A. MARTINET, *Rôle de la corrélation dans la phonologie diachronique*, en *TCLP*, 8, p. 273-288.

154. A. MARTINET, *La phonologie synchronique et diachronique*, en *Revue des cours et conférences*, París, 1939, p. 323 sigs.

155. A. MARTINET, *Description phonologique du parler franco-provençal d'Hauteville (Savoie)*, en *Rev. de Ling. Romane*, 1939, p. 1-86.

156. A. MARTINET, *Un ou deux phonèmes?*, en *Acta Ling.*, 1, p. 94-103.

157. A. MARTINET, *Où en est la phonologie?*, en *Lingua*, 1, p 34-58.

158. A. MARTINET, *La double articulation linguistique*, en *TCLC*, 5, p. 30-37.

159. A. MARTINET, *About Structural Sketches*, en *Word*, 5 (1949), p. 13-35.

160. A. MARTINET, *Phonology as Functional Phonetics*, Londres, 1949.

161. A. MARTINET, *Diffusion of Language and Structural Linguistics*, en *Rom. Phil*, 6 (1952), p. 5-13.

162. A. MARTINET, *Function, Structure, and Sound Change*, en *Word*, 8 (1952), p. 1-32.

163. A. MARTINET, *Concerning the Preservation of Useful Sound Features*, en *Word*, 9 (1953), p. 1-11.

164. A. MARTINET, *Structural Linguistics*, en *Anthropology Today*, Univ. of Chicago Press, 1953, p. 574-586.

165. A. MARTINET. *Accent et tons*, en *Miscellanea Phonetica*, 2 (1954), p. 13-24.

166. A. MARTINET, *Dialect*, en *Rom. Phil*, 8 (1954), p. 1-11.

167. A. MARTINET. *Economie des changements phonétiques*, Berna, 1955.

168. A. MARTINET, *La description phonologique*, Ginebra, 1956.

169. A. MARTINET, *Phonetics and Linguistic Evolution*, en Kaiser, *Manual of Phonetics*, 1957, p. 252-273.

170. A. MARTINET, *Arbitraire linguistique et double articulation*, en *Cahiers F. de Saussure*, 15 (1957), p. 105-116.

171. A. MARTINET, *Substance phonique et traits distinctifs*, en *Bul. Soc. Ling.*, 53 (1958), p. 72-85.

172. A. MARTINET, *Eléments de Linguistique générale*, París, 1960.

173. V. MATHESIUS, *La structure phonologique du lexique du tchèque moderne*, en *TCLP*, 1, p. 67-85.

174. V. MATHESIUS, *Zum Problem der Belastungs- und Kombinationsfähigkeit der Phoneme*, en *TCLP*, 4, p. 148-152.

175. R. MENÉNDEZ PIDAL, *Modo de obrar el substrato lingüístico*, en *RFE*, 34 (1950), p. 1-8.

176. R. MENÉNDEZ PIDAL, *Orígenes del español*, 3 ed., Madrid, 1950.

177. L. MICHELENA, *Lenguas y protolenguas*, Salamanca, 1963.

178. Ch. MØLLER, *Thesen und Theorien der Prager Schule*, en *Acta Jutlandica*, 8 : 2, 1936.

179. J. MUKAŘOVSKY, *La phonologie et la poétique*, en *TCLP*, 4, p. 280 siguientes.

180. J. Mukařovsky, *Intonation comme facteur de rythme poétique*, en *Arch. Néerl. Phon.* Exp., 8-9, p. 153-165.

181. P. Naert, *Sur la nature phonologique de la quantité*, en *Cahiers F. de Saussure*, 3, p. 15-25.

182. T. Navarro, *Manual de entonación española*, Nueva York, 1944.

183. T. Navarro, *Estudios de fonología española*, Syracuse, N. Y., 1946.

184. E. B. Newman, *Statistical Methods in Phonetics*, en Kaiser, *Manual of Phonetics*, 1957, p. 118-126.

185. L'. Novak, *Projet d'une nouvelle définition du phonème*, en *TCLP*, 8, p. 66-70.

186. J. D. O'Connor y J. L. M. Trim, *Vowel, Consonant and Syllable*, en *Word*, 9 (1953), p. 103-122.

187. K. L. Pike, *Intonation of American English*, Univ. of Michigan Press, Ann Arbor, 1945.

188. K. L. Pike, *Interpenetration of Phonology, Morphology and Syntax*, en *Proc. 8th. Cong. Ling.*, Oslo, 1958, p. 363 sigs.

189. K. L. Pike, *Phonemics*, Ann Arbor, 1959 (6.ª ed.).

190. H. Pilch, *Phonemtheorie*, Basilea, 1964.

191. E. Polivanov, *La perception des sons d'une langue étrangère*, en *TCLP*, 4, p. 79-98.

192. E. Polivanov, *Zur Frage der Betonungsfunktionen*, en *TCLP*, 6, p. 75-81.

193. R. K. Potter, G. A. Kopp y H. C. Green, *Visible Speech*, Nueva York, 1947.

194. H. J. Pos, *Quelques perspectives philosophiques de la phonologie*, en *Arch. Néerl. Phon. Exp.* 8-9 (1933), p. 226-230.

195. L. J. Prieto, *Traits oppositionnels et traits contrastifs*, en *Word*, 10 (1954), p. 43-59.

196. L. J. Prieto, *Principes de noologie*, La Haya, 1964.

197. E. Pulgram, *Introduction to the Spectrography of Speech*, La Haya, Mouton, 1959.

198. A. Reichling, *What is General Linguistics?*, en *Lingua*, 1, p. 8-24.

199. *Results of the Conference of Anthropologists and Linguists*, cap. 2 (de R. Jakobson), suplemento del *Int. Journal of Am. Linguistics*, Memoir 8, 1953.

200. A. Rigault, *La synthèse de la parole*, en *Et. de Ling. Appl.*, 1, p. 53-69.

201. A. Rigault, *Rôle de la fréquence... dans la perception de l'accent français*, en *Proc. IV Int. Congr. Phon. Sc.*, p. 735-748.

202. A. Rosetti, *Sur la théorie de la syllabe,* en *Bull. Linguistique,* 3 Bucarest, 1935), p. 5-14; en libro, mismo título, completado, La Haya, Mouton, 1959.

203. A. Rosetti, *Notes de phonologie,* en *Acta Linguistica,* 3 p., 31-33.

204. A. Rosetti, *Le mot: esquisse d'une théorie générale,* Copenhague-Bucarest, 1947.

205. A. Rosetti, *La phonologie et les changements phonétiques,* en *Mélangues Linguistiques,* Bucarest, 1957, p. 91-95.

206. A. Rosetti, *La syllabe phonologique,* en *Proc. IV Int. Congr. Phon. Sc.,* 1961, p. 494-499.

207. A. S. C. Ross, *The Fundamental Definitions of the Theory of Language,* en *Acta Ling.,* 4, p. 101-106.

208. M. S. Ruipérez, *Cantidad silábica y métrica estructural en griego antiguo,* en *Emerita,* 23 (1955), p. 79-95.

209. M. S. Ruipérez, *Esquisse d'une histoire du vocalisme grec,* en *Word,* 12 (1956), p. 67-81.

210. E. Sapir, *Language,* 1921.

211. E. Sapir, *Sound Patterns in Language,* en *Language,* 1 (1925), p. 37-51.

212. S. Saporta, *A Note on the Relation between Meaning and Distribution,* en *Litera,* 4 (Istanbul, 1957), p. 22-26.

213. F. de Saussure, *Cours de Linguistique générale,* 3 ed., París, 1931: traducción esp. de A. Alonso, con prólogo, Buenos Aires, 1945.

214. F. Schubel, *Aufgaben und Ergebnisse der allgemeinen Linguistik,* en *Studia Neophilologica,* 20, p. 49-64.

215. A. Sechehaye, *Programme et méthodes de la linguistique théorique,* París, 1908.

216. A. Sechehaye, *De la définition du phonème à la définition de l'entité de langue,* en *Cahiers F. de Saussure,* 2, p. 45-55.

217. E. Seidel, *Das Wesen der Phonologie,* Copenhague-Bucarest, 1943.

218. A. Sommerfelt, *Sur l'importance générale de la syllabe,* en *TCLP,* 4, p. 156-160.

219. A. Sotavalta, *Die Phonetik und ihre Beziehung zu den Grenzwissenschaften,* en *Annales Ac. Scient. Fennicae,* 31 : 3 (1936).

220. H. Spang-Hanssen, *Typological and Statistical Aspects of Distribution as a Criterion in Ling. Analysis,* en *Proc. 8th. Cong. Ling.,* Oslo, 1958, p. 182 sigs.

221. E. Stankiewicz, *On Discreteness and Continuity in Structural Dialectology,* en *Word,* 13 (1957), p. 44-59.

222. G. STRAKA, *La division des sons du langage en voyelles et consonnes peut-elle être justifiée?*, en *Travaux de Ling. et litt.*, Strasbourg, 1 (1963), p. 17-99.

223. G. STRAKA, *Durée et timbre vocaliques*, en *Zeit. f. Phon.*, 12 (1959), p. 276-300.

224. G. STRAKA, *A propos de la question des semivoyeles*, en *Zeit. f. Phon.*, 17 (1964).

225. M. SWADESH, *The Phonemic Principle*, en *Language*, 10 (1934), p. 117-129.

226. C. TAGLIANI, *Modificazioni del linguaggio nella parlata delle donne*, en *Scritti in onore di A. Trombetti*, Milán, 1938, p. 87-142.

227. L. TESNIÈRE, *Phonologie et mélange de langues*, en *TCLP*, 8, p. 83-93.

228. B. TRNKA, *Méthode de comparaison analytique et grammaire comparée historique*, en *TCLP*, 1, p. 33-38.

229. B. TRNKA, *A phonological Analysis of Present Day Standard English*, Praga, 1935.

230. B. TRNKA, *General Laws of Phonemic Combinations*, en *TCLP*, 6, p. 57-62.

231. N. S. TRUBETZKOY, *Zur allgemeinen Theorie der phonologischen Vokalsysteme*, en *TCLP*, 1 (1929), p. 39-67.

232. N. S. TRUBETZKOY, *Die phonologische Systeme*, en *TCLP*, 4 (1931), p. 98-116.

233. N. S. TRUBETZKOY, *Phonologie und Sprachgeographie*, en *TCLP*, 4, p. 228-234; también en la trad. francesa de los *Grundzüge*, p. 343-350.

234. N. S. TRUBETZKOY, *La phonologie actuelle*, en *Journal de Psychologie*, 30 (1933), p. 241 sigs.

235. N. S. TRUBETZKOY, *Charakter und Methode der systematischen phonologischen Darstellung einer gegebenen Sprache*, en *Arch. Néerl. Phon. Exp.*, 8-9 (1933), p. 109-113.

236. N. S. TRUBETZKOY, *Anleitung zu phonologischen Beschreibungen*, Brno, 1935.

237. N. S. TRUBETZKOY, *Die phonologische Grenzsignale*, en *Proc. 2d. Int. Congress Phon. Sc*, 1935, p. 45 sigs.

238. N. S. TRUBETZKOY, *Die Aufhebung der phonologischen Gegensätze*, en *TCLP*, 6, p. 29 sigs.

239. N. S. TRUBETZKOY, *Essai d'une théorie des oppositions phonologiques*, en *Journal de Psychologie*, 33 (1936), p. 5-18.

240. N. S. TRUBETZKOY, *Die phonetische Grundlagen der sogenannten Quantität in der verschiedenen Sprachen,* en *Scritti in onore di A. Trombetti,* 1938, p. 155-174.

'241. N. S. TRUBETZKOY, *Die Quantität als phonologischen Problem,* en *Actes du 4e Congrès Int. Ling.,* Copenhague, 1938.

242. N. S. TRUBETZKOY, *Ueber eine neue Kritik des Phonemsbegriffes,* en *Arch. f. vgl. Phon.,* 1, p. 129 sigs.

243. N. S. TRUBETZKOY, *Grundzüge der Phonologie,* (*TCLP,* 7), 1938; trad. francesa de J. Cantineau, París, 1949.

244. N. S. TRUBETZKOY, *Zur phonologischen Geographie der Welt,* en *Proc. 3d. Int. Cong. Phon. Sc.,* 1938, p. 499.

245. W. F. TWADDELL, *On defining the Phoneme* (Language Monographs, 16), 1935.

246. W. F. TWADDELL, *A Phonological Analysis of Intervocalic Consonant Clusters in Modern German,* en *Actes du 4e Cong. Ling.,* Copenhague, 1938.

247. H. ULASZYN, *Laut, Phonema, Morphonema,* en *TCLP,* 4, p. 53-61.

248. H. J. ULDALL, *On the structural Interpretation of Diphthongs,* en *Proc. 3d. Int. Cong. Phon. Sc.,* 1938, p. 272-276.

249. J. VACHEK, *Several Thoughts on several Statements of the Phoneme Theory,* en *American Speech,* 10 (1935).

250. J. VACHEK, *Phonemes and phonological Units,* en *TCLP,* 6, p. 235-239.

251. J. VACHEK, *Notes on the Development of Language seen as a System of Systems,* en *Sborník prací Fil. Fak. Brněnské Univ.,* A6 (1958), p. 94-105.

252. N. VAN WIJK, *Phonologie,* La Haya, 1939.

253. N. VAN WIJK, *L'étude diachronique des phénomènes phonologiques et extraphonologiques,* en *TCLP,* 8, p. 297-318.

254. N. VAN WIJK, *La délimitation des domaines de la phonologie et de la phonétique,* en *Proc. 3d. Int. Cong. Phon, Sc.,* 1938, p. 8-12.

255. H. VOGT, *Phoneme Classes and Phoneme Classification,* en *Word,* 10 (1954), p. 28-34.

256. H. VOGT, *Contact of Languages,* en *Word,* 10 (1954), p. 365-374.

257. U. WEINREICH, *Languages in Contact,* Nueva York, 1953.

258. U. WEINREICH, *Is a structural Dialectology possible?,* en *Word,* 10 (1954), p. 388-400.

259. H. WEINRICH, *Phonologische Studien zur romanischen Sprachgeschichte,* Münster, 1958.

260. H. WEINRICH, *Phonologie der Sprechpause*, en *Phonetica*, 7 (1961), p. 4-18.
261. R. S. WELLS, *De Saussure's System of Linguistics*, en *Word*, 3 (1947), p. 1-31.
262. G. K. ZIPF, *Selected Studies on the Principle of Relative Frequency in Language*, Cambridge Mass., 1932.
263. G. K. ZIPF, *Psycho - Biology of Language*, Boston - Cambridge Mass., 1935.
264. E. ZWIRNER, *Phonologie und Phonetik*, en *Acta Ling.*, 1 (1939), p. 29-47.

PRIMERA PARTE

FONOLOGÍA GENERAL

I

INTRODUCCIÓN

1. Entendemos por *fonología* la disciplina lingüística que se ocupa del estudio de la función de los elementos fónicos de las lenguas, es decir, que estudia los sonidos desde el punto de vista de su funcionamiento en el lenguaje y de su utilización para formar signos lingüísticos.

La fonología, en el sentido en que la hemos definido, es una ciencia reciente. Como este término existía de antes con otras acepciones, es fácil la confusión con otras disciplinas análogas que a primera vista parecen tratar el mismo objeto científico. En efecto, mucho antes de los años en que se formularon las doctrinas fonológicas, se usaba «fonología» como sinónimo de «fonética»; algunos autores, sin embargo, las distinguieron en otro sentido del que aquí les atribuimos: así, Saussure llama «fonología» al estudio fonético sincrónico, y reserva el término «fonética» para el estudio diacrónico de los hechos fónicos. Por ello, se han forjado otros términos, como «fonemática» o «fonémica», especialmente usados en países de habla inglesa. El último es poco acertado idiomáticamente, y en cuanto a «fonemá-

tica» y «fonemático» será preferible restringirlo a usos de
adjetivo al referirse al «fonema».

Conviene, pues, fijar con precisión el puesto de lo que
llamamos fonología entre las demás disciplinas lingüísticas.

2. FONOLOGÍA Y FONÉTICA.—Saussure distinguió, hace ya
mucho tiempo, los dos aspectos fundamentales del lenguaje:
el *habla* (parole), fenómeno concreto e individual, y la *lengua*
(langue), modelo constante y general de todas las manifestaciones lingüísticas particulares. Mientras el habla es una
realidad física que varía de sujeto a sujeto, la lengua es un
sistema abstracto de validez supraindividual. Mayor precisión introduce Coseriu distinguiendo entre *hablar* concreto,
normas sociales e individuales (o características constantes
y fijas, pero independientes de la función del lenguaje), y *sistema* lingüístico (o características indispensables para el funcionamiento como tal de una lengua). Si la dualidad saussureana se entiende como oposición entre un sistema y su realización, la *lengua* se identifica con el sistema y el *habla* comprende los demás aspectos. Si preferimos ver una oposición
entre lo abstracto y lo concreto, el *habla* se reduce al hablar
concreto y la *lengua* será todo lo demás. Oponiendo lo social a lo individual, la *lengua* es a la vez sistema y norma
social, mientras el habla abarca el hablar concreto y la norma individual. Si por *habla* comprendemos las novedades y
originalidades expresivas del hablante y por *lengua* entendemos todo lo recibido y tradicional, el *habla* será estrictamente el hablar concreto, y las normas, tanto individuales
como sociales, y el sistema, como algo aprendido que se re-
pite por tradición, constituirán el dominio de la *lengua*. Aquí
usaremos *lengua* refiriéndonos a lo sistemático, y *habla* como
equivalente al hablar concreto.

Por otra parte, todo lo lingüístico tiene dos caras: la expresión y el contenido, o según la terminología saussureana, el *significante* y el *significado,* que asociados forman el signo lingüístico. En las manifestaciones del habla, el significado es una mención concreta que tiene sentido en sí misma; en el sistema de la lengua, el significado está constituido por normas abstractas de índole morfológica, sintáctica o lexical, que conforman el terreno de las ideas o significaciones. Igualmente el significante, en el habla, es un decurso fónico concreto, de naturaleza física y perceptible por el oído; en el sistema de la lengua, el significante está constituido por normas que ordenan ese material sonoro. Mientras el número de las ideas concretas que pueden significarse es indefinido, son limitados en el sistema de la lengua los medios que sirven para expresar esas ideas. Del mismo modo, mientras los movimientos articulatorios y sus correspondientes sonidos son infinitos en el habla, las normas del significante tienen un número limitado de unidades en el sistema de la lengua.

3. Tenemos, pues, en el plano de la expresión dos clases de hechos: de un lado, un número infinitamente variado de sonidos realizados y perceptibles en el habla; de otro, una serie limitada de reglas abstractas que forman el sistema expresivo de la lengua y sirven de modelo ideal en las manifestaciones individuales y concretas. Para los primeros fonólogos, estas dos clases de fenómenos: los primeros, físicos y fisiológicos; los segundos, inmateriales y sociales, no podían ser objeto de una misma disciplina científica. Los primeros son la sustancia o materia palpable del significante; los segundos, su forma. La disciplina que se ocupa de los sonidos, de la sustancia del significante, es la *fo-*

nética, que no tiene en cuenta la función de lo fónico en el signo lingüístico, pero que sólo se ocupa de los sonidos usados en el lenguaje. La disciplina que se ocupa de las normas que ordenan esa materia sonora, de la forma del significante, es la *fonología*. La primera opera con hechos materiales y concretos; la segunda, con puras abstracciones, inmateriales y formales, que constituyen un sistema.

4. La fonética estudia los elementos fónicos en sí, en su realidad de fenómenos físicos y fisiológicos, y se plantea el problema de cómo tal sonido y tal otro son pronunciados, y qué efecto acústico producen, pero olvida por completo la relación que tienen con una significación lingüística; puede definirse como la ciencia del plano material de los sonidos del lenguaje humano.

La función del significante es la de evocar un determinado significado, distinguiéndolo de todos los demás significados. Es una función diferencial. Para cumplirla es necesario que los significantes se diferencien entre sí, y, por tanto, que los elementos que los constituyen se distingan claramente. La materia expresiva, los sonidos, debe ser ordenada para este fin por la forma del sistema y debe distinguir una serie de elementos diferenciales de los significantes. Elemento diferencial será aquel que en un determinado significante distingue un determinado significado de entre todos los demás. Para ello el número de estos elementos tiene que ser limitado. La función de los elementos fónicos del lenguaje es, pues, la de distinguir la significación de las palabras o de las frases y asegurar así la comunicación entre el hablante y su interlocutor.

La fonología investiga las diferencias fónicas asociadas con diferencias de significación, el comportamiento mutuo de los elementos diferenciales y las reglas según las cuales éstos se combinan para formar significantes. El complejo fónico que estudia el fonetista posee una enorme cantidad de propiedades acústicas y musculares; para el fonólogo, la mayor parte de ellas carecen de importancia, ya que sólo son esenciales las que tienen valor distintivo de significaciones. Los sonidos del fonético no coinciden con las unidades diferenciales del fonólogo: éste sólo ve en los sonidos las características que cumplen una función en la lengua.

5. Sin embargo, aunque la fonología no deba confundirse con la fonética, pues sus respectivos fines son distintos, no puede prescindir de ésta como punto de partida para poder abstraer de la materia fónica bien descrita las unidades abstractas de la forma fónica, que son su objeto propio. No hay que olvidar que aprehendemos la lengua por los datos que nos ofrece su materialización fónica. Gracias a estas señales físicas (articulatorias y acústicas) acotamos las entidades abstractas que constituyen el sistema formal de la lengua. Sin aquellas señales (u otras equivalentes, pero también materiales) no reconoceríamos ni distinguiríamos estas entidades. Es ineludible un puente entre la fonética y la fonología. Son puntos de vista diferentes, pero ambas son disciplinas lingüísticas. La fonética no estudia los sonidos en general, sino los sonidos del lenguaje, esto es, como dice Coseriu, una sustancia fónica formada. Y la fonología estudia no puras formas, sino «formas de sustancia fónica».

6. La FONOLOGÍA Y LA DUALIDAD SINCRÓNICO-DIACRÓNICA.— También Saussure fue el que separó la lingüística en dos campos opuestos, según el sentido en que se estudiara la lengua: si se investiga un estado de lengua, describiéndolo

sobre el «eje de las simultaneidades», hacemos lingüística
sincrónica; sí, por el contrario, se estudia el proceso de evolución y transformación de una lengua sobre el «eje de las
sucesividades», hacemos lingüística *diacrónica.* Para el gi-
nebrino, la oposición entre estos dos métodos es irreducti-
ble, y el estudio propiamente dicho de la lengua, como sistema, no puede ser más que estático o sincrónico, ya que los
sistemas son simultaneidades y no sucesividades; de acuerdo con este principio, separó la fonética histórica de la fonética descriptiva, que llamó fonología. Pudiera creerse que
si la fonología estudia la función de los elementos fónicos y
por ende su sistema, esta disciplina es eminentemente sincrónica. En efecto, las primeras investigaciones fonológicas
llevadas a cabo fueron estudios de índole sincrónica. Pero
ya en 1928, en los primeros años de la fonología como ciencia independiente, sus corifeos llamaron la atención sobre
el hecho de que sus métodos eran también aplicables al estudio de la evolución de la lengua, a la lingüística diacrónica. Junto a la fonología sincrónica, que estudia el sistema
fonológico de un estado de lengua determinado, apareció la
fonología histórica o diacrónica, según la cual la evolución
de los hechos fónicos de las lenguas debía ser estudiada en
relación con el sistema que sufría los cambios. La fonología, pues, no es una disciplina necesariamente sincrónica,
sino que sus métodos son extensibles a las investigaciones
diacrónicas. La abundancia visible de estudios sincrónicos,
comparada con la escasez de los dedicados a los hechos diacrónicos, se ha debido únicamente a que la investigación
sincrónica es, por necesidad, previa al estudio diacrónico.
Como ha señalado bien Coseriu, la antinomia sincronía-dia-
cronía no pertenece al objeto estudiado, el lenguaje, sino al
plano de la investigación, la lingüística. La sincronía observa

una abstracción: un estado de lengua, donde se elude el hecho de que la realidad del lenguaje es un hacer la lengua. La diacronía estudia ese hacerse sistemático de la lengua.

7. Fonología y gramática.—Algunos autores extienden el término de *fonología* al estudio de todos los hechos lingüísticos considerados desde el punto de vista de su función en la lengua. Habría, así, una fonología morfológica, una fonología sintáctica, una fonología lexical, que estudiarían la función y los sistemas de los elementos formales del contenido o significado del signo lingüístico. Pero estos elementos (las categorías morfológicas, sintácticas, léxicas del lenguaje) deben ser precisamente el objeto de la gramática científica (no de la normativa). Debe reservarse el nombre de «fonología» al estudio funcional y estructural de los elementos fónicos, o de la expresión, y conservar el de «gramática» (funcional o estructural) para el estudio de la función y estructura de los elementos del contenido. Porque entre ambos tipos de elementos hay una fundamental diferencia, debida a lo que Martinet ha llamado la «doble articulación del lenguaje». En efecto, el lenguaje está articulado en unidades sucesivas, los signos lingüísticos, que tienen una significación y una forma fónica, unidades de «dos caras», cuyo estudio es asunto de la gramática. Estas unidades se distinguen por tener significantes diferentes; y los significantes están a su vez articulados en unidades sucesivas, los elementos diferenciales, caracterizados por poseer una forma fónica determinada y carecer en ellos mismos de significación; unidades de una sola cara, cuyo estudio es precisamente el que compete a la fonología.

8. La fonología y el triple aspecto del lenguaje.—Karl Bühler distinguió tres aspectos del lenguaje humano: un

síntoma o _manifestación_ (Kundgabe) del hablante, una _actuación_ o _apelación_ (Auslösung) sobre el interlocutor y un _símbolo_ o _representación_ (Darstellung) del contenido. Este triple esquema puede aplicarse también, según Trubetzkoy, al plano fónico del lenguaje. Cuando alguien habla, distinguimos _quién_ habla, en _qué tono_ habla y _qué_ dice. Aunque la impresión auditiva sea unitaria, ciertas cualidades fónicas son percibidas como síntomas manifestativos del hablante, otras como medio de despertar determinados sentimientos en el interlocutor, y, finalmente, otras permiten reconocer las significaciones de las palabras y las frases que éstas constituyen.

Se ha discutido si la fonología debe abarcar estos tres planos. En el simbólico, no cabe duda alguna, ya que son las unidades fonológicas las que permiten la distinción de las significaciones. Pero, a primera vista, los elementos fónicos que reflejan el síntoma y la actuación parecen ser propiamente características del habla y no de la lengua, ya que requieren la presencia de un hablante concreto que se manifiesta y de un interlocutor al que se apela. Ahora bien, para que estas características del síntoma y de la actuación sean reconocidas como tales, es preciso que sean _normales_, que sean válidas para la comunidad social y no dependientes de un individuo concreto; esto es, deben ser sistemáticas, y con ello pertenecientes al sistema supraindividual de la lengua. La fonología debe ocuparse también de ellas, ya que los medios fónicos del síntoma y de la actuación son tan fijos y convencionales como los utilizados para la diferenciación de significaciones. Así, según J. Laziczius, la fonología contaría con tres apartados: fonología del símbolo, fonología del síntoma y fonología de la actuación.

9. La función sintomática (Kundgabefunktion) del lenguaje consiste en la caracterización del hablante. Todo lo que en el lenguaje sirve a este fin, cumple una función sintomática. Pero para la fonología sólo interesan los elementos fónicos sintomáticos que funcionan en la lengua, considerada como sistema convencional de signos; todo lo natural o lo condicionado psicológicamente queda fuera de su campo: la voz de un hablante puede indicarnos su edad, su sexo, su salud, etc., pero estas constataciones no forman un sistema convencional y son sólo comunicaciones extralingüísticas. Como la lengua es una institución social, sólo son convencionales los medios fónicos que caracterizan al hablante como perteneciente a una generación, a una clase social, a un sexo, a un grado de cultura, a un origen local determinado. Estos elementos fónicos sintomáticos varían naturalmente de una lengua a otra. Por ejemplo, en ruso, la [o] tónica en el habla normal masculina no presenta diferencia de abertura entre su comienzo y su fin, mientras en la pronunciación de las mujeres esta diferencia de abertura se extrema hasta realizar [*wa*] en lugar de [o]. Una manifestación análoga de habla femenina se encuentra en Vertientes y Tarifa (Granada), donde las mujeres conservan -*s* final, mientras los hombres la pierden (según G. Salvador, *Orbis*, I, págs. 19-24). En español, la pronunciación de la terminación -*ado* de los participios permite reconocer el grado de cultura del hablante, según pronuncie [$á^ao$], [*áo*], [*áu̯*]. También caracterizan socialmente al hablante algunos sustitutivos de sonidos: así, la sustitución de [*l*] apical normal castellana por [*ł*] velar, denuncia el origen catalán del hablante.

10. Los elementos fónicos con función actuativa son de otra clase: sirven para despertar en el oyente determinados

sentimientos. También aquí hay que descartar de los medios propiamente fonológicos las exteriorizaciones de sentimientos naturales, como sollozos o suspiros con que el hablante interrumpe su elocución, puesto que son comunicaciones extralingüísticas. Por el contrario, deben tenerse en
cuenta los medios actuativos sólo observables en fenómenos lingüísticos, que cumplan una función determinada y
sean convencionales. Ejemplos son el alargamiento de la
vocal larga tónica y de la consonante precedente en alemán,
el llamado «accent d'insistance» en francés, etc. Característica de estos medios actuativos fonológicos es el no despertar en particular una determinada emoción, que es dada sólo
por el contexto en el habla concreta; permiten sólo distinguir el lenguaje emocional del lenguaje neutro. Estas dos
funciones, apelativa y sintomática, cobran mayor importancia en la lengua literaria, especialmente en la poesía, donde
elementos fónicos que carecen de pertinencia en la lengua
normal, adquieren valor manifestativo o actuante, e incluso
representativo. Podrían reunirse ambas como función *evo-
cativa* o *expresiva.*

La diferencia esencial entre los elementos fónicos de función representativa y los de función expresiva, estriba en que
la relación de aquéllos con el significado no es previsible,
mientras la de los segundos sí, puesto que están asociados
a un cierto contenido. Por ejemplo (según indica Pilch, p. 63),
en alemán la diferencia entre vocal breve y larga (*Blüte/
blühte, Ruth/ruht*) no presenta diferencias correlativas y pre-
visibles en el contenido; en cambio, las diferencias expresivas
entre /s/ normal y larga en *was, lies, Hass* etc., están asociadas con una misma diferencia de significado: expresión nor-
mal/expresión enfática.

11. Pero, según Trubetzkoy, estas dos secciones de la fonología no pueden compararse en importancia con la fonología del símbolo, la única cultivada hasta las observaciones de Laziczius. Mientras en ésta todos los medios fónicos naturales de simbolización (por ejemplo, onomatopeyas) son imitaciones directas que quedan fuera del cuadro de la lengua, en los planos sintomático y actuativo, lo natural y lo convencional van unidos y entremezclados: la citada pronunciación femenina de [o] rusa como diptongo va acompañada de una voz de mujer, el alargamiento de la vocal en alemán va acompañado de un tono emocional, etcétera. Mientras la fonología del símbolo abarca la totalidad de los medios fónicos de la lengua, las otras dos ramas sólo pueden ocuparse de un reducido número de los medios fónicos actuativos y sintomáticos. Así, cree Trubetzkoy que se deben agrupar en la *estilística fonológica*, que sería una parte de la *estilística fonética*, y se debe reservar el nombre de *fonología* para la fonología del símbolo.

12. LÍMITES Y PARTES DE LA FONOLOGÍA.—La fonología, en suma, está en contacto con otras disciplinas lingüísticas:

a) Como la fonética, estudia los elementos fónicos del lenguaje.

b) Como la gramática, estudia su objeto desde el punto de vista de la función que desempeña en el sistema de la lengua.

c) Como la lingüística en general, puede orientar su interés bien hacia la sincronía, bien hacia la diacronía.

d) Como la estilística, puede reflejar, en el plano de la expresión (del significante), un «estilo» personal o colectivo, y así puede ser un auxiliar de los estudios literarios.

13. El fin de esta disciplina es, pues, clasificar los hechos fónicos, basándose en la función que estos hechos ejercen en la economía de la lengua.

La función de estos elementos fónicos varía según la unidad semántica en que se estudien. Puede escogerse como tal la *palabra* o sus componentes semánticos más pequeños, los *semantemas* y *morfemas* (cuando éstos conservan un significado propio, estén o no. agrupados en palabras), o bien la *frase* o agrupación de palabras. Según atendamos a la función que cumplen los elementos fónicos en cada una de las dos unidades semánticas consideradas, hay que distinguir la *fonología de la palabra* (o de sus componentes, morfemas y semantemas) y la *fonología de la frase*.

14. Por otra parte, los elementos fónicos no sirven sólo para una sola función. Como hemos visto, su función primordial consiste en distinguir unos signos lingüísticos de otros; esto es, el complejo fonético que designa una determinada noción debe ser distinto del que designa otra determinada noción, sea ésta léxica, morfológica o sintáctica. En la fonología de la palabra, los elementos fónicos deben diferenciar la significación de unas palabras de otras, de unos morfemas de otros, de unos semantemas de otros, y en la fonología de la frase deben distinguir unas frases de otras. Esta es la *función diferencial o distintiva;* por ejemplo, en las palabras *ala, ara, asa, ama, haga, ata, hacha,* las consonantes *l, r, s, m, g, t, ch* tienen una función distintiva, ya que gracias a ella la significación de esas palabras permanece distinta; la entonación ascendente o descendente permite distinguir entre las dos frases *¿dónde está?* y *donde está,* y por ello cumple una función diferencial.

Pero junto a la función distintiva, los elementos fónicos cumplen otra función, consistente en separar, dentro de la cadena hablada, unas unidades semánticas de otras, sean palabras o frases. Esta es la *función delimitativa o demarcativa*, que permite aislar entre sí las palabras (o los semantemas y morfemas) o las frases.

Ambos fines, diferenciación y delimitación, puede cumplirlos también el *contraste*, o función contrastiva, entre elementos sucesivos del decurso, como veremos.

Mientras los elementos fónicos que desempeñan su función dentro de la unidad semántica simple (palabra, o morfema o semantema) varían extraordinariamente de una lengua a otra, los elementos fónicos con función dentro del cuadro de la frase son más generales y semejantes de una lengua a otra. Por ello es de mayor interés el estudio de la fonología de la palabra, que señala más claramente la originalidad de cada lengua.

15. La fonología general abarcará los siguientes apartados:

A) Fonología sincrónica.

    1. Fonología de la palabra.

        a) Función distintiva de los elementos fónicos.

        b) Función demarcativa de los elementos fónicos.

    2. Fonología de la frase.

B) Fonología diacrónica.

Por supuesto, nos detendremos especialmente en lo concerniente a la fonología de la palabra, no sólo por ser el terreno más estudiado, sino porque es el fundamental de la doctrina fonológica.

BIBLIOGRAFÍA: N.º 1, 2, 3, 4, 8, 10, 14, 17, 18, 19, 20, 22, 24, 26, 27, 28, 31, 32, 35, 36, 38, 39, 64, 65, 70, 80, 81, 85, 93, -94, 96, 99, 100, 101, 102, 107, 109, 110, 116, 121, 122, 123, 129, 137, 138, 139, 149, 154, 155, 157, 158, 159, 160, 164, 170, 172, 178, 179, 188, 189, 190, 194, 196, 198, 199, 210, 213, 214, 215, 217, 219, 225, 226, 228, 234, 243 [págs. 5-30], 249, 254, 261, 264.

A. FONOLOGÍA SINCRÓNICA

II

FONOLOGÍA DE LA PALABRA: FUNCIÓN DISTINTIVA

16. OPOSICIÓN FONOLÓGICA.—El concepto de distinción o diferencia presupone el de contraste, el de oposición. No puede distinguirse una cosa de otra, si no están opuestas entre sí, si no se relacionan por contraste. Una cualidad fónica tendrá función distintiva cuando se oponga a otra cualidad fónica; esto es, cuando ambas formen una oposición fónica. Las diferencias fónicas que en una lengua dada permiten distinguir las significaciones, son *oposiciones fonológicas, distintivas o relevantes.* Por el contrario, las diferencias fónicas que no permiten esta distinción son fonológicamente *irrelevantes* o *no pertinentes.* En español, la oposición *r/rr* es distintiva, pues permite distinguir la significación de ciertas palabras: *moro/morro, vara/barra;* pero la oposición de [ś] apical a [ş] dental no es distintiva, pues no permite distinguir ninguna pareja de palabras, siendo indiferente el empleo de una u otra para la significación de éstas: [áśa]-[áşa] son dos complejos fonéticos que no están asociados con dos significaciones diferentes (aunque, desde otro punto de vista, cada una de las dos s sea la «normal» en uno u otro tipo de habla).

Dos propiedades distintivas opuestas pueden ir combinadas con otras dos, que, por tanto, resultan *redundantes*. Si en ciertas circunstancias desaparece la oposición de las primeras, quedan como distintivas las segundas. Por ejemplo, lo que distingue *un pino/un vino* es el carácter sordo de [*p*] frente al carácter sonoro de [*b*]. Si ambas secuencias se pronuncian cuchicheadas —o sea, eliminando la sonoridad—, persiste la diferencia entre ambos elementos, pero ahora gracias al carácter tenso de [*p*] frente al carácter flojo de [*b*].

Reservamos *oposición* para designar estas diferencias del sistema; es decir, diferencias entre elementos que pueden aparecer en el mismo contexto, diferencias entre un elemento que realmente está en el decurso hablado y otro que sólo es virtual. En cambio, las diferencias entre elementos sucesivos en el decurso hablado serán llamadas *contrastes*. Ante los ejemplos citados, decimos que *r/rr* son elementos que *se oponen*. Por el contrario, en *haya,* la primera *a* (acentuada) *contrasta* con la segunda (átona), o en· *té,* la *t*· como consonante *contrasta* con la *é* como vocal.

17. UNIDAD FONOLÓGICA: FONEMAS, RASGOS PERTINENTES, VARIANTES.—Cada uno de los miembros de una oposición distintiva es una *unidad distintiva, diferencial* o *fonológica,* que puede tener mayor o menor extensión: en las palabras *moza/muro* las unidades diferenciales son *-oza* y *-uro,* mientras en *moza/moro* las unidades diferenciales son *-za* y *-ro,* y en *moza/mozo* las unidades diferenciales se reducen a *-a* y *-o.* Estas dos unidades *a* y *o,* examinadas fonéticamente, están compuestas de varios ·elementos fónicos: abertura máxima, posición plana de la lengua para *a,* abertura media, posición de la lengua · hacia atrás y redondeamiento de los labios para *o;* pero estos caracteres fonéticos aparecen si-

multáneamente y no son disociables; por ello, *a* y *o* son unidades fonológicamente indivisibles. A estas unidades fonológicas, que, en una lengua dada, no son divisibles en unidades *sucesivas* más pequeñas y simples, se les da el nombre de *fonemas*.

* 18. Los fonemas no se corresponden con cada complejo fónico. Un mismo complejo fónico puede formar parte de una oposición distintiva y de una oposición indistintiva: en español, la oposición [*b*] oclusiva y [*ƀ*] fricativa no es diferencial, pero la oposición de ambos sonidos frente al sonido [*p*] es distintiva: *vaso/paso, cebo/cepo, convite/compite.* Esto ocurre porque cada sonido, aunque contenga varias propiedades articulatorias y acústicas, no se distingue de los demás sonidos en virtud de todas esas propiedades, sino sólo gracias a algunas de ellas: el sonido [*p*] se distingue de [*b-ƀ*] porque el primero se articula sin vibración de las cuerdas vocales (sin sonoridad), y los segundos con vibración de las cuerdas vocales; el sonido [*b*] se distingue de [*ƀ*] porque, siendo los dos sonoros, el primero presenta una oclusión completa de los labios, y el segundo deja entre ellos una cierta abertura. Al decir que la oposición [*p*]/[*b-ƀ*] es distintiva y la oposición [*b*]/[*ƀ*] indistintiva, indicamos que para [*b-ƀ*] el carácter sonoro de su articulación es distintivo fonológicamente, mientras su articulación oclusiva o fricativa es fonológicamente irrelevante. Los sonidos forman oposiciones distintivas sólo en virtud de sus propiedades válidas fonológicamente. Por ello, los fonemas no coinciden con los sonidos concretos, sino con sus propiedades fonológicamente diferenciales. Puede definirse el fonema como el conjunto de las propiedades fonológicamente relevantes de un complejo fónico.

19. Pero entonces puede preguntarse: ¿cuál es la unidad fonológica más simple: el fonema o cada uno de estos caracteres válidos fonológicamente? Vemos que así como los significantes se distinguen gracias a los fonemas, éstos se distinguen y oponen entre sí gracias a sus rasgos pertinentes o diferenciales. Llamamos, pues, _rasgo pertinente, relevante, válido_ o _distintivo_ a toda característica fónica susceptible de diferenciar por sí sola el significado de una palabra (o de una frase): la sonoridad es un rasgo diferencial, que permite distinguir _vaso_ de _paso, cebo_ de _cepo, cuando_ de _cuarto, gasa_ de _casa_. Son los rasgos pertinentes los que aseguran, por tanto, la función distintiva, y deben ser las unidades básicas de la fonología. El fonema no es más que un concepto que no corresponde a ninguna realidad concreta, ya que sólo es el conjunto de los rasgos pertinentes realizados simultáneamente. Sin embargo, aunque sólo existe en función del rasgo diferencial, este concepto tiene un valor práctico, y es necesario para el método fonológico, porque, además, son los fonemas, y no los rasgos pertinentes, las unidades mínimas que identifican los hablantes.

20. Los sonidos concretos del habla contienen, junto a estas características fonológicamente relevantes, otras muchas que no tienen valor diferencial. Los sonidos no deben ser considerados como fonemas, sino como _realizaciones_ o _manifestaciones_ de los fonemas cuyos rasgos diferenciales contienen. El fonema es un conjunto sólo de características distintivas; el sonido es un conjunto de características distintivas e indistintivas; es «un símbolo material del fonema». Cada sonido presenta, pues, los rasgos pertinentes del fonema de que es realización, más otra serie de rasgos fónicos irrelevantes, que dependen de diversas causas. Por ello,

un mismo fonema puede ser realizado por diversos sonidos, con tal que éstos contengan los mismos rasgos diferenciales. En español, los rasgos pertinentes del fonema /g/ son: velar, sonora, oral; pero el modo de su articulación—con el postdorso de la lengua aplicado o sólo aproximado al velo del paladar—no es pertinente; así, puede ser realizado por el sonido oclusivo [g], o por el fricativo [ğ]. Llamamos *variantes fonéticas* de un fonema a cada una de las diferentes realizaciones de éstos en el habla. Ahora bien, las variantes de cada fonema se producen dentro de ciertos límites articulatorios (lo que se llama «campo de dispersión» de cada fonema), que están determinados por el «margen de seguridad», que impide la confusión con los «campos de dispersión» de otros fonemas.

21. ¿Cómo determinar los fonemas a que corresponden las variantes que los simbolizan en el habla? El procedimiento utilizado se ha llamado *conmutación*, y consiste en sustituir un trozo fónico de un significante por otro trozo existente en la misma lengua, de modo que el resultado fónico evoque una significación diferente; esto es, que sea el significante de otro signo. Si en la palabra *dardo* sustituimos el trozo *dar* por el trozo *tol* (que vemos en *tolva*), obtenemos el significante *toldo*, y los dos trozos *dar* y *tol* son sin duda distintivos; si proseguimos conmutando en *dardo* trozos más pequeños, diferenciaremos nuevos elementos: sustituyendo *da* por *to* (que conocemos en *todo*), tendremos *tordo*, y dos elementos diferentes: *da* y *to*; sustituyendo *d* por *t*, obtenemos *tardo*, y con ello dos elementos diferentes: *d* y *t*. No podemos proseguir estas sustituciones, ya que *d* y *t* son elementos mínimos, su complejidad fónica es simultánea y no sucesiva: *d* y *t* son fonemas diferentes, elementos fónicos

con valor distintivo, e indivisibles en otros sucesivos más pequeños.

La conmutación, pues, nos permite saber si una variante, si un sonido, tiene valor distintivo, valor de fonema.
Pero queda por decidir si se trata de éste o el otro fonema.
En efecto, ¿qué criterio se utiliza para identificar como un
fonema determinado diversas variantes, diversas realizaciones en el habla? Sea el signo *cacto*. El análisis de su significante en unidades mínimas sucesivas nos da [k-a-ᵏ-t-o], y
nos preguntamos si los sonidos [k] y [ᵏ] son variantes de
un mismo fonema, a pesar de sus diferencias articulatorias
y acústicas (el primero es explosivo y pleno, mientras el segundo es implosivo y flojo). El realismo fonético nos afirma
su identidad, y achacamos las diferencias, que no son significativas, simplemente a su situación diferente en la sílaba.
Lo mismo observamos comparando *pacto* y *capto*, donde
tenemos dos variantes [p] y [ᵖ], cuya diferencia es análoga
a la de [k] y [ᵏ]. En cambio, [p] y [k], de un lado, en *pacto*
y *cacto*, y [ᵖ] y [ᵏ], de otro, en *capto* y *cacto*, son distintivas.
Como nunca aparecen las variantes flojas en el puesto de
las plenas, ni viceversa, se ha de concluir que unas y otras
son simples realizaciones de unos mismos fonemas /p/ y
/k/. Paralelamente, en alemán (en la *Bühnenaussprache*),
hay dos sonidos, los llamados *ich-Laut* [χ̞] y *ach-Laut* [x],
que nunca aparecen en el mismo puesto del significante mínimo, y cuya diferencia articulatoria (palatal frente a velar)
no es significativa; se trata de un solo fonema /x/, con dos
variantes condicionadas por el contexto. En estos casos, el
criterio aplicado para identificar un fonema es el de la *distribución* complementaria de sus variantes: unas aparecen
en una posición, otras en otra. Pero la sola distribución
no es siempre suficiente para la identificación: por ejemplo,

en inglés [*h*] y [*ŋ*] nunca aparecen en el mismo contexto, están en distribución complementaria; sin embargo, el realismo fonético nos hace ver que son muy diferentes y que cada uno de esos sonidos son realización de dos fonemas distintos /*h*/ y /*ŋ*/. Por tanto, la sustancia fonética, y no la sola distribución, debe ser el criterio que decida la agrupación de variantes bajo un mismo fonema.

No obstante, el criterio distributivo nos sirve para establecer clases de fonemas. Aceptando la existencia fonológica de la sílaba, pueden distinguirse dos clases de fonemas: centrales y marginales; los primeros son los que por sí solos pueden formar sílaba; los segundos, los que, junto a los centrales, aparecen a veces constituyendo la sílaba. En español, son centrales las vocales, que por sí solas pueden ser sílaba y siempre son núcleo de una sílaba; y las consonantes son marginales, pues siempre anteceden o siguen a un núcleo vocálico. Como tienen función diferente, sería un error conmutar un fonema de una clase por otro de la otra clase; no se *oponen*, sino que *contrastan* en el decurso hablado, en la secuencia fónica.

Para establecer el inventario de los fonemas de una lengua, y, por tanto, su sistema, hay dos momentos necesarios en el análisis: la conmutación, que nos permite separar los elementos distintivos, y luego la identificación de las variantes de un mismo fonema, teniendo en cuenta su distribución, su aparición en las diversas posiciones silábicas (centrales y marginales, ya prenucleares, ya postnucleares), y no olvidando nunca el criterio de la similitud fonética. En teoría, habría que efectuar la conmutación tantas veces como fuera necesaria para distinguir cada fonema de todos los demás del mismo sistema. En la práctica, basta cotejar cada uno con los fonemas cuya realización fonética es más cercana. En otros libros, como los de Trubetzkoy y Martinet (*La description phonologique*), se encuentran normas para la práctica descriptiva de los sistemas fonológicos.

22. Contenido y sistema de los fonemas. — Al mismo tiempo que con la conmutación se obtiene el inventario completo de los fonemas de una lengua, hay que determinar también su contenido fonológico; esto es, el conjunto de las características pertinentes de cada fonema, las cuales nos darán, todas juntas, su definición y a la vez su ensamblaje en el sistema que forman. Este sistema es un conjunto de oposiciones; los fonemas son definidos negativamente por sus diferencias respecto a los otros; la definición de un fonema, en una lengua determinada, depende no de los datos positivos que ofrecen sus realizaciones, sino del puesto que ocupa frente a los demás del mismo sistema, de sus diferencias y oposiciones frente a éstos. Puede darse al caso de que un fonema, en una lengua, presente una realización fonética idéntica a la de un fonema de otra lengua; pero la definición de este fonema es distinta en cada una de las dos lenguas, según las relaciones que presente en los sistemas respectivos. Vemos aquí, una vez más, la diferencia entre lo fonético y lo fonológico: mientras la expresión fonética «oclusiva bilabial sonora» tiene valor interlingüístico, la definición de un fonema sólo tiene validez intralingüística, dentro de un sistema dado. Por ejemplo, el sonido [r] existe en muchas lenguas, como en español, en francés, en alemán, en coreano. Este sonido es, en todas esas lenguas, una sonante vibrante sonora (alveolar o uvular). Pero, fonológicamente, su interpretación varía en cada una de ellas, dependiendo de sus relaciones con los demás fonemas de cada una. En francés y en alemán, que sólo conocen dos consonantes líqui-

das /l/ y /r/, el sonido [r] es la realización del fonema /r/,
que no tiene otro contenido fonológico que el de su diferencia respecto a la líquida lateral /l/. En coreano, que usa una
líquida en general lateral, pero a veces vibrante, el sonido [r]
no es más que una variante de realización del único fonema
/L/, cuyo contenido fonológico es aún más escaso que en
francés y en alemán, pues no se opone bilateralmente a ningún otro fonema. Por el contrario, en español, que distingue
los fonemas líquidos /l/, /ḷ/, /r/, /r̄/, el sonido [r] es realización de un fonema /r/, cuyo contenido fonológico es no
sólo la diferencia respecto a los fonemas de realización lateral /l/ y /ḷ/, sino también la diferencia respecto a otro fonema de realización vibrante /r̄/.

23. CLASIFICACIÓN DE LAS OPOSICIONES FONOLÓGICAS.—Como
hemos visto, los fonemas no son definibles sino en relación
con la estructura y la ordenación determinadas del sistema
a que pertenecen. Para conocer la estructura del sistema deben establecerse las diversas clases de oposiciones que actúan en él. Toda oposición presupone no sólo las propiedades mediante las cuales se distinguen sus miembros, sino
también las propiedades que son comunes a los dos miembros y que constituyen la «base de la comparación». Según
esto, en un sistema de oposiciones pueden encontrarse dos
tipos: *oposiciones bilaterales* y *oposiciones multilaterales*.
En el primer caso, la base de la comparación, el conjunto
de propiedades que los dos miembros poseen en común, es
propio exclusivamente de estos dos miembros, y no aparece
nunca en los demás miembros del sistema; en el segundo
caso, la base de la comparación es propia también de otros
miembros del sistema. En español, la oposición *k/x* es bilateral, ya que las propiedades comunes de estos dos fonemas

(orales, velares, sordas) no aparecen reunidas en ningún
otro fonema de la lengua; por el contrario, la oposición
e/u es multilateral, ya que las propiedades comunes a los
dos fonemas (el ser vocales) aparecen en otros fonemas
(*a, i, o*).

Las oposiciones pueden ser también *proporcionales* y *aisladas*, según el papel que los rasgos diferenciales de sus
miembros desempeñan en el sistema. Se llama oposición
proporcional, la que forman dos fonemas cuya relación es
idéntica a la de otra u otras oposiciones: en francés, *p/b* es
proporcional, ya que la relación entre /p/ y /b/ es la misma
que, por ejemplo, entre /t/ y /d/, /k/ y /g/, /f/ y /v/, etc. Por
el contrario, *r/l* es oposición aislada, pues la relación entre
/r/ y /l/ no se encuentra en niguna otra oposición del sistema.

24. La estructura del sistema depende de la repartición de sus oposiciones según estos cuatro tipos. Las oposiciones pueden clasificarse, sin atender a su ensamblaje en el
sistema, según la relación establecida entre sus miembros:
oposiciones privativas son las formadas por dos miembros,
caracterizados uno por la presencia, otro por la ausencia del
mismo rasgo pertinente o marca: *sonoridad/falta de sonoridad* (sordez), *nasalidad/falta de nasalidad*, *labialización/
falta de labialización*, etc. El miembro positivo o caracterizado por la presencia del rasgo dado se suele llamar marcado. *Oposiciones graduales* se establecen entre dos miembros
caracterizados cada uno por un grado diferente de la misma
propiedad: por ejemplo, los diferentes grados de abertura
de las vocales, o los diferentes tonos de algunas lenguas en
que la altura musical es significativa; el miembro que posee
dicha cualidad en el grado mínimo o máximo es llamado

extremo; el otro, medio. *Oposiciones equipolentes* se establecen entre dos miembros lógicamente equivalentes; esto es: que no representan dos grados de la misma propiedad ni la afirmación o la negación de una propiedad; por ejemplo: en español, *p/k, e/o.*

25. Las oposiciones fonológicas pueden ser de dos clases, según la amplitud de distribución, según la persistencia de su validez distintiva al unirse los fonemas en los significantes: *oposiciones constantes y oposiciones neutralizables.* Si consideramos el papel que desempeñan los fonemas en la secuencia hablada, veremos que las oposiciones no poseen la misma fuerza distintiva en todas las posiciones fónicas. En español, los fonemas /s/ y /θ/ aparecen en cualquier posición de la palabra, forman una oposición *constante* o *fija;* por el contrario, los fonemas /r/ y /r̄/ sólo aparecen opuestos en posición intervocálica (*para/parra*), mientras en las demás posiciones la aparición de /r/ o /r̄/ es regulada mecánicamente. La oposición r/r̄ se neutraliza o suprime, pues, en ciertas posiciones; es una oposición *neutralizable* o *intermitente;* esto es, la validez diferencial del rasgo pertinente que distingue /r/ de /r̄/ cesa en determinadas situaciones.

26. NEUTRALIZACIÓN Y ARCHIFONEMA.—En estas posiciones de neutralización sólo son relevantes los rasgos que pertenecen en común a los dos miembros de la oposición neutralizada. Al conjunto de los rasgos pertinentes comunes a los dos miembros de una oposición se le llama *archifonema.* Sólo suelen ser neutralizables las oposiciones bilaterales, pues el archifonema de dos fonemas en relación multilateral se confundiría con el archifonema de los otros fonemas que poseen las mismas propiedades en común.

El archifonema puede ser realizado en el habla de formas muy diversas:

Primer caso: el representante del archifonema es semejante, pero no idéntico, a los dos fonemas neutralizados; en algunas lenguas, la neutralización de dos oclusivas, una fuerte y sorda y otra suave y sonora, es representada por una fuerte sonora o una suave sorda. En catalán, los fonemas /a/, /ẹ/, /ę/, distintos en posición tónica, se neutralizan en sílaba átona, realizándose [ə].

Segundo caso: el representante del archifonema es idéntico a la realización fonética de uno de los dos fonemas neutralizados, dependiendo la elección de uno u otro del contacto con otros fonemas de la palabra; es decir, condicionado exteriormente. En algunas lenguas, la oposición de sordas y sonoras es neutralizada, y el representante del archifonema es sordo ante consonantes sordas, y sonoro ante consonantes sonoras.

Tercer caso: la elección, como representante del archifonema, de la realización de uno de los fonemas neutralizados, es condicionada interiormente. El fonema cuya realización representa el archifonema es siempre el miembro no marcado de la oposición, en los casos de oposiciones privativas, y el miembro extremo, en los de oposiciones graduales. Por ejemplo: en catalán, los fonemas /ọ/, /ǫ/, /u/ se neutralizan en posición átona, y el representante fónico del archifonema es el grado extremo [u]. En alemán, /t/ y /d/ se neutralizan en posición final, realizándose con el miembro no marcado [t]: *Tod* y *tot* son ambos [tot].

Cuarto caso: las realizaciones fonéticas de los dos fonemas neutralizados representan, según las posiciones, al archifonema. Como en la oposición r/r̄ en español.

Hay que separar de la neutralización los casos de *distri-bución defectiva* de fonemas. Por ejemplo: el hecho de haber en español grupos *tr-*, *dr-*, y de faltar *tl-*, *dl-*, no autoriza a decir que /r/ y /l/ se neutralicen tras /t/ y /d/.

27. CORRELACIONES.—Las oposiciones bilaterales presentan entre sus miembros un grado de parentesco mayor del que ofrecen los fonemas opuestos multilateralmente. En las oposiciones proporcionales, la marca distintiva de los dos fonemas se destaca más fácilmente que en las oposiciones aisladas, ya que diferencia más de una pareja de fonemas. En las oposiciones privativas el rasgo distintivo resalta mucho más claramente que en las oposiciones equipolentes, en las que el contenido de cada fonema es más difícilmente analizable. Dos fonemas, cuya oposición es neutralizable, muestran un parentesco mucho más íntimo que los fonemas de una oposición constante.

Así, son mucho más sencillos de distinguir los fonemas que forman oposiciones bilaterales, proporcionales, privativas y neutralizables, que todos los demás, puesto que, de un lado, puede descubrirse con precisión su contenido fonológico; de otro, pueden separarse con exactitud su rasgo diferencial y su base de comparación. Cuantas más oposiciones neutralizables, privativas, proporcionales y bilaterales ofrece un sistema, tanto más coherente es su estructura. Por el papel importante de las oposiciones bilaterales proporcionales privativas se les ha dado nombre especial: el de *correlaciones*. Se llama *pareja correlativa* a dos fonemas que forman oposición bilateral proporcional y privativa; *marca de la correlación*, a una propiedad fonológica o rasgo pertinente, por cuya presencia o ausencia se distingue una serie de parejas correlativas; y *correlación* al conjunto de las pa-

rejas correlativas diferenciadas por un mismo rasgo pertinente. En griego clásico, por ejemplo, π/φ, τ/θ, κ/χ son parejas correlativas, cuya marca es la aspiración, y forman
una correlación de aspiración; en latín: ā/ă, ē/ĕ, ī/ĭ, etc., forman una correlación de cantidad.

28. A veces, un mismo fonema pertenece a varias correlaciones de la misma clase, y los fonemas que intervienen
en las parejas correlativas correspondientes se unen en *haces*
correlativos, cuya estructura depende del número de correlaciones que intervienen y de la relación entre ellas.

Lo más corriente es que estos haces contengan dos correlaciones emparentadas. En sánscrito, las oclusivas constituyen simultáneamente una correlación de sonoridad y otra
de aspiración, y con ello forman haces de cuatro miembros:

$$
\left.\begin{array}{c} p - ph \\ | \quad | \\ b - bh \end{array}\right\}
\left.\begin{array}{c} t - th \\ | \quad | \\ d - dh \end{array}\right\}
\left.\begin{array}{c} k - kh \\ | \quad | \\ g - gh \end{array}\right\}
$$

Pero, a veces, las dos correlaciones tienen en común un
miembro, como el griego clásico, en que también las correlaciones de sonoridad y aspiración forman haces, aquí de tres
miembros:

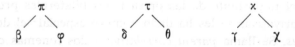

Haces de más de dos correlaciones pueden encontrarse,
sobre todo en lenguas extrañas a nuestro Occidente: en geor-
giano, por ejemplo, las correlaciones de sonoridad, de plo-

sión-fricción, y de recursión forman ·haces de cinco miembros:

BIBLIOGRAFÍA: N.º 6, 9, 12, 13, 18, 19, 25, 29, 36, 37, 40, 47, 57, 58, 59, 62, 74, 77, 79, 81, 90, 98, 101, 102, 117, 119, 121, 122, 123, 125, 126, 127, 134, 137, 149, 150, 151, 156, 159, 168, 171, 172, 185, 189, 190, 191, 195, 196, 204, 207, 212, 213, 216, 220, 235, 236, 238, 239, 242, 243 [págs. 30-80], 245, 247, 248, 250, 255.

III

FUNCIÓN DISTINTIVA: LOS RASGOS PERTINENTES

29. Lo específico en una oposición fonológica consiste
en que hay una diferencia fónica entre los elementos opuestos. Veamos ahora cuáles son las propiedades fónicas mediante las cuales se realizan en el habla los fonemas opuestos. Para ello es necesario operar con conceptos acústicos y
articulatorios; esto es, fonéticos, pues la única manifestación concreta de los fonemas son los sonidos. La fonética
nos sirve de base y de guía, pero no hay que olvidar que
los fonemas, y con ellos la fonología, no pertenecen a una
esfera de hechos concretos, como los sonidos, y con ellos
la fonética, sino a una esfera de hechos abstractos. Así, no se
trata de sistematizar las posibilidades de producción de sonidos del aparato fonador humano, sino de sistematizar las
propiedades fónicas empleadas en los diferentes idiomas
para la distinción de las significaciones. Hay que tener presente la diferencia entre fonología y fonética, aunque en la
práctica fonológica se utiliza, para simplificar, la terminología fonética. Esta está tradicionalmente basada en las características articulatorias de los sonidos, aunque haya entre
sus términos algunos puramente impresionísticos; por ser
bien conocida, ofrece ventajas para la comprensión el utili-

zarla en fonología. Ciertos autores, buscando mayor precisión, prefieren el empleo de términos usuales en el estudio de las propiedades físicas del sonido. Por ello, conviene dar aquí una idea de la terminología acústica, especialmente la usada en el análisis mediante el espectrógrafo y aparatos análogos. Tal artilugio nos da una imagen de los sonidos analizados en las tres dimensiones del tiempo (duración), de la frecuencia de las vibraciones de los componentes del sonido y de la amplitud (intensidad) de esas vibraciones. Haciendo caso omiso de infinitos detalles que estas imágenes (espectrogramas) nos dan de los sonidos, puede decirse que el espectro de cada sonido (aparte duración e intensidad) se caracteriza por dos bandas o zonas de frecuencia en que sus componentes vibran con mayor intensidad: son los llamados *formantes*. Estos son sólo claramente precisables en las vocales y en consonantes como las líquidas y las nasales. En las otras consonantes, lo que realmente ofrecen los espectrogramas es no imagen de sus formantes propios, sino la modificación que esas consonantes ejercen sobre los formantes de las vocales vecinas. Basándose en la situación mutua de esos dos formantes, se han forjado los términos impresionísticos *denso, difuso, grave* y *agudo*, a que aludimos en adelante. Los formantes se localizan en la escala de frecuencias mediante la cifra de los ciclos por segundo de su vibración. La escala, para lo que interesa generalmente, va de cero a 4000 c(iclos) por s(egundo). Son graves los formantes situados en la zona baja de esta escala, y agudos los localizados en zonas altas. Son densos los sonidos cuando sus formantes se agrupan hacia el centro de la escala, y difusos cuando los formantes aparecen separados, dejando entre sí, en el centro de la escala, una zona de poca intensidad vibratoria. En los grabados aquí reproducidos puede verse

lo que es en esquema un espectrograma y los formantes del
sonido.

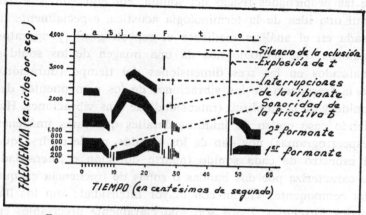

Esquema de espectrograma de la palabra *abierto*.

30. LOS RASGOS DISTINTIVOS.—Hay que distinguir, en primer lugar, entre las propiedades *inherentes* y las propiedades *prosódicas*. Los rasgos inherentes aparecen en el decurso
lingüístico en forma de secuencia; pero para su definición
no hace faltar tener en cuenta esta secuencia. Los rasgos prosódicos, por el contrario, aparecen como superpuestos a los
primeros, y sólo pueden definirse por referencia a la secuencia del decurso. La combinación simultánea de varios rasgos
inherentes constituye un segmento mínimo de la cadena hablada; esto es, un fonema. Un rasgo prosódico, aunque esté
combinado con un fonema, tiene sólo valor distintivo, cuando lo tiene, por el contraste con el elemento o los elementos prosódicos que le preceden o siguen en el decurso.
Mientras un fonema es pertinente por su oposición sistemática, in absentia, un rasgo prosódico requiere, para adquirir valor diferencial, la presencia de otro con el que con-

traste. Por ejemplo, la oposición prosódica *acentuado/no acentuado*, requiere la presencia sucesiva de los dos elementos de la oposición en el decurso. La prominencia acentual de una sílaba es una noción relativa determinable sólo por comparación con las otras sílabas de la misma secuencia: por comparación con la otra sílaba, decimos que */cá/* es acentuado en */callo/*, que */lló/* es acentuado en */calló/*. Esta referencia a las unidades precedentes o siguientes del decurso no es precisa para la determinación de las distinciones inherentes: */p/* y */b/* son diferenciales en *pera* y *vera*, pero su diferencia no depende de los demás elementos de la secuencia.

Los rasgos inherentes se han solido dividir en dos clases: propiedades *vocálicas* y propiedades *consonánticas*. Fonológicamente, los conceptos de *vocal* y *consonante* son relativos, ya que depende de cada sistema su repartición. En realidad, tanto fonológica como fonéticamente, el sistema vocálico y el consonántico no son dos sistemas separados, sino íntimamente ligados y organizados por rasgos distintivos comunes. Por ejemplo: el sonido [*y*], fonéticamente consonante, puede fonológicamente ser sólo una variante del fonema */i/*, como en alemán, o bien, aunque */y/* e */i/* sean fonemas distintos, como en español, pueden neutralizar a veces su oposición. De modo que, aunque separemos el examen de las llamadas propiedades vocálicas del de las consonánticas por comodidad·en la exposición, ambos grupos son en realidad una misma cosa.

Evidentemente, vocal y consonante se diferencian, tanto fonéticamente como funcional y estructuralmente. Lo que nos falta es un criterio seguro que nos indique el fundamento objetivo de su distinción fonológica. Trubetzkoy se apoya en la afirmación de Menzerath de que para la consonante lo

esencial es «un movimiento desde la cerrazón a la abertura, con un máximo articulatorio entre los dos puntos»,
y de que lo esencial para la vocal es «un movimiento desde
la abertura a la cerrazón, con un mínimo articulatorio en su
coyuntura», e indica que lo característico, articulatoriamente, en la consonante, es establecer un obstáculo y ven-
cerlo, y en las vocales, la falta de este impedimento u obstáculo (*Grundzüge*, página 84).

Desde el punto de vista acústico, la onda vocálica se caracteriza por ser originada en un solo generador periódico
situado en un extremo del resonador bucal (las cuerdas vocales productoras de la sonoridad), y los formantes de frecuencia de esta onda tienen poco amortiguamiento. Por el contrario, la onda consonántica se origina o se modifica en un
generador no situado al comienzo del resonador bucal y
presenta antirresonancias que influyen en la amplitud y
distribución de los formantes de frecuencia. Esta distinción
acústica se hace perfectamente visible en los espectrogramas.

Consideradas la vocal y la consonante en el nivel per-
ceptivo, Stumpf define la primera por su cromatismo nítido
y la consonante por su falta de cromatismo.

Funcionalmente, la distinción vocal-consonante viene dada
por el comportamiento de los dos tipos respecto de la sílaba:
si ésta está constituida por un núcleo (eventualmente precedido o seguido de otros elementos marginales), los fone-
más que constituyen núcleo (y a veces, por sí solos, sílaba)
son *vocales;* los marginales, *consonantes.* Ciertos fonemas
pueden funcionar de ambos modos: son *semivocales.*

El rasgo vocálico (caracterizado, pues, articulatoriamente por la ausencia de obstáculos, acústicamente por la regu-
laridad y precisión de sus formantes de frecuencia y percep-
tivamente por la claridad de su cromatismo), y el rasgo con-

sonántico (presencia de obstáculos en la articulación, irregularidad e imprecisión en la distribución de los formantes de frecuencia, y cromatismo borroso) nos separan los fonemas, según Jakobson y colaboradores, en cuatro tipos fundamentales: 1), *vocales*, fonemas con sólo el rasgo llamado vocálico; 2), *consonantes*, los que poseen sólo el rasgo consonántico; 3), *líquidas*, fonemas que presentan ambas propiedades; 4), *glotales*, fonemas sin propiedad vocálica ni rasgo consonántico (como la *h* aspirada).

31. VOCALES.—Los rasgos distintivos que se combinan con el rasgo vocálico son todos ellos propiedades de resonancia: a), el *color* (*timbre*), o articulatoriamente la *localización* (posición de lengua y labios); b), el *grado de abertura* (altura de la lengua), o acústicamente el grado de *densidad* o *difusión* de los formantes de frecuencia, y c), la *nasalidad*, debida al resonador suplementario nasal que se agrega al resonador básico bucal. Ya hemos dicho que estos rasgos no son exclusivamente vocálicos; los encontraremos luego combinados también con la propiedad consonántica.

Todas las lenguas conocidas forman sistemas de varias vocales. Estos sistemas, respecto de los grados de abertura y las clases de localización, pueden ser: *lineales*, cuando los fonemas vocálicos reconocen varios grados de abertura o densidad, pero no distinguen la localización o color; *cuadrados*, cuando se distinguen por el grado de abertura y por la localización; *triangulares*, cuando, conteniendo la distinción de localización o color, el fonema más abierto no la distingue. Más adelante examinaremos otras propiedades unidas a la vocálica, que están en relación con las de tipo prosódico, como la llamada cantidad.

32. *a)* EL COLOR O LOCALIZACIÓN.—En algunas lenguas este rasgo no tiene valor distintivo, pues está regulado por el contexto fónico; entonces sus fonemas vocálicos se diferencian sólo gracias a su diverso grado de abertura. En lenguas caucásicas del N. O. (abjaz, ubyj, adyghe), se distinguen tres fonemas vocálicos: el más cerrado /ə/ (realizado como [u] junto a consonantes guturales labializadas, como [ü] entre dos labiales y tras sibilantes labializadas, como [ï] después de postvelares no labializadas, como [i] tras palatales, y como [ə] en los demás casos), el medio /e/ (realizado como [o] tras guturales labializadas, como [ö] tras sibilantes labializadas y entre labiales, como [a] tras postvelares no labializadas y tras laríngeas, como [e] en los demás casos), y el más abierto /a/ (realizado como [ɑ] entre labiales, como [a] entre palatales, y como [ā] en los demás casos). Forman, por ello, un sistema lineal, en el que sólo tiene validez fonológica la propiedad de abertura:

ə
e
a

En general, el rasgo de localización tiene valor diferencial. Puede producirse de dos maneras: 1) Entre vocales *graves* y *agudas*, esto es, *posteriores* y *anteriores*, caracterizadas, respectivamente, por tener el formante segundo relativamente bajo o relativamente alto en el espectro, y por la posición de la lengua hacia el velo del paladar (con lo que la cavidad bucal se alarga) o hacia el prepaladar (con lo que la cavidad bucal se acorta y se divide). 2) Entre vocales *labializadas* y *no labializadas* (*bemolizadas* y *sostenidas*), caracterizadas las primeras por el descenso del formante segundo en el espectro y el abocinamiento o redondeamiento de los labios, y las segundas, por la subida del segundo formante y la retracción de los labios, con lo cual la cavidad bucal es modificada, prolongándola por su orificio (los labios) o acortándola. Estas dos características son susceptibles de tener valor diferencial en una misma lengua; de modo que podrían contarse ocho clases de color o timbre: vocales anteriores (o agudas), vocales posteriores (o graves), vocales no labializadas (o sostenidas), vocales labializadas (o bemolizadas); vocales anteriores no labializadas (agudas puras), vocales posteriores labializadas (graves puras), vocales anteriores labializadas (agudas bemolizadas), vocales posteriores no labializadas (graves sostenidas). No ocurren, en una misma lengua, más de cuatro clases de color. La oposición óptima de timbre o localización se produce cuando se combinan juntas la posición delantera de la lengua con la retracción de los labios y la posición retraída de la lengua con el redondeamiento de los labios. Es éste el caso de óptima diferencia entre aguda y grave.

33. Veamos algunos ejemplos. En algunos dialectos de Montenegro, el rasgo pertinente es la posición de la lengua, que distingue vocales anteriores (agudas) de vocales posteriores (graves), formando un sistema cuadrado de dos clases de color:

$$u \qquad i$$
$$o \qquad e$$
$$a \qquad ae$$

El dialecto polaco de Płaza tiene también un sistema cuadrado de dos clases de timbre, pero en él el rasgo pertinente

es la posición de los labios, y opone, por tanto, vocales labializadas o bemolizadas a vocales no labializadas o sostenidas:

$$u \quad i$$
$$\underset{\centerdot}{u} \quad \underset{\centerdot}{i}$$
$$o \quad e$$
$$\underset{\centerdot}{a} \quad a$$

Por el contrario, el rasgo pertinente es la combinación
de la posición de la lengua y de los labios en el sistema cuadrado de dos clases de timbre del dialecto de Taškent:

$$u \quad i$$
$$o \quad e$$
$$\varrho \quad \underset{\centerdot}{e}$$

Las mismas posibilidades aparecen en los sistemas triangulares. El mismo esquema

$$u \quad i$$
$$o \quad e$$
$$a$$

representa los sistemas del japonés, que opone vocales anteriores o agudas a vocales posteriores o graves, del ruso, que
opone vocales labializadas a vocales no labializadas, y del
latín, en que las dos clases se distinguen por la posición de
los labios y de la lengua combinadas.

También hay sistemas con tres clases de timbre; la clase
intermedia puede ser realizada por vocales anteriores labializadas o por vocales posteriores sin labializar. En francés
(de ciertos niveles conservadores), los fonemas vocálicos
forman un sistema de tres clases de color: anteriores sin
labializar, anteriores labializadas y posteriores (siempre la-

bializadas); por tanto, agudas puras, agudas bemolizadas
y graves:

$$u \qquad \ddot{u} \qquad i$$
$$\rho \qquad \ddot{o} \qquad e$$
$$\varrho \qquad \ddot{\varrho} \qquad \underline{e}$$
$$\underline{a} \qquad \underline{\alpha}$$

En rumano, forman un sistema triangular de tres clases:
vocales anteriores (siempre sin labializar), vocales posteriores no labializadas y vocales posteriores labializadas; por
tanto, agudas, graves sostenidas y graves puras:

$$u \qquad \hat{\imath} \qquad i$$
$$o \qquad \breve{a} \qquad e$$
$$a$$

En otras lenguas existen sistemas de cuatro clases de
timbre: vocales anteriores no labializadas (agudas puras),
vocales anteriores labializadas (agudas bemolizadas), vocales
posteriores no labializadas (graves sostenidas) y vocales posteriores labializadas (graves puras); por ejemplo, algunos
dialectos turcos:

$$u \quad \hat{\imath} \quad \ddot{u} \quad i$$
$$o \quad a \quad \ddot{o} \quad \ddot{a}$$

34. *b)* GRADO DE ABERTURA.—Es un rasgo distintivo que
puede presentar más de dos términos opuestos; entre la
máxima y la mínima abertura de la cavidad bucal, caben
grados intermedios. Desde el punto de vista de la percepción por el oyente, las vocales relativamente abiertas tienen
más «sonicidad» (*'loudness'*) que las relativamente cerradas; esto es, la abertura está en razón directa con la percep-

tibilidad. Acústicamente, el análisis en el espectro parece indicar que el grado de abertura está en relación con la altura del primer formante: cuanto menor es la frecuencia de éste (cuando más bajo aparece en la escala), tanto más cerrada es la vocal; también es observable que las vocales abiertas presentan más próximos entre sí sus formantes primero y segundo.

Según el número de términos distintos de abertura decreciente (o de cerrazón creciente) tendremos sistemas vocálicos de dos o más grados. Ejemplos: el árabe clásico forma un sistema de dos grados de abertura (y dos clases de timbre):

$$u \quad i$$
$$a$$

El sistema de vocales átonas del catalán central también es de dos grados:

$$u \quad i$$
$$ə$$

El Küri (Cáucaso) presenta también dos grados de abertura (y tres clases de timbre):

$$u \quad ü \quad i$$
$$a \qquad e$$

En estos casos de dos grados, uno máximo y otro mínimo, de abertura, la oposición es privativa. En cuanto un sistema contiene más de dos grados, la oposición de abertura entre sus fonemas es gradual. Los sistemas de tres grados son los más frecuentes, como por ejemplo, el citado arriba (§ 33) del japonés, del ruso y del latín. Cuatro grados ofrece, por ejemplo, el italiano, semejante en su estructura al del catalán:

En muchos sistemas, las dos clases de timbre extremas presentan siempre el mismo número de grados de abertura. La clase o clases intermedias (anteriores labializadas o posteriores no labializadas) no tienen nunca más grados de abertura que las clases extremas. Así, en mongol, las tres clases de color presentan los mismos grados de abertura:

$$u \quad \ddot{u} \quad i$$
$$o \quad \ddot{o} \quad e$$
$$a$$

El griego medio, por el contrario, sólo presenta las tres clases de timbre en el grado mínimo de abertura:

$$u \quad \ddot{u} \quad i$$
$$o \quad e$$
$$a$$

Y el noruego sólo tiene dos grados de abertura para el timbre intermedio:

$$u \quad y \quad i$$
$$o \quad \ddot{o} \quad e$$
$$\mathring{a} \quad ae$$
$$a$$

A veces la única vocal de la clase intermedia de un sistema no pertenece por su realización al grado de abertura mínimo. En balear, sólo hay vocal de color intermedio en los grados más abiertos:

$$u \qquad\qquad i$$
$$\underset{\,}{\varrho} \qquad \underset{\,}{\varrho}$$
$$\underset{\,}{\varrho} \quad \vartheta \quad \underset{\,}{\varrho}$$
$$a$$

Muchas lenguas poseen una vocal no labializada, no clasificable en ninguna de las dos clases de timbre, y con una abertura ni máxima ni mínima. Esta vocal, definida negativamente, debe designarse como «vocal indefinida» en relación multilateral con los demás fonemas vocálicos. Por ejemplo: la llamada *e muda* del francés.

35. *c*) RESONANCIA SUPLEMENTARIA.—La nasalidad distingue ciertos fonemas vocálicos mediante el matiz especial producido por el resonador nasal, que, al bajar el velo del paladar, se une al resonador bucal. En el espectrograma, las vocales nasales se caracterizan por la reducción de la intensidad del primer formante, que tiende a presentar la misma frecuencia de 500 ciclos por segundo para todas las vocales. Además, las vocales nasales presentan formantes suplementarios; el principal a unos 250 ciclos por segundo.

En la mayor parte de las lenguas que la conocen, la *correlación de nasalidad* no abarca la totalidad del sistema vocálico; esto es, el sistema de vocales orales comprende más grados de abertura y más clases de timbre que el de las vocales nasales corespondientes.

En el escocés de la Isla de Barra desaparece en las nasales un grado medio:

Orales:

u	*ü*	*i*
o	*ö*	*e*
ǫ	*ę*	
	a	

Nasales:

ũ	*ü̃*	*ĩ*
ǭ	*ę̃*	
	ã	

En albanés del Norte, también desaparece en las nasales el grado medio:

Orales:

u	*ü*	*i*
o	*ö*	*e*
a	*ä*	

Nasales:

ũ	*ü̃*	*ĩ*
ã	*ä̃*	

En portugués central desaparecen los grados abiertos:

Orales:

u	*i*
ǫ	*ę*
ǫ	*v*	*ę*
	a

Nasales:

ũ	*ĩ*
õ	*ṽ*	*ẽ*

En francés, contrariamente, desaparece en las nasales el grado mínimo:

õ	*ǒ*	*ẽ*
	ã	

sistema que tiende hoy a perder la clase de timbre intermedia y a reducirse a:

$$\tilde{o} \quad \tilde{e}$$
$$\tilde{a}$$

36. CONSONANTES.—De los rasgos pertinentes combinables
con el rasgo consonántico, unos lo son también con el rasgo
vocálico (la resonancia y la localización); otros, por el contrario, son exclusivos de los fonemas consonánticos.

Estos rasgos, exclusivamente combinables con el carácter
consonántico, se refieren, por la articulación, al modo según
el cual la corriente de aire vence el obstáculo ofrecido por
los órganos fonadores.

Los sonidos, según la importancia decreciente de esta
barrera, se dividen en *oclusivos, fricativos, sonantes* y *vocales*. Los sonantes, que incluyen los sonidos líquidos y semi-
vocálicos, hemos visto que presentan también la propiedad
vocálica; los otros sonidos, oclusivos y fricativos, en los que
no hay rasgo vocálico, son llamados *consonadores* (alemán,
Geräuschlaute). Por otra parte, los oclusivos son sonidos
momentáneos, caracterizados por una obturación momentá-
nea del canal bucal, mientras los fricativos y sonantes son
sonidos *continuos* que no presentan cierre total del canal
bucal. Fonológicamente, pues, pueden darse varios tipos de
oposición distintiva, que Trubetzkoy llama «correlaciones de
primer grado de modo de articulación».

1) *Consonador/sonante,* cuando en una lengua la diferencia oclusiva/fricativa no sea pertinente; por tanto, en este
tipo de oposición no hay más rasgo diferencial que el rasgo
vocálico opuesto al consonántico. Por ejemplo: en tamil, hay
cinco fonemas consonadores (realizados según el contexto
fónico como oclusivos aspirados, fricativos, oclusivos sordos

u oclusivos sonoros), a los cuales se oponen cinco fonemas
sonantes con la misma localización (líquidas y semivocales):
P/w, T/l, Ṭ/ḷ, ĉ/y, K/ṛ.

2) *Momentáneo / continuo*, cuando una lengua no distingue entre fricativas y sonantes; por ejemplo, en ésquimal
de Groenlandia, a los fonemas momentáneos /p t k q/ se
oponen como continuos dos series, una sorda y otra sonora,
de fonemas, que fonéticamente son unos fricativos y otros
líquidos o semivocales: /φ ḷ x x̣/ (sordos) y /w l g ṛ/ (sonoros).
Por tanto, el carácter fricativo o sonante es un rasgo redundante, dependiente de la combinación del rasgo continuo
con cada una de las diferentes localizaciones. Estas dos correlaciones, de sonancia y de continuidad, son raras.

3) *Oclusivo/fricativo* (o *plosivo/fricativo*) es el tipo más
frecuente. Opone fonemas oclusivos o africados a fonemas
fricativos. En alemán, los fonemas *pf/f, z/ss, k/ch* se distinguen gracias a este rasgo; igualmente en griego moderno
la oclusión o la fricación es la marca de correlación de la
serie π/φ, τ/θ, τσ/σ, κ/χ.

Estas propiedades, acústicamente, se deben todas al generador primario de la onda. Desde este punto de vista, los
fonemas consonantes se distinguen según tengan un ataque
o comienzo abrupto o bien gradual. En los fonemas con
ataque duro o abrupto, la onda queda precedida por un período de silencio completo (o de pura sonoridad): son fonemas
oclusivos o africados; cuando el ataque es gradual, el fonema es fricativo. Por tanto, el rasgo característico es la interrupción, por un período de silencio, de la onda fónica;
cuando existe la interrupción, tendremos fonemas *interrup-
tos;* cuando ese silencio no exista, tendremos fonemas *continuos.* Que lo característico distintivo entre unos y otros,
en el plano de percepción, es el ataque abrupto o gradual,

se demuestra por ciertas experiencias de L. G. Jones; cuando en una grabación fonográfica se borra el ataque de una fricativa [s] o [f], el sonido percibido es una oclusiva [t] o [p], o una africada [š] o [f̌], ya que el ataque gradual queda sustituido por un silencio que lo convierte en abrupto.

En los espectrogramas se reconocen las oclusivas por la repentina ausencia de energía (correspondiente al silencio de la oclusión), por el borrón breve (correspondiente a la explosión) y por la rapidez con que los formantes de las vocales precedente o siguiente alcanzan el nivel propio de éstas. En las africadas, la mancha turbulenta de la explosión se hace más amplia. En las fricativas no aparece la ausencia de energía, como en las otras, sino sólo una zona de sonido turbulento mayor que la de la explosión de las africadas; además, las transiciones de las vocales son menos rápidas que en las oclusivas.

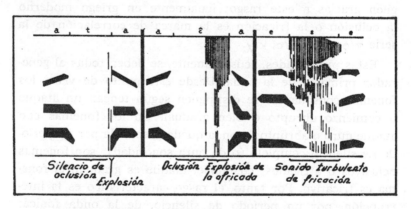

Esquema de espectrograma de oclusiva, africada y fricativa.

37. Dentro de cada miembro de las correlaciones indicadas, se establecen a veces oposiciones bilaterales entre

fonemas del mismo grado de obstáculo y la misma localización. Estas oposiciones serán de «segundo grado del modo de articulación». Según el carácter y origen de su rasgo distintivo, hay varios tipos:

1) Correlación de *tensión*, que opone fonemas *tensos* (lat. 'fortes') a los *flojos* (lat. 'lenes'); se distinguen primariamente por la mayor duración y nitidez de los tensos; este rasgo se origina en el resonador básico del sonido. La variedad fundamental de fonemas *tensos* y *flojos* se caracteriza porque la fuerza de la corriente de aire está en razón directa de la tensión o rigidez de los órganos; otra variedad fónica de esta distinción es la de *intensidad*, que opone fonemas *duros* a los *blandos*, en los cuales la razón entre la fuerza del aire y la resistencia de los órganos es inversa. Finalmente, en ciertos casos, el rasgo fónico de *tensión/flojedad* aparece incrementado por la *aspiración* que opone fonemas *aspirados*, que a la vez son tensos, a fonemas *no aspirados*, a la vez flojos.

2) Correlación de *sonoridad;* el rasgo se debe a un generador armónico suplementario al generador consonador normal de las consonantes; se suma la sonoridad originada en las cuerdas vocales. Según este rasgo, se oponen fonemas *sordos* (que carecen de generador suplementario y, por ende, de sonoridad) y fonemas *sonoros*. Esta correlación aparece muchas veces combinada con la anterior, y así, una de ellas es redundante. Las últimas experiencias demuestran que para la percepción de la «sonoridad» no siempre es necesaria la vibración de las cuerdas vocales. Muchos factores parecen contribuir a ella: la rapidez, intensidad y duración de las transiciones vocálicas, la duración relativa de la tensión (*tenue*) de la consonante, la intensidad del ruido, etc.

3) Correlación de *recursión* (o *eyección*), que opone fonemas *infraglotales,* articulados por el aire proveniente de los pulmones, a los *supraglotales* (recursivos o eyectivos), en que el sonido se produce sólo por el aire reunido encima de la glotis, cuyo cerramiento o contracción lo expulsa al exterior. Los primeros tienen una terminación o declive gradual, mientras los recursivos tienen un final abrupto, cortado por un silencio.

4) Correlación de *ingresión,* que opone los fonemas *egresivos* a los *ingresivos,* o producidos parcialmente por una succión del aire exterior.

En todos los casos se trata del contraste entre dos miembros: uno «fuerte» y otro «débil»:

CORRELACIÓN DE:	MIEMBRO «FUERTE»	MIEMBRO «DÉBIL»
tensión	tenso ('fortis')	flojo ('lenis').
intensidad	duro	blando.
aspiración	aspirado	no aspirado.
sonoridad	sordo	sonoro.
recursión	infraglotal	supraglotal (recursivo).
ingresión	egresivo	ingresivo.

Cuando en la realización fonética varias de estas oposiciones aparecen combinadas, especialmente la tensión y la sonoridad, es pertinente el rasgo que en las posiciones de neutralización tiene carácter negativo. En ruso, se oponen consonantes tensas sordas a consonantes flojas sonoras; como en la neutralización el archifonema es realizado como consonante tensa, sorda, el rasgo pertinente será la sonoridad, que está representada negativamente (por la sordez), y no la tensión, que aparece positivamente. Por el contrario, en francés o en inglés, donde también hay normalmente consonantes tensas sordas y flojas sonoras, lo pertinente es la tensión, pues en determinados casos encontramos que la sonoridad depende del contexto: /j/ [ž], normalmente floja sonora en francés, puede realizarse ante consonante sorda como floja sorda [ž̥]; por tanto, lo que la distingue de la sorda /ch/ [š] es la tensión de ésta: *vous la jetez/vous l'achetez* [*vulažtẹ́/vulaštẹ́*]. La sonoridad es sólo factor concomitante de la flojedad. Experimentalmente, una grabación de [p] o [t] sordas y tensas, en la que se borra su comienzo (perdiendo, por tanto, en duración), es percibida, aunque sigan siendo sordas, como [b] o [d], por tanto flojas, por los ingleses; pero un ruso, para quien lo pertinente es la sonoridad, seguirá oyendo estas [p] o [t] acortadas como tales sordas [p] o [t].

38. Frecuentemente se forman haces de correlaciones entre los modos de articulación de primero y segundo grado. Sobre todo es corriente la existencia de haces que combinan la correlación de plosión-fricción (§ 36, 3) con una de las correlaciones de segundo grado. En checo se reúne con la correlación de sonoridad:

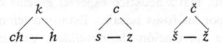

Igualmente en griego moderno:

Otras veces los haces correlativos resultan del entrecruzamiento de dos correlaciones de segundo grado. El griego clásico combinaba la correlación de sonoridad y la de aspiración:

Otros ejemplos se han citado en § 28.

39. Un tercer grado de modo de articulación con valor fonológico es la *geminación*, que en las lenguas en que no es más que la combinación de dos fonemas iguales, forma la correlación de geminación, la cual puede extenderse a todos los tipos de modo de articulación. En cada idioma puede resultar difícil su separación de la correlación de intensidad, y su valor funcional depende, naturalmente, también del valor que las propiedades prosódicas presenten. Muchas veces las geminadas no serán más que grupos de dos fonemas iguales en el decurso, y, por tanto, no tendrán puesto en el sistema.

40. RESONANCIA SUPLEMENTARIA.—Sólo pertenece a este tipo el contraste entre consonantes nasales y orales. Las nasales añaden un matiz acústico especial gracias al co-resonador formado por las fosas nasales. Esta oposición forma normalmente una correlación de *nasalidad*, existente en casi todas las lenguas, pero raramente neutralizable. Los fonemas nasales no se oponen siempre bilateralmente a un fonema oral de la misma localización, sino al archifonema de los fonemas orales del mismo punto de articulación. Ya vimos que este rasgo se combina también con la propiedad vocálica (§ 35).

En el espectro, la nasalidad consonántica se refleja porque, en lugar del silencio de las oclusivas orales, aparecen varios formantes, el primero y más constante a unos 250 ciclos por segundo, del cual suele partir la transición del formante primero de la vocal vecina.

Aparte de la combinación de este rasgo con la localización, suele llevar como concomitante la sonoridad; pero ésta sólo es pertinente con las nasales raras veces: en Kuanyama (SO. Africa) se opone /n/ sonora a /ɲ/ sorda.

41. LOCALIZACIÓN DE CONSONANTES.—Todos los rasgos diferenciales estudiados hasta ahora dividen por dicotomía los fonemas consonánticos: *oclusivos/fricativos, momentáneos/ continuos, tensos/flojos, sordos/sonoros, orales/nasales*. Sin duda, la localización de los fonemas consonánticos es un rasgo diferencial, pero no opone los fonemas bilateralmente, sino multilateralmente: se distinguen varios órdenes de localización, en los que se agrupan los fonemas realizados en un mismo punto de articulación.

Los órdenes fundamentales son: orden dorsal (velar), orden palatal o sibilante, orden dental y orden labial. Frecuentemente, algunos de estos cuatro órdenes se subdividen en dos clases gemelas en oposición bilateral: bilabiales y labiodentales, dentales e interdentales, velares y postvelares, siseantes y chicheantes. En general, se admite que estos órdenes forman entre sí oposiciones multilaterales; esto es, que los rasgos pertinentes comunes a dos fonemas distinguidos únicamente por la localización, se repiten en todos los demás fonemas diferenciados de los primeros sólo por la localización. Por ejemplo: los rasgos comunes de /p/ y /t/, en checo, son los mismos que en las demás oclusivas sordas de esta lengua /t'/, /c/, /č/, /k/: el ser oclusivas sordas orales. Según esto, cada punto de articulación es una propiedad fonológica peculiar, y las seis oclusivas sordas del checo forman quince oposiciones; por tanto, requieren quince rasgos diferenciales distintos.

42. ¿No habrá otras relaciones entre los fonemas de las diversas localizaciones, de manera que unos a otros se opongan bilateralmente? La solución dicotómica o binarista fue propuesta por Jakobson. Si la localización de las vocales tiene como contrapartida, en el lado acústico, un diferente color, a la diferente localización de las consonantes corresponde efectivamente también un diferente timbre. Las consonantes velares y labiales se articulan en un _resonador bucal largo e indiviso_, mientras para las dentales y las palatales la lengua divide la cavidad bucal en _dos cajas de resonancia_ más cortas; esto hace que, del lado acústico, las consonantes labiales y velares, producidas por un resonador único, presenten una nota relativamente baja, correspondiente a la de las vocales posteriores, un _timbre grave_, mientras las consonantes palatales y dentales, producidas por un resonador doble, presenten una nota relativamente alta, correspondiente a la de las vocales anteriores, un _timbre agudo_.

Por otro lado, las consonantes velares y palatales se oponen a las dentales y labiales, porque en las primeras la cavidad bucal predomina (al retraerse la lengua) sobre la cavidad faríngea (que se achata y recoge), mientras en la articulación de las segundas predomina la cavidad faríngea sobre la bucal, al alargarse la faringe (elevando el velo del paladar y bajando el hioides) y al ser prolongada esta cavidad con el avance de la lengua hacia los dientes.

Según esto, las propiedades de localización se reducirían a propiedades de resonancia, y en lugar de diversos órdenes opuestos multilateralmente, nos encontraríamos con dos rasgos diferenciales, que opondrían bilateralmente consonantes *agudas* a consonantes *graves* y consonantes *difusas* a consonantes *densas*.

En general, las consonantes de cavidad faríngea predominante suelen dividirse en agudas (dentales) y graves (labiales), mientras las consonantes de cavidad bucal predominante, muchas veces no presentan la división entre agudas (palatales) y graves (velares). Así, hay dos tipos fundamentales de sistemas consonánticos: uno triangular

p	*t*	semejante al vocálico	*u*	*i*
k				*a*

y otro cuadrado

p	*t*	semejante al vocálico	*u*	*i*
k	*ć*		*ạ*	*ạ*

43. Desde el punto de vista acústico, no es fácil encontrar en el espectrograma características comunes a las graves o a las agudas, y a las anteriores o a las posteriores («difusas» y «densas»). Parece que lo característico son, al menos, dos cosas: una, la situación, en la escala de frecuencia, de la explosión (para las oclusivas) o la intensidad y extensión del ruido (en las fricativas); otra, la dirección y duración de las transiciones con que comienzan o terminan los formantes de las vocales siguiente o precedente a la consonante. Sin entrar en detalles, la explosión de las graves (labiales y velares) está situada en las zonas inferiores o intermedias, mientras la explosión de las agudas (dentales, etcétera), es mucho más alta. En cuanto a las transiciones, la del primer formante vocálico es negativa para las consonantes bucales (es positiva, en cambio, para las faríngeas) y sirve más bien de indicio del modo de articulación: a más alta

frecuencia corresponde mayor abertura de la consonante. La
transición del segundo formante es la más característica. Su
dirección es descendente para las labiales, intermedia para
las dentales, y para las palatovelares es ascendente (detalle
sólo válido con las vocales no redondeadas). Las transiciones
del tercer formante varían menos. La prolongación ideal de
esta transición hasta cinco centésimas de segundo desde el
comienzo del segundo formante de la vocal, llega al llamado
«Locus», que se considera el equivalente espectrográfico de
lo que muscularmente conocemos por punto de articulación.
Tal locus se sitúa a unos 700 ciclos para las labiales, a unos
1.800 para las dentales y a unos 3.000 para las velares.

44. A veces, hemos visto (§ 41), las localizaciones se subdividen; las bilabiales se oponen a las labiodentales, etc. En
el sistema consonántico, uno de los órdenes citados (labiales, dentales, prepalatales, dorsales) puede presentar divi-
siones: ¿cuál es la cualidad diferencial entre las dos clases
gemelas? Articulatoriamente, interviene un órgano suplementario, el cual provoca una turbación enérgica del aire
espirado y un tono tajante a causa de la mayor complejidad
del obstáculo.

Las consonantes caracterizadas por este tono tajante son
estridentes y se oponen a las *mates* correspondientes: a las
mates fonéticamente bilabiales, dentales, palatales, velares,
se oponen las estridentes fonéticamente labiodentales, ci-
ceantes, siseantes, chicheantes y uvulares, que añaden la
intervención de un órgano accesorio a la articulación de las
mates. Los sonidos estridentes tienen ondas menos regula-
res que las de los mates.

A veces esta oposición se combina con la correlación de plosión-fricción; esto es, se forman sistemas parciales dentro de cada clase, que contienen varios miembros:

$$\frac{\text{oclusiva mate}}{\text{oclusiva estridente}} \quad\Big|\quad \text{fricativa estridente}$$

Por ejemplo: en alemán para las labiales, una oclusiva mate /p/ se opone a una oclusiva estridente /pf/ y a una fricativa /f/; para las dentales, a la oclusiva mate /t/ se opone la oclusiva estridente /ts/ y la fricativa /s/. Otras veces la oposición *oclusiva/fricativa* coincide con la oposición *mate/estridente*, como en francés p/f, t/s, b/v, d/z. En otras lenguas, sólo es relevante la distinción *mate/estridente*, y la plosión o fricción es un rasgo concomitante y variable; por ejemplo, en catalán, donde las estridentes /f/, /s/, /š/, /z/, /ž/, se realizan como africadas o fricativas, según su posición.

45. En el caso de reconocer las oposiciones *grave/aguda* y *difusa/densa*, son éstas bilaterales, equipolentes, pues oponen dos propiedades equivalentes (gravedad-agudeza) o dos grados extremos de la misma propiedad (mínima densidad-máxima densidad), aunque sea difícil aceptar la proporcionalidad de oposiciones como p : k : : t : č.

La oposición de timbre (grave-agudo) puede hacerse privativa en los casos en que, dentro de un mismo orden, hay fonemas opuestos por poseer uno el timbre normal (grave o agudo) y el otro presentar un realce o un rebajamiento de la altura del timbre. En las lenguas donde esto ocurre, habrá una serie de consonantes normales opuesta a otra diferenciada bien por un timbre particular palatal (realzado o sostenido), bien por un timbre particular labial o faríngeo (rebajado o bemolizado). En estos casos tendremos las correlaciones llamadas de *mojamiento* y de *labialización* y *faringalización* (o *velarización*).

En el primer caso, frente a las consonantes normales hay consonantes *mojadas*. Estas agregan al timbre particular de las correspondientes consonantes normales un matiz palatal semejante al de la vocal /i/, por tanto, una elevación de la altura del timbre (reflejado en la elevación de la frecuencia de los formantes segundo y siguientes de la vocal adyacente); de modo que, si el timbre de la consonante normal es grave, en la mojada correspondiente (al subir hacia el paladar la lengua y dilatarse el canal faríngeo) resulta menos grave, esto es, *sostenido;* y si el timbre era agudo, resulta en la consonante mojada más agudo, por tanto, también sostenido. Este rasgo opondrá consonantes normales a consonantes *sostenidas* (mojadas). Correlación de mojamiento, a través de todos o sólo varios de los órdenes consonánticos, se encuentra en polaco, en ruso, en japonés: a las consonantes llanas tipo /p t k/, etc., se oponen las sostenidas /p' t' k'/, etc.

46. En el segundo caso, la correlación de *labialización* distingue entre consonantes normales y labializadas. Su rasgo diferencial es el mismo que separa vocales retraídas y labializadas (§ 32). Las consonantes labializadas agregan al timbre particular de las correspondientes consonantes normales un matiz labial semejante al de la vocal /u/, por tanto, una bajada de la altura del timbre (reflejada en el descenso de la frecuencia de varios o todos los formantes de la vocal adyacente); de modo que si el timbre de la consonante normal es agudo, en la labializada correspondiente (al alargarse la cavidad bucal por el abocinamiento de los labios) resulta

menos agudo, *bemolizado;* y si el timbre era grave, resulta
en la consonante labializada más grave, por tanto también
bemolizado. Tendremos, como para las vocales (§ 32), frente
a consonantes normales, consonantes *bemolizadas* (labializadas).

Parecido efecto acústico a la labialización produce la
faringalización (o *velarización*); esto es: en lugar de avanzar
y cerrarse el orificio delantero de la cavidad bucal (los labios), puede reducirse el orificio posterior, la faringe, mediante la contracción de ésta y el hinchamiento hacia atrás
del posdorso de la lengua.

Correlación de labialización se encuentra en lenguas
caucásicas: a las consonantes como /k t/, etc., se oponen las
bemolizadas /k̓ t̓/, etc. Correlación de faringalización hay en
árabe, donde frente a las consonantes normales se encuentran las llamadas enfáticas: t/ṭ, d/ḍ, d̄/ḍ̄, s/ṣ. En algunas
pocas lenguas los dos tipos de correlación, la de mojamiento
y la de labialización, coexisten. En el Cáucaso, el abjaz presenta, frente al fonema normal /g/, el correspondiente mo-
jado /g'/ y el correspondiente labializado /gº/.

47. LÍQUIDAS.—Arriba (§ 30) indicamos que las llamadas
consonantes líquidas se caracterizaban por poseer a la vez
el rasgo vocálico y el rasgo consonántico. Al igual que las
vocales, las líquidas tienen un generador armónico; como
las consonantes tienen antirresonancias. Articulatoriamente,
las líquidas combinan la obturación del canal longitudinal
de la boca (propia de las consonantes) con la abertura propia
de las vocales: unas veces estas obturación y abertura son
intermitentes o alternas, otras son simultáneas, de manera
que se produce obturación en la línea media del canal bucal
y se abre un paso lateralmente.

Con cierta frecuencia las líquidas se escinden en dos clases: las *laterales* y las *vibrantes* o *intermitentes*. Las laterales se articulan con una obstrucción en la línea media de la cavidad oral, dejando salida continua al aire por los lados; las vibrantes interrumpen una o varias veces la salida del aire por el canal central, siendo indiferente que la interrupción se efectúe por el ápice de la lengua o por la úvula. Por tanto, esta distinción *lateral/vibrante* tiene el mismo fundamento que la oposición *interrupta/continua* de las consonantes (§ 36); las laterales son continuas, las vibrantes interruptas, aunque en las líquidas la interrupción no se produce en el ataque abrupto como en las consonantes, sino en el curso del sonido. Esta distinción no tiene lugar en todas las lenguas. Hemos visto (§ 22) que en coreano no hay más que un fonema líquido, realizado como lateral o vibrante, según el contexto; en japonés y en chino hay también una sola líquida, que en japonés es concomitantemente siempre vibrante, y en chino siempre lateral. Incluso en las lenguas que poseen esta distinción, los fonemas /l/ y /r/ pueden neutralizarse en alguna posición.

Tienen cierta semejanza con las semivocales ([w, j]). En los espectrogramas se caracterizan por un primer formante alto (hacia 400 ciclos). Naturalmente, las líquidas de tipo vibrante presentan en el espectrograma el característico silencio correspondiente a la(s) interrupcion(es) de la articulación. La /ɹ/ del inglés es una continua, semejante por sus formantes a las semivocales citadas.

Otros rasgos pueden combinarse con los que distinguen a las líquidas. A veces, junto a la vibrante /r/ aparece otra vibrante asibilada /ř/, por ejemplo, en checo: *řada/rada*. En lenguas indígenas americanas, africanas y caucásicas, junto al fonema lateral /l/ aparecen laterales africadas. Estas oposiciones se reducen a la distinción *mate/estridente* que examinamos antes (§ 44).

En general, las líquidas llevan, concomitantemente, el rasgo de sonoridad. Este adquiere, con las líquidas, pertinencia diferencial en escasas lenguas. Por ejemplo: en gaélico, a las sonoras /r l/ se oponen las sordas /r̥ l̥/.

En ciertas lenguas, junto a la lateral /l/ de realización alveolar, aparece distinguida una lateral /ļ/ de realización palatal. El rasgo fonológico de esta oposición depende de todo el sistema. En ruso, donde existe la correlación de mojamiento, esta otra lateral palatal será la mojada o sostenida frente a /l/; en español, o catalán, donde tal correlación no existe, /ļ/ será el correspondiente fonema palatal opuesto al alveolar /l/.

Cuando el número de interrupciones producidas en la articulación de las vibrantes cobra valor diferencial, tenemos, como en español o catalán, una oposición r/r̄, que se distingue simplemente por el contraste flojo/tenso.

En alguna lengua la característica líquida de un fonema no es pertinente, y es sólo un rasgo redundante que acompaña a otra u otras propiedades consonánticas. Por ejemplo, en mende (Sierra Leona), la única líquida /l/ está respecto de /t/ en la misma relación que /w/ a /p/; así, /l w/ son las continuas correspondientes a las momentáneas /t p/.

48. GLOTALES.—Vimos (§ 30) que estos sonidos se caracterizan por no poseer ni el rasgo vocálico ni el consonántico. Igual que en algunas lenguas hay frente a las vocales determinadas una vocal indeterminada /ə/, en los sistemas consonánticos puede oponerse a todas las consonantes determinadas un sonido indefinido, que suele ser glotal.

El rasgo vocálico se origina también en la glotis, por la vibración de las cuerdas vocales en contacto, pero recibe modificaciones en la cavidad bucal. Los otros rasgos glotales pueden constituir fonemas independientes o combinarse con otros rasgos consonánticos.

Los sonidos glotales más frecuentes son: uno oclusivo /'/, el llamado «ataque duro», abertura brusca de las cuerdas vocales, y uno fricativo /h/, la llamada «hache aspirada», realizado con la glotis abierta, pero acercándose a la posición de vibración. Cuando ambos tienen valor fonológico, se oponen, por tanto, por el rasgo *interrupto/continuo*, y estarán en la misma relación que *p/f, t/s*, etc. Así ocurre, por ejemplo, en árabe. Además, en esta lengua el orden laríngeo presenta también el rasgo de revalorización o faringalización, oponiendo una /ḥ/ con contracción de la faringe a otra /h/ sin dicha contracción: *ḥadama/hadama*.

En danés, donde las tensas /p t k/ se realizan como aspiradas [ph th kh] en las mismas posiciones en que aparece /h/, ésta es el fonema tenso opuesto al ataque vocálico no aspirado /cero/ (fonema flojo), del mismo modo que a las tensas /p t k/ (fonéticamente [ph th kh]), se oponen las flojas /b d g/ (fonéticamente [b̥ d̥ g̥]). En alemán, contrariamente, el fonema /h/ queda fuera de toda oposición bilateral, ya que su diferencia respecto del ataque vocálico no es la misma que la de *p/b, t/d*, etc. Hay lenguas donde también el golpe de glotis se combina con otros rasgos consonánticos, dando lugar a consonantes *glotalizadas*.

Otras veces, /h/ se integra en el orden denso grave como correlato continuo sonoro, siendo su glotalidad mera concomitancia de sus otros rasgos pertinentes: en checo, al fonema continuo sordo /x/ y al interrupto sordo /k/ se opone el continuo sonoro /h/.

49. RESUMEN.—Las oposiciones y rasgos diferenciales fonemáticos pueden ser los siguientes:

1) *Vocálico/no vocálico.*
2) *Consonántico/no consonántico.* (Basados en el diferente generador de la onda y en la falta o presencia de barrera en el canal bucal.)
3) *Denso/difuso.* (Basado en la proporción de las magnitudes de las cavidades bucal y faríngea.)
4) *Grave/agudo.*
5) *Bemolizado/normal.*
6) *Sostenido/normal.* (Basados en el timbre del resonador bucal, único o dominante.)
7) *Nasal/oral.* (Basado en la intervención del resonador nasal suplementario.)
8) *Tenso/flojo.* (Basado en la tensión de los órganos y en la mayor duración y nitidez.)
9) *Sonoro/sordo.* (Basado en la vibración de la glotis.)
10) *Continuo/interrupto.*
11) *Estridente/mate.* (Basados en el ataque abrupto o interrupción de la corriente de aire, y en la aproximación de los órganos.)
12) *Recursiva/infraglotal.* (Basada en el cerramiento de la glotis al final del sonido.)

Las distinciones 1 y 2 separan los fonemas vocales, consonantes, líquidos y glotales. Las oposiciones 3 y 4 producen la localización de vocales y consonantes. Las 5 y 6 producen subseries paralelas de sonidos con timbre modificado: las vocales mixtas, las consonantes mojadas y las labializadas y enfáticas. El rasgo 7 separa los fonemas orales de los nasales. El rasgo 8 produce en las vocales distinciones relacionadas con las propiedades prosódicas; en las consonantes, combinado o no con el rasgo 9, distingue series paralelas de miembros fuertes y débiles. Las oposiciones 10 y 11 se producen sólo entre las consonantes y las líquidas, y distinguen las oclusivas, africadas y fricativas, las vibrantes y laterales. Finalmente, el rasgo 12 diferencia los fonemas realizados por la expulsión del aire acumulado encima de la glotis y los fonemas realizados por el aire que atraviesa la glotis.

50. Marcando con signo positivo (+) los primeros miembros de estas oposiciones y con negativo (—) los segundos, se obtiene un cuadro descriptivo fonemático de una lengua, según la combinatoria de sus rasgos pertinentes. Ejemplo de esta descripción analítica de los fonemas: el sistema del inglés (Recéived Pronunciation), según Jakobson, Fant y Halle, es como aparece en la página 87.

Bibliografía: N.º 18, 19, 23, 41, 42, 43, 44, 51, 52, 60, 61, 65, 69, 73, 77, 79, 81, 88, 101, 102, 106, 115, 116, 118, 119, 120, 121, 122, 124, 128, 147, 149, 167 (§ 3, 14), 168, 172, 186, 189, 190, 193, 197, 200, 203, 211, 222, 223, 224, 231, 232, 243 [págs. 80-166].

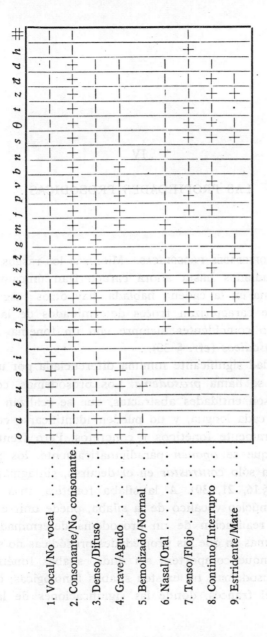

IV

LAS PROPIEDADES PROSÓDICAS

51. PROPIEDADES PROSÓDICAS.—Mientras los rasgos diferenciales estudiados hasta ahora caracterizan únicamente un solo fonema en la cadena hablada, hay otros rasgos pertinentes que caracterizan trozos determinados de la cadena hablada no coincidentes siempre con un fonema. Son los *rasgos prosódicos* (cfr. § 30).

La unidad significante mínima diferenciada por un rasgo prosódico se llama *prosodema*. Los prosodemas, como los fonemas, son entidades abstractas, que se realizan diversamente en cada lengua, y no pueden identificarse con fenómenos puramente fonéticos y concretos. Pero frente a los fonemas, que se *oponen* paradigmáticamente, los prosodemas suelen sólo *contrastar* en el decurso, sintagmáticamente (cfr. §§ 16, 21, 30). A la sílaba fonética, más precisamente, al núcleo vocálico de la sílaba, puede unirse en una lengua la realización de un prosodema determinado; pero en los idiomas en que las propiedades prosódicas no son relevantes, aunque comporten, sin duda, sílabas fonéticas, no existen prosodemas, no existen sílabas fonológicas, como es el caso del francés, donde las significaciones de las palabras no se distinguen ni delimitan nunca en virtud de propiedades prosódicas. En las lenguas en que estas propiedades son contrastivas o distintivas, la unidad fonológica prosódica, el prosodema, suele ser la sílaba fonológica. Dentro de ésta, los glosemáticos distinguen el *tema* silábico (los fonemas o segmentos que la constituyen) y el *acento* o exponente, que es el verdadero prosodema.

La sílaba fonológica puede contener fonemas en que el rasgo prosódico no es relevante. El fonema (o fonemas) de la sílaba caracterizado por el rasgo prosódico pertinente se ha llamado *soporte* o *núcleo silábico*. El resto de los fonemas de la sílaba no caracterizados por la propiedad prosódica se llaman *no silábicos, asilábicos* o *marginales*. Puede darse el caso de que una misma sílaba fonética tenga varios prosodemas. Cuando esto ocurre, las conveniencias prácticas hacen preferible no considerar la sílaba como la unidad en que se realizan los prosodemas de la lengua en cuestión, sino otros trozos de la cadena hablada, tampoco coincidentes necesariamente con los fonemas, y que se llaman *moras*. Tanto la sílaba como la mora, fonológicamente, son simplemente conceptos utilizables para clasificar los rasgos prosódicos, y no debe, de ninguna manera, considerarse que coinciden por fuerza con realidades fonéticas.

El soporte o núcleo silábico puede estar constituido por una vocal, una combinación polifonemática de vocales, una consonante o una combinación de vocal más consonante. Todas las vocales pueden funcionar en todas las lenguas como soporte silábico; de las consonantes, sólo las que se realizan mediante articulaciones llamadas sonantes pueden funcionar como soportes silábicos: las nasales y las líquidas; por ejemplo, en checo, *trval* es un bisílabo donde /r/ funciona como soporte silábico.

En las lenguas en que los fonemas vocálicos son los únicos susceptibles de funcionar como soporte silábico, el contraste de vocal y consonante puede definirse fonológicamente así: son vocales los fonemas que pueden funcionar como soporte silábico; son consonantes los fonemas no susceptibles de desempeñar tal función.

52. Los rasgos prosódicos pueden funcionar bien como simplemente demarcativos, bien con función diferencial. En este último caso, tienen que existir varios tipos de prosodemas opuestos en el sistema, de modo que en la secuencia hablada pueden aparecer unos u otros con la misma libertad como se combinan los fonemas: son posibles todas las combinaciones. En checo, por ejemplo, todos los prosodemas de una palabra pueden ser «intensivos» (*řikání*) o «no intensivos» (*lopata*), o de las dos clases en cualquier orden (*kabátek, zásada, znamení, mámení, pořádný*).

En el primer caso, hay un solo tipo de prosodema opuesto a su ausencia, que cumple la función delimitativa, aisla dentro del decurso la unidad que llamamos palabra (o su equivalente). En cada palabra, por fuerza, hay un solo prosodema «intensivo», que contrasta con los demás soportes silábicos de la misma palabra. Este prosodema culminativo puede tener un puesto fijo; entonces sólo tiene función demarcativa. Si, por el contrario, la posición del prosodema culminativo dentro de la palabra es variable, también podrá cumplir accesoriamente la función diferencial. Así, en checo, donde el acento de intensidad recae invariablemente sobre la primera sílaba de cada palabra, este prosodema posee función demarcativa, pero no distintiva; por el contrario, en ruso o en español, el puesto del acento es libre y su posición permite también diferenciar significados: *múka* 'tormento'/*muká* 'harina', *canto/cantó, allá/halla, vívido/vivido*.

Hay, pues, profunda diferencia entre las propiedades prosódicas con sólo función distintiva y las que son culminativas. En efecto, en el primer tipo nos encontramos con rasgos diferenciales equiparables por su función a los que llamamos inherentes (§ 30). En el sistema, frente a cada fonema no intensivo, se opone otro con los mismos rasgos inherentes más el prosódico intensivo. Por ejemplo: la pareja latina *mălum/mālum* se distingue por la diferencia *ă/ā*, análoga, en lo sistemático, a la diferencia entre otros dos fonemas cualesquiera: *p/b;* en ambos casos, un rasgo los separa en el sistema, los opone *in absentia*: en *ă/ā* la llamada cantidad, en *p/b* la sonoridad. Pero en los casos de rasgos prosódicos culminativos, la diferencia, por ejemplo, entre una *á* tónica y una *a* átona en español, depende del puesto que adopta un mismo fonema en el decurso. Por tanto, los rasgos realmente prosódicos, cuya función es inobservable sin tener en cuenta la secuencia del decurso, son los que denominamos *culminativos*. Los otros funcionan exactamente como los inherentes, aunque sólo se combinan con los fonemas en cuanto éstos son núcleos silábicos. No obstante, en este capítulo trataremos también de ellos, sin olvidar su relaciones—y confusiones—con las propiedades típicamente inherentes.

53. Dos son los tipos de correlación prosódica no culminativa que pueden darse en las lenguas donde, por ende, dos o más prosodemas iguales aparecen en la misma palabra: la *correlación de cantidad* (o intensidad) y la *correlación de registro tonal*.

Existe correlación de *cantidad* cuando en una lengua se oponen vocales *breves* a *largas*. En cada palabra habrá una o varias vocales breves o largas, y esta cantidad tendrá valor

diferencial. Siempre hay diferencias de duración entre las
vocales; cuando éstas no son significativas y son permuta-
bles, como en español o polaco, la cantidad carece de pertinencia fonológica. Pero en otras lenguas ocurre lo contrario: que la cantidad vocálica tiene carácter intencional y
diacrítico.

Los últimos estudios dedicados a la cantidad vocálica
han demostrado que las características fonéticas mediante
las cuales se actualiza la oposición *breve/larga* no dependen
tanto de la duración relativa o absoluta de los fonemas considerados como breves o largos, como de otros factores fonéticos. Así, según Mlle. Durand, se encuentran subyacentes las
siguientes características en los fonemas percibidos como

LARGOS:	BREVES:
fuertes,	débiles,
tensión muscular decreciente,	tensión muscular creciente,
fluctuación del timbre,	estabilidad relativa del timbre,
tono descendente,	tono ascendente,
ante consonantes débiles que no ejercen asimilación de tensión.	ante consonantes fuertes, que ejercen asimilación de tensión.

Por lo tanto, muchas veces la distinción *larga/breve* en
una vocal no es realmente un rasgo dependiente del decurso.
Por ejemplo, las oposiciones *larga/breve* que se encuentran
en algunas vocales francesas son, en realidad, oposiciones
entre vocal tensa y floja: *pâte/patte, maître/mettre, tête/
tette, jeûne/jeune*. Naturalmente, en los casos en que se per-
cibe diferente cantidad a causa de la diferente tensión de
la consonante siguiente, la distinción *larga/breve* es puramente combinatoria y sin pertinencia fonológica, como en
el distinto tratamiento francés de la vocal final en *gueux*
[-*ö*]/*gueuse* [-*ö:z*], donde el aparente alargamiento de /*ö*/,
en el femenino se debe a la consonante siguiente /*z*/.

Lo más frecuente es que la correlación de cantidad vaya unida o cruzada con otra propiedad prosódica culminativa. Cuando ésta sólo cumple función demarcativa, no hay dificultades de interpretación. Por ejemplo: en checo, una propiedad culminativa, el acento dinámico, tiene un puesto fijo, la primera sílaba, mientras la 'cantidad vocálica se da en todas las sílabas que forman la palabra. Pero en otras lenguas el acento culminativo es libre, no está sujeto a un puesto fijo, y a la vez aparece la correlación de cantidad. En latín, por ejemplo, el acento está condicionado totalmente por la correlación de cantidad. Si la cantidad vocálica, que escinde el sistema latino en dos subsistemas de largas y de breves, se puede considerar aquí como rasgo inherente de las vocales, la cantidad silábica (condicionada por aquélla) es un hecho prosódico, y precisamente es esta cantidad silábica la que determina el puesto del acento culminativo. Por tanto, lo fonológicamente pertinente en latín es la cantidad y no el acento: la oposición acentual entre *frígĕre* y *frigēre* es una concomitancia de la oposición cuantitativa de las dos sílabas *gĕ* y *gē*.

La cantidad puede interpretarse muchas veces, desde el punto de vista fonológico, como una correlación de geminación vocálica, esto es: $ă/ā (= ăă)$, $ĕ/ē (= ĕĕ)$, etc. En inglés, la oposición entre [ị] e [ī] de las palabras *slip/sleep* sería no entre breve y larga, sino entre simple y geminada: /*slip-sliip*/. En griego, las distinciones νῆσον/νήσων, λέγω/λήγω serían /*néeson-neésoon*/ y /*légoo-leégoo*/. El análisis fonológico de la cantidad, pues, presenta dificultades y dos posibles soluciones en estos casos: *a)* considerar la cantidad como un rasgo inherente más, y analizar los ejemplos precedentes como /*nĕson-nĕsōn*/ y /*légō-légō*/, con lo cual el sistema vocálico aumenta su inventario; *b)* considerar la cantidad

como geminación, por ende, fenómeno del decurso, con
lo cual el sistema vocálico resulta más simple y la naturaleza del acento culminativo queda mejor reflejada en el decurso. Otras lenguas de hoy, como veremos, presentan también la cantidad y el acento culminativo como propiedades
autónomas y pertinentes.

La correlación de *registro tonal* es un fenómeno extraño
a las lenguas europeas. No hay que confundirla con la de
acento musical, que trataremos luego y que es culminativa.
Cada fonema, o cada grupo de fonemas (no coincidente
siempre con la sílaba) de una palabra posee una altura
musical que lo puede distinguir o no de los otros componentes de la palabra. Este conjunto de tonos sucesivos permite por sí solo distinguir la palabra de otra que contenga
los mismos fonemas, pero con otros tonos. Por ejemplo, en
lonkundo (Congo Belga), el diferente tono agudo (‾) o grave (ˍ) de los constituyentes de la palabra permite distinguir entre [ˍ bǫ ˍ kǫ ˍ ngǫ́] 'espalda', [ˍ bǫ ˍ kǫ ‾ ngǫ́]
'arena' y [ˍ bǫ ‾ kǫ ‾ ngǫ] 'nombre de persona'.

54. Cuando el rasgo prosódico es culminativo, la lengua
en cuestión posee la *correlación acentual*. Naturalmente, nos
referimos a la acentuación libre, no a la que tiene posición
fija. El puesto del acento dentro de la palabra no está condicionado por otros fenómenos y sirve eventualmente para
distinguir las significaciones. La acentuación es la intensi-
ficación culminativa de un solo prosodema de la palabra. Los
medios fonéticos de actualización del acento son variados y
pueden concurrir a ella: realce espiratorio, elevación del tono
musical, alargamiento, articulación más precisa y enérgica
de los fonemas del prosodema culminativo. Fonológicamente, lo esencial es que un solo prosodema de la palabra esté

acentuado y sobrepase en precisión a todos los demás no acentuados.

El acento de intensidad parece ser la característica fonética predominante en la correlación acentual de una serie de lenguas del mediodía de Europa; la cual correlación hace contrastar un prosodema acentuado a otro u otros inacentuados en la misma unidad léxica o elocutiva, y es susceptible de distinguir significaciones por el puesto que ocupe la cima prosódica. Así, el portugués, el español, el catalán, el italiano, el neogriego, el búlgaro, el rumano, el ucraniano y el ruso. En estas lenguas podemos diferenciar significados simplemente por la distinta sílaba que recibe el realce acentual: por ejemplo, *ánimo/animo/animó*.

En otros idiomas, la acentuación culminativa se presenta combinada con otras propiedades prosódicas. Ya hemos visto la relación del acento y la cantidad en latín, la acentuación ascendente o descendente de las vocales largas (o geminadas, esto es, compuestas de dos moras) en el griego antiguo. En otros casos, esta relación es más complicada; por ejemplo: el serbo-cróata escrito presenta cuatro tipos de acento gráfico que se corresponden con cuatro posibilidades de combinación de la oposición cuantitativa *larga/breve* con el acento musical *ascendente/descendente*. Hay vocales largas ascendentes, largas descendentes, breves ascendentes y breves descendentes. Fonológicamente se pueden reducir a la oposición entre acento libre (el ascendente, que puede a su vez recaer sobre larga o breve) y falta de acento (que como variedad combinatoria presenta el tono descendente).

Aunque la acentuación sea libre en estas lenguas, existen limitaciones: en español, como en neogriego e italiano, el acento sólo puede recaer en una de las tres últimas sílabas. Igual sucedía en griego antiguo, pero dependiendo a veces de la cantidad: entre la última mora de la palabra y la acentuada no debía haber más de una sílaba (= dos moras); era posible el tipo ∪ ‿ ‿ (στέφανος) o el tipo ∪ _ ‿ (δέδωκα), pero no ∪ ‿ _ (no se acentúa * élpizō, sino ἐλπίζω).

55. También puede presentarse la correlación acentual con lo que se llama *cortadura silábica,* como en alemán o en holandés, donde el modo de unirse la vocal acentuada a la consonante siguiente, con enlace brusco o gradual, produce una distinción entre vocal de desarrollo incompleto (y por tanto breve) y vocal de desarrollo completo (y por tanto larga). Esta correlación se neutraliza en final o ante vocal; entonces el representante fonético es la variante vocálica de desarrollo completo.

Otra correlación referente al modo de enlace prosódico es la de *explosión glotal* o de *fractura tónica,* que no hay que confundir con la existencia de determinados fonemas glotales o glotalizados. El ejemplo más conocido es el *stød* danés, consistente en una oclusiva glotal (más o menos relajada) que corta el desarrollo del fonema precedente y lo separa del siguiente. Por el contrario, la explosión glotal, el hamza, del árabe clásico, aunque aparezca a veces en posición semejante a la del *stød* danés, es un fonema que se presenta en todos los puestos de la palabra.

BIBLIOGRAFÍA: N.° 15, 21, 45, 48, 49, 50, 55, 56, 67, 71, 72, 73, 78, 84, 91, 95, 97, 101, 102, 105, 111, 113, 135, 136, 146, 147, 148, 149, 165, 167, 168, 172, 181, 186, 189, 190, 192, 195, 201, 202, 206, 208, 218, 240, 241, 243 [págs. 166-198].

V

NEUTRALIZACIÓN Y COMBINACIÓN DE FONEMAS

56. NEUTRALIZACIÓN DE LAS OPOSICIONES DISTINTIVAS.—Tan importante es para caracterizar una lengua la determinación de sus fonemas como el empleo que hace de estos elementos distintivos. En determinadas posiciones dentro de la palabra no aparecen todos los fonemas de una lengua; hemos visto (§ 26) que ello se debe a la neutralización de los fonemas. Para cada posición existen sistemas parciales que no utilizan todos los rasgos pertinentes de una lengua. Las reglas de la neutralización varían de una lengua a otra, pero sus tipos generales pueden reducirse a dos: neutralización *condicionada por el contexto* de la palabra y neutralización *exigida por la estructura* del sistema. La primera se produce en contacto con determinados fonemas; la segunda, independientemente de los fonemas vecinos, en determinadas posiciones de la palabra (o de la frase).

57. La *neutralización condicionada* puede ser *disimilativa* o *asimilativa*. En el primer caso, la oposición neutralizada pierde su carácter distintivo en contacto con fonemas que poseen el mismo o semejante rasgo pertinente en su

forma positiva o negativa: en serbio, la oposición de sonoridad se neutraliza en contacto con otros fonemas sordos
o sonoros, por ejemplo, *srb/srpski;* en japonés, la oposición
de consonantes mojadas y no mojadas es válida ante vocales
posteriores, pero neutralizada ante vocales anteriores (esto
es, palatales). En el segundo caso, la oposición neutralizada
pierde su carácter distintivo en contacto con fonemas que
carecen del mismo rasgo pertinente: en alemán, la oposición
vocálica *ü/ö, u/o* se neutraliza ante el fonema /ŋ/ (*ng*). Pero
hay casos en que una neutralización puede ser a la vez asimilativa y disimilativa: en búlgaro, la oposición de consonantes mojadas y no mojadas se neutraliza ante todas las consonantes; ante las que perténecen a la correlación de mojamiento, la neutralización es disimilativa; ante las que no
pertenecen a esa correlación, la neutralización es asimilativa.

58. La *neutralización interna* puede ser *centrífuga y re-
ductiva.* El primer .caso se produce cuando una oposición se
neutraliza en los límites de la palabra o del morfema, esto
es, en posición inicial o final absolutas, o en ambas posiciones a la vez. Por ejemplo: *r/r̄,* en español, se neutralizan en
principio y final de palabra; en catalán, las oclusivas sordas y sonoras se neutralizan en final de palabra. El segundo caso se produce cuando una oposición se neutraliza
en todas las sílabas de una palabra, excepto en la sílaba culminativa o acentuada: en griego moderno, las oposiciones
o/u, e/i se neutralizan en posición inacentuada. No hay que
olvidar que frecuentemente la neutralización de una oposición
puede ser a la vez interna y condicionada: en español, las
tres nasales *m/n/ñ* se neutralizan condicionalmente en interior de palabra ante todas las consonantes, internamente
en fin de palabra.

59. COMBINACIÓN DE LOS FONEMAS.—Junto con las reglas de la neutralización de los fonemas de una lengua dada, la determinación de los puestos en que aparecen éstos y de las combinaciones que forman contribuye a definir un sistema y a describirlo funcionalmente. Además de la descripción *constitucional*, en rasgos pertinentes, de los fonemas, puede hacerse la de su *distribución*. Incluso algunos lingüistas consideran más importante la clasificación de los fonemas según su distribución en la secuencia fónica que su clasificación según las oposiciones fonológicas que forman. Para éstos, entonces, los conceptos de *neutralización* y *archifonema* son innecesarios, y las llamadas oposiciones neutralizables se explican como casos de *distribución defectiva* de determinados fonemas. Hay lenguas, por ejemplo, el griego antiguo, en las que la clasificación funcional coincide perfectamente con la clasificación estructural; en otras, sin embargo, la clasificación funcional sólo permite distinguir entre sí determinadas clases de fonemas, pero no todos. Así, en español, pueden aislarse funcionalmente las vocales de las consonantes, según su capacidad de combinación de las palabras: son vocales todos los fonemas que por sí solos, aislados o en combinación con ellos mismos, pueden formar palabras o sílabas; son consonantes todos los demás: *a, he, y, o, u, huía, oía* (cf. § 126 bis).

60. Las reglas de la combinación de fonemas son especiales en cada lengua. Puede decirse que no hay normas de validez universal para la combinación de fonemas. La única combinación universal de fonemas es la formada por «consonante más vocal», que se encuentra en todas las lenguas. En cada idioma, los fonemas se combinan dentro de la palabra (o del morfema y semantema) según normas particula-

res. En birmano, por ejemplo, donde todas las palabras son
monosílabas, estas reglas son pocas: toda palabra está compuesta de una vocal o de una combinación de consonante
más vocal. En japonés, las reglas son más complejas: en
posición inicial de palabra no hay ninguna combinación de
consonantes; en posición interna, sólo se admite la combinación de *n* más consonante; en posición final, sólo se encuentra vocal o vocal más *n;* las consonantes mojadas no
aparecen ante *e;* las no mojadas no aparecen ante *i;* vocales
largas no aparecen ante consonantes geminadas ni ante *n*
final de sílaba; la semivocal *w* sólo aparece ante *a* y *o;* la
semivocal *y* sólo ante *u, o, a.* Pero aunque estas normas sean
diferentes en cada lengua, puede formularse un método único
para el estudio de la combinación de los fonemas.

61. En primer lugar hay que decidir la unidad semántica en que se estudiará la combinación de los fonemas. En
unos casos ésta será la palabra, como en español; en otros
casos, el semantema y el morfema, complejos fonemáticos
que aparecen en varias palabras y siempre con la misma
significación, por ejemplo, en alemán. La elección de una
u otra unidad depende únicamente de que la descripción de
la combinatoria de los fonemas resulte más clara y sistemática con una u otra.

En algunas lenguas, las reglas de combinación de fonemas pueden variar según los tipos de las palabras o de los
morfemas y semantemas. Habrá casos en que, por ejemplo,
los sustantivos presenten combinaciones distintas de las de
los verbos, o, como en alemán, que los morfemas acentuados tengan combinaciones diferentes de las de los morfemas inacentuados.

En segundo lugar, deben investigarse las combinaciones posibles en los diferentes puestos de la unidad semántica elegida: principio, interior y final, y según los tipos fundamentales de combinación de fonemas: combinaciones de fonemas vocálicos, combinaciones de fonemas consonánticos y combinaciones de fonemas consonánticos y vocálicos. Deberán estudiarse, en cada una de las posiciones, *qué fonemas* forman combinaciones, *en qué orden* y *qué número* se combinan, con lo cual se determinan los tres tipos de limitaciones de la combinación: restricción de combinación, restricción en el orden de los miembros, restricción en el número.

62. ESTADÍSTICA FONOLÓGICA.—Con el estudio de la combinación de los fonemas se relaciona estrechamente el problema de la estadística y del rendimiento funcional de los elementos fonológicos. La estadística en fonología puede utilizarse en dos sentidos: para determinar con qué frecuencia aparece en el decurso un elemento fonológico (fonema, combinación de fonemas, tipo silábico, tipo léxico, etc.) y qué rendimiento funcional tiene este elemento o una oposición fonológica. La frecuencia de la aparición se estudiará en textos seguidos; el rendimiento funcional, en los diccionarios.

Pero al elegir los textos hay que tener en cuenta que el estilo del autor se refleja también en el campo fonológico. Para determinar la frecuencia de un elemento fonológico en el uso de la lengua hay que utilizar o un texto de estilo neutro, lo cual es difícil, o eliminar de la estadística los datos condicionados por el estilo en los diferentes textos.

63. El rendimiento funcional de los elementos fonológicos puede reducirse a cifras con el estudio de las palabras

de los diccionarios; pueden aquí compararse las posibilidades teóricas de los tipos léxicos, morfemáticos y semantemáticos con las realidades efectivas.

BIBLIOGRAFÍA: N.º 2 [págs. 83-91, 379-408, 559-583], 12, 16, 18, 19, 34, 37, 41, 58, 59, 74, 75, 81, 92, 98, 101, 102, 122, 145, 150, 151, 162, 167, 168, 172, 173, 174, 183, 184, 189, 190, 208, 212, 229, 230, 235, 238, 243 [págs. 206-241], 246, 262, 263.

VI

X FUNCIÓN DEMARCATIVA DE LOS ELEMENTOS FÓNICOS

64. Como hemos visto (§ 14), los elementos fónicos pueden cumplir otra función, la demarcativa, que aisla unas unidades semánticas de otras dentro de la cadena hablada; estas unidades pueden ser las palabras, o bien los morfemas y semantemas. Los medios fónicos utilizados para indicar las fronteras entre dos unidades semánticas se llaman señales demarcativas. Se dividen según su relación con la función distintiva, según su carácter homogéneo o complejo, según señalen un límite semántico o la inexistencia de este límite y según la clase de límite que indiquen (límite entre palabras, morfemas o frases).

65. Sabemos que en algunos idiomas ciertas oposiciones distintivas sólo tienen validez en posición inicial o final absolutas de la unidad semántica (palabra o semantema o morfema), mientras en las demás posiciones son neutralizadas. En estos casos el fonema marcado de la oposición, además de su valor distintivo, tiene una función demarcativa, pues sólo aparece en una posición fronteriza de la pala-

bra; por ejemplo, en griego clásico, la diferencia entre los dos 'espíritus' sólo aparece en posición inicial, de manera que el «espíritu áspero» es a la vez un fonema con función distintiva (compárese ὧς/ὡς, ἐξ/ἕξ) y con función demarcativa, ya que señala el principio de palabra. En estos casos la señal demarcativa es *fonemática*.

Pero en otras ocasiones la señal demarcativa no es un elemento fónico con función diferencial, no es un fonema; entonces se trata de señales demarcativas *afonemáticas*. Son éstas determinadas variantes de fonemas que aparecen exclusivamente en el principio o en el final de la palabra. Por ejemplo: en japonés, el fonema /g/ tiene dos variantes [g] y [ŋ], la primera de las cuales sólo aparece en principio de palabra, con lo cual la variante [g] es una señal demarcativa afonemática que indica el comienzo de una palabra.

En tales casos, algunos lingüistas, especialmente americanos, introducen la noción de *juncture* (juntura, sutura), y admiten la existencia de un fonema de «sutura» que condiciona la realización fonética del precedente o siguiente.

66. Todas estas señales demarcativas son *simples*, están formadas por un fonema o una variante de fonema. Pero también pueden indicar la frontera entre dos palabras algunas combinaciones de fonemas, que no aparecen nunca dentro del cuerpo de las palabras: son *señales demarcativas complejas*. En estas combinaciones de fonemas, la primera parte pertenece al final de una palabra y la segunda parte pertenece al principio de otra palabra, y no se dan nunca dentro de cada palabra aislada; por ejemplo, en francés la combinación de vocal nasal más *m* no ocurre nunca dentro de un solo signo, sino sólo en los límites entre dos signos: *on mange* [õ mãž]. También hay señales complejas afonemáti-

cas, esto es, combinaciones de elementos fónicos que no tienen todos función distintiva, pero que señalan un límite semántico. En alemán, el fonema /ch/ se realiza como [x]
velar o como palatal [χ]; la sílaba *che* se realiza como [xe]
tras las vocales posteriores, y en los demás casos, como [χe];
pero la influencia velarizadora de estas vocales no se extiende más allá de la frontera morfemática: mientras en *machen*, /ch/ es velar, en *Mamachen* la /ch/ es palatal, ya que
chen es otro morfema; así, las combinaciones de vocal posterior más [χ] son señales complejas demarcativas afonemáticas.

67. Todas estas señales demarcativas simples y complejas son *positivas*, señalan la existencia de un límite semántico. Pero hay también señales *negativas*, que indican la inexistencia de una tal frontera. Señales fonemáticas negativas
son todos los fonemas que en una lengua dada nunca aparecen en el principio y en el final de la palabra: por ejemplo,
en finlandés, el fonema /d/. Algunas veces estas señales indican sólo que con ellas no empieza o no termina una palabra: en español, el fonema /r/ indica que con él no comienza
una nueva palabra. Señales complejas fonemáticas negativas son, por ejemplo, los grupos /Bt/ y /Gθ/ en español,
que sólo aparecen en interior de palabra (*apto, acción*). Señal
simple afonemática negativa es, por ejemplo, la variante [ŋ]
del fonema /g/ en japonés, que sólo se presenta en interior
de palabra. Señal compleja afonemática negativa es, por
ejemplo, en alemán, la combinación de sonidos «vocal posterior + *ch* velar» que sólo aparece en interior de morfema.

68. En relación con el uso de las señales demarcativas,
los idiomas son muy distintos. En unos, aquéllas indican los

límites entre palabras; en otros, los límites entre morfemas. En unos idiomas abundan más las de tipo fonemático; en otros, las afonemáticas. Estas diferencias también contribuyen a caracterizar fonológicamente cada lengua.

Por último, recordemos que las propiedades prosódicas también pueden tener función demarcativa, en cuanto el acento unifica fragmentos del decurso, realzándolos en contraste con los otros fragmentos contiguos.

BIBLIOGRAFÍA: N.º 17, 18, 19, 66, 79, 81, 86, 90, 101, 102, 113, 136, 140, 141, 149, 155, 168, 172, 189, 190, 192, 204, 236, 237, 243 [págs. 241-261].

VII

FONOLOGÍA DE LA FRASE

69. Algunas técnicas de descripción fonológica comienzan su análisis en unidades del decurso mayores que la palabra o el signo. Estas unidades de la secuencia hablada, delimitadas entre *pausas* o silencios, son llamadas *macrosegmentos*, y podemos aquí designarlas con el tradicional término de *frases*. Los elementos fónicos característicos exclusivamente de las frases, los que sirven para delimitarlas y eventualmente para distinguir diferentes tipos de ellas, como dijimos (§ 13), son todos rasgos de los que hemos considerado prosódicos. Al pasar a la fonología de la frase, hacemos caso omiso de la segmentación en unidades discretas sucesivas, que hemos llamado fonemas, y aplicamos nuestra atención a los hechos fónicos que configuran esa secuencia de fonemas en una unidad, la frase, encuadrada entre pausas; hacemos, pues, una partición «horizontal» de la frase.

Comparando las dos frases españolas: *ya ha llegado el tren* y *¿ya ha llegado el tren?*, que están constituidas por los mismos fonemas y en el mismo orden, se observa que son distintas en virtud de su diferente configuración melódica, de su *entonación*. Los elementos fónicos que constituyen la

curva de entonación están como superpuestos a la secuencia
de fonemas, y en realidad no puede tal curva segmentarse
en unidades más pequeñas. Por otra parte, la curva melódica
de cada una de las dos frases añade a la significación de
éstas un significado más: en la primera, la afirmación de lo
que se expresa; en la segunda, el inquirir sobre si lo expresado ha tenido lugar o no. Por tanto, estos elementos fónicos
que constituyen la curva melódica son, sí, distintivos, pero
se comportan muy de otra manera que los fonemas. Estos,
cada uno de por sí, no están asociados con un significado
determinado; en tanto que las curvas de entonación son el
significante de signos, cuyos contenidos, en nuestros ejemplos, son, respectivamente, la «afirmación» y la «interrogación» de algo. Las curvas de entonación, pues, escapan a lo
característico de la organización del lenguaje, a la «doble
articulación» (§ 7): no ocupan, al revés que los significantes
de otros signos, un puesto determinado en el decurso, ni son
analizables en unidades discretas sucesivas. Puede notarse
este carácter de significante que tiene la curva (asociada a
un significado) cotejándola con signos de significación equivalente, pero cuyo significante está constituido por fonemas:
por ejemplo, la diferencia de significado de las frases *sois
muchos* y *¿sois muchos?*, que en español viene expresada por
la diferente entonación, se indica en árabe por *antum kaθīrūna*, opuesto a *hal antum kaθīrūna*, donde *hal* es significante
(analizable en fonemas) de un signo equivalente a la entonación interrogativa.

70. Mientras los elementos fónicos con función distintiva en la palabra varían de lengua a lengua, los que distinguen
y delimitan las frases son infinitamente menos característicos de cada idioma y tienen en general validez interlingüís-
tica, puesto que lo que llamamos entonación se basa inme-

diatamente en las necesidades fisiológicas del hablar: la
elevación del tono corresponde al aumento gradual de la
tensión de la glotis al comenzar a hablar, y el descenso
anuncia el relajamiento total al terminar de hablar. Además,
los tonos altos excitan la atención, mientras los tonos graves
se corresponden con la relajación de la atención. Por ello,
en casi todas las lenguas la utilización de las subidas y descensos del tono es análoga: el ascenso tonal suele indicar
que lo enunciado no está completo y requiere una conclusión (y de ahí su uso en la interrogación, que pide una respuesta), mientras el descenso melódico suele acompañar al
final del enunciado. Igualmente, las elevaciones y descensos
del tono reflejan gradualmente los movimientos de la emoción, de la voluntad, etc. Así, los hechos de la entonación
parecen organizarse fuera de la típica «arbitrariedad» o «con-
vencionalidad» de los signos lingüísticos, y se acercan a los
«símbolos» expresivos y relativamente «motivados», como
las interjecciones y las onomatopeyas (en tanto éstas no se
hayan gramaticalizado).

71. No obstante esta relativa marginalidad de los hechos
fónicos constitutivos de la frase, su estudio es necesario en
la descripción de las lenguas, pues aunque no todos tengan
valor distintivo, sí caracterizan, si no el *sistema*, la *norma*
de cada lengua.

Incluso se han intentado análisis de las curvas melódicas
de la entonación en elementos sucesivos. Algunos lingüistas
reconocen ciertos constituyentes de la entonación, articulados en cierto orden entre sí y con respecto a la secuencia
de fonemas de la frase. Por ejemplo: en inglés se señalan
en la entonación tres o cuatro *niveles tonales* y tres *inflexiones finales*. Los niveles se indican mediante exponentes

numéricos /¹/, /²/, etc., las inflexiones mediante barras ver-
ticales /|/ transformadas en flecha /↓/, /↑/, según haya des-
censo o elevación del tono:

> ²*It is three o'*³¹ *clock* ↓   (afirmación).
> ²*Is it three o'*³³ *clock* ↑   (interrogación).

De todos los elementos fónicos que constituyen la entonación son, sin duda, los más característicos las inflexiones
finales, que permiten distinguir tipos de frase y son llamadas por algunos autores *tonemas;* la dirección y amplitud
de tales inflexiones distinguen los diferentes valores de las
frases.

72. En las lenguas que utilizan diferentes tipos de tono
con valor distintivo en la fonología de la palabra, la curva
de éstas resulta modificada al adaptarse al perfil melódico
de la frase.

Con la entonación propiamente dicha suele combinarse
a veces la *diferencia de tono*: muchas lenguas distinguen las
frases inacabadas, con entonación ascendente, de las frases
interrogativas, también ascendentes, por medio de una mayor elevación del tono musical en estas últimas. Las frases
incisas o parentéticas se distinguen de las frases normales
por un mayor descenso del tono musical.

También la entonación y el tono transportado sirven para
distinguir determinadas intenciones en los planos de la fonología del síntoma y de la actuación (fonología expresiva).

En las lenguas en que la entonación es la propiedad pertinente para las frases, la unidad sintáctica con cuya combinación se forman los períodos y oraciones, es el *grupo de
entonación*, encuadrado entre inflexiones finales de un tipo
u otro.

En otras lenguas, la *intensidad espiratoria* de una sílaba acentuada tiene valor fonológico en la frase. Esto sucede no sólo en los idiomas que no utilizan la acentuación espiratoria para la distinción lexical. Cada frase tiene un *acento oracional*, al cual están subordinados (con menor intensidad espiratoria) los demás acentos lexicales. Se forma, pues, un contraste *acento principal/acento secundario*. En estas lenguas, la unidad sintáctica fonológica de que se componen los períodos es el *grupo de intensidad*.

La *pausa* tiene valor fonológico en todas las lenguas, por lo menos con función delimitativa: la oposición *con pausa/sin pausa* distingue perfectamente dónde acaba la frase o la unidad sintáctica de una lengua, aunque siempre la pausa va precedida de algunas de las inflexiones finales. Frecuentemente, la pausa está en razón inversa del uso que hace una lengua de los elementos conjuntivos: la ausencia de un elemento gramatical conjuntivo al comienzo de una frase prolonga la pausa precedente.

BIBLIOGRAFÍA: N.º 7, 10, 11, 15, 17, 18, 19, 21, 46, 53, 76, 81, 91, 95, 101, 111, 113, 132, 165, 168, 170, 172, 180, 182, 187, 189, 190, 197, 243 [págs. 198-205], 260.

B. FONOLOGÍA DIACRÓNICA

VIII

LA FONOLOGÍA DIACRÓNICA

73. OBJETO.—La fonética histórica estudiaba la evolución de los sonidos como elementos aislados y desprovistos de sentido, y, a lo más, en su relación con los sonidos vecinos en el decurso. Tenía en cuenta la influencia que sobre un sonido dado podían ejercer los sonidos vecinos en la cadena hablada, pero olvidaba las presiones provenientes de los sonidos vecinos en el sistema: notaba las relaciones sintagmáticas, pero omitía las paradigmáticas. La fonología, aplicada al campo de la evolución de la lengua, se ocupa de los cambios producidos en los fonemas como pertenecientes a un sistema, aunque no pierde de vista su relación en el decurso.

La necesidad de una fonología diacrónica fue postulada ya en el congreso de lingüistas de La Haya, en 1928, por Jakobson, Karcevsky y Trubetzkoy. Señalaron que los cambios fonéticos debían ser considerados en función del sistema fonológico que los experimentaba y en su relación con la finalidad con que se habían producido.

La tarea fundamental de esta fonología diacrónica o histórica sería la de examinar los cambios funcionales y estructurales de los elementos fónicos de una lengua a lo largo de su historia. En lugar de perseguir las transformaciones de un sonido dado a lo largo de los siglos según los contextos en que aparece, trataría de explicar las sustituciones de unos sistemas por otros mediante el estudio del papel que en éstos desempeñan los elementos modificados.

En principio, sólo se ocupa de lo que es estrictamente significativo, de lo que tiene una función en el sistema dado; pero al buscar los orígenes de las transformaciones, entra en contacto con otros elementos extrafonológicos, no significativos, puramente materiales, como son las variantes combinatorias, los sonidos y demás elementos que estudia la fonética. Lo mismo que en la fonología estática, es imprescindible en el terreno diacrónico una base previa fonética, una historia puramente fonética de las transformaciones. Sobre esta base de elementos disociados y asistemáticos la fonología histórica explicará y ordenará las modificaciones desde un punto de vista unitario y lingüístico, el de la lengua como sistema. Para saber qué modificaciones ocurren en la relación entre los elementos formales del sistema, es imprescindible observar previamente los indicios que de ello nos den los datos fónicos (cfr. § 5). Por ello, en los estudios diacrónicos hay que mantener con mayor rigor el realismo fonético: clasificaciones fonemáticas que pueden ser válidas en sincronía, descuidando ciertos detalles fonéticos, no valen en diacronía, donde esos datos «redundantes» son los que pueden explicar el sentido de ciertas modificaciones. En la descripción de un estado podemos considerar impertinente la distinción entre bilabiales y labiodentales, y llamarlas simplemente labiales; al examinar la evolución diacrónica, tal distinción ha de mantenerse, pues puede tener consecuencias.

La fonología diacrónica estudiará, por tanto: *a)* los cambios de función de los elementos fónicos significativos (fonemas, prosodemas, etc.) en su relación con el sistema entero y entre sí, y no sólo según su utilización en la cadena hablada; *b)* los cambios de estructura del sistema, a consecuencia de los cambios de función de los elementos fónicos significativos. Estos cambios *a)* y *b)*, que llamamos fonológicos, difieren grandemente de los cambios fonéticos, aunque éstos estén en su raíz. Los cambios fonéticos son fenómenos lentos y graduales en su extensión; en su origen entrañan una modificación individual, que paulatinamente gana adeptos, y termina por hacerse general, o bien una modificación que surge independientemente y simultáneamente en varios individuos y llega a imponerse como norma. Las transformaciones fonológicas no son evoluciones lentas, sino verdaderas revoluciones momentáneas: se producen en el instante en que un sistema particular se impone como general, en que se hace modelo general lo que antes era característico de un grupo más o menos restringido. El sistema, pues, no evoluciona lentamente; se ve sustituido por otro de repente, cesa su vigencia. Entre dos sistemas fonológicos sucesivos en el tiempo no caben grados intermedios o de transición. No se trata de una transformación insensible, que va de uno a otro, como la de la flor en el fruto, sino de su radical y repentina sustitución. Lo que ocurre frecuentemente es que los dos sistemas, el viejo y el nuevo, pueden convivir largo tiempo: el antiguo, perdiendo adeptos, el que se impone ganándolos hasta que alcanza validez y extensión general. Pero uno y otro son distintos: no ha pasado el uno a ser el otro. Lo lento no es la creación de un sistema, sino su generalización.

74. Los cambios.—La lengua es forma; la sustancia—los sonidos—con que se actualiza en el habla es indiferente para el sistema; esta relación entre lo formal y lo material es inmotivada o arbitraria. Si en una lengua dada variase totalmente la expresión fonética de todos y cada uno de sus elementos, pero manteniendo entre ellos la misma relación de distinciones, el sistema no habría variado lo más mínimo, aunque su expresión fonética, su actualización en el habla, resultase muy distinta de la primitiva. Por tanto, la sustancia fónica puede en sí modificarse sin que la forma del sistema varíe. Ahora bien, hay un límite a la libre variabilidad de la sustancia fónica: el momento en que se produzca una confusión que impida la percepción de las relaciones formales originarias del sistema. Supongamos, en un sistema, tres fonemas *A B C*, realizados, respectivamente, como labial, dental y velar. La realización *B* puede desplazarse a los alvéolos o al paladar, ampliando su campo de dispersión, sin que desaparezca el dato externo que nos permite distinguirlo de *C;* pero si la realización de *C* pasa al mismo tiempo de velar a palatal, el margen de seguridad entre *B* y *C* se hará borroso, y podremos llegar a no percibir diferencia entre las realizaciones fónicas de *B* y *C*, a no ser que intervengan otros factores diversificadores (por ejemplo, que *B* resultara realizado con oclusión y *C* sin ella); entonces, en el sistema, los fonemas *B* y *C* quedarían reducidos a uno solo.

El hecho de que la forma sea independiente de la sustancia explica la posibilidad de los cambios fonéticos. Si, por ejemplo, el fonema /*p*/ fuera tal por ser precisamente el sonido [*p*] y no por ser la unidad que frente a /*b*/ tiene las mismas relaciones que /*t*/ y /*d*/, que /*k*/ y /*g*/, el tal fonema /*p*/ no variaría nunca su realización [*p*]; pero como realmente es lo que (dentro de ciertos límites) no sea /*b*/, ni

/t/, ni /d/, etc., cualquier realización que no se preste a confusión con las de /b/, /t/, etc., nos permitirá reconocerlo como tal fonema /p/, aunque fonéticamente, según la norma, sea [φ] o [ph] o [ƀ], etc.

La razón esencial de las modificaciones consiste, pues, en la disparidad entre forma lingüística y sustancia fónica, entre abstracto y concreto, entre lengua (lo recibido) y habla (lo creativo). La lengua, como sistema abstracto, es puramente formal; al contrario, el habla, hecho concreto y material, nacido de la libertad del individuo, es la realización de ese sistema. Son, pues, las innovaciones o variantes individuales del habla las que pueden perturbar la norma social de la lengua. Una innovación personal, al generalizarse en norma, transforma «ipso facto» el sistema. Pero ¿por qué se dan innovaciones personales y por qué sólo algunas y no todas las innovaciones del habla triunfan y modifican la lengua? Se ha respondido diciendo: sólo se generalizan las modificaciones individuales necesitadas, admitidas por la lengua en su exigencia de la comprensión mutua. Cuando el sistema tiene un punto débil, se echa mano, para evitarlo, de la innovación del habla más conveniente. Si admitimos que el origen de las transformaciones fonológicas reside en los cambios de los elementos materiales y extrafonológicos del habla, no menos cierto es que la lengua—por su carácter sistemático—dirige a un fin determinado, predetermina, el sentido de las modificaciones del habla.

En resumen, la arbitrariedad de la articulación entre elementos formales del sistema y elementos materiales (fónicos) del habla, permite la fluctuación y variación de estos últimos, en cuanto son en sí independientes del valor formal. Así, son posibles los cambios fónicos. Pero a veces la excesiva fluctuación de los elementos fónicos conduce a que dejen de ser indicios externos de las relaciones formales del sistema. Entonces, éste, amenazada la comprensibilidad de la lengua, se modifica, reajustando la red de sus relaciones.

Si la lengua es un organismo sistemático en que todo está entre sí relacionado, y su objeto la comprensión por parte de la comunidad en que se habla, sería de esperar su estabilidad como sistema que cumple su función adecuadamente. Sin embargo, ocurre lo contrario: que el sistema cambia. Y cambia precisamente «para seguir funcionando como tal», como dice Coseriu, porque la lengua no es sólo un «código», sino algo histórico por naturaleza, algo que no es sólo un «resultado» (un *érgon*), sino también una «actividad» (una *enérgeia*). Hay que distinguir tres cuestiones: ¿por qué cambian las lenguas y no son inmutables?, ¿en que condiciones se producen cambios en las lenguas? y ¿qué condiciones históricas producen un cambio determinado? Lo primero, la mutabilidad de las lenguas, se entiende al considerar la lengua en su existir concreto: el cambio es esencial en la lengua, pues ésta se hace mediante aquél. «La lengua real e histórica es dinámica porque la actividad lingüística no es *hablar y entender una lengua,* sino hablar y entender *algo nuevo* por medio de una lengua. Por ello, la lengua se adapta a las necesidades expresivas de los hablantes, y sigue funcionando como lengua en la medida en que se adapta.» (Coseriu.) La alteración de la lengua es lo que le da *continuidad* histórica; lo permanente carece de historicidad.

Las otras dos cuestiones tienen más sentido: una, pregunta acerca de los motivos (causales o finales) de los cambios; la otra, inquiere las razones que en un tiempo dado y en una lengua determinada han producido un cambio particular. Veamos cuáles son o pueden ser esos factores de los cambios.

75. FACTORES DE LOS CAMBIOS.—La fonética histórica explicaba el origen de las modificaciones fónicas por causas muy diversas, externas todas ellas a la lengua misma, salvo en los casos de los cambios condicionados por el contexto en la cadena hablada. En cuanto a la finalidad de los cambios, se llegaba a la conclusión de creerlos resultado de la acción ciega de las llamadas leyes fonéticas. La fonología ha llegado a otras conclusiones.

En primer lugar, sobre todo en los comienzos de la aplicación del método fonológico a la diacronía, se levantaron voces contra la idea de que el azar presidiera los cambios de las lenguas. Contra esta creencia extremada, se alzó otra no menos exagerada: la de poner en primer término el aspecto teleológico de las modificaciones. Toda modificación conducía a un fin, exigido por el sistema. El sistema fonológico, como tal sistema, sería tanto más perfecto cuanto mejor funcionase, esto es, cuanto mejor cumpliera los fines de la lengua (la exacta intercomunicación de los hablantes). Por lo tanto, toda modificación tendería a perfeccionar el sistema, eliminando los puntos débiles o precarios. Así se señaló en la evolución de los sistemas fonológicos la *tendencia a la armonía*. Pero todo sistema, mientras cumple su cometido, es adecuado a su función, por ende, armónico.

Esta primera afirmación del método fonológico en la diacronía, con el excesivo determinismo del sistema, se ha abandonado después; pero se mantiene en pie la intención que la informó: el que los cambios fonológicos tienen un sentido, un fin, y no son meras manifestaciones de fuerzas que actúan ciegamente. Más que el *por qué*, hay que buscar el *para qué* de los cambios. Si se reconoce, pues, en las transformaciones fónicas una finalidad, es evidente que las condiciones, más que causas, que las originan no pueden residir sólo en el exterior del sistema donde se producen. Junto a los factores externos de modificación indicados por la fonética histórica, la fonología diacrónica introduce otros varios internos, es decir, requeridos por el sistema mismo de la lengua y su funcionamiento en el habla. El estudiar ambos tipos de factores como fenómenos diferentes no quiere decir que sean independientes. En la realidad diacrónica, unos y otros contribuyen y se hallan presentes en los cambios, de manera que muchas veces es imposible determinar si hay prioridad de unos sobre otros.

76. FACTORES EXTERNOS.—No todos los cambios fónicos producidos en el habla conllevan necesariamente una transformación fonológica, como ya hemos indicado; pero todos ellos atentan contra el sistema de la lengua en que se producen. Son, pues, factores de desequilibrio, de perturbación. Por el contrario, los factores internos son siempre reacciones tendentes al restablecimiento del equilibrio del sistema. Las mutaciones fonológicas, por tanto, se deben al juego opuesto y enlazado de estos dos factores: el de la libertad individual del habla y el de la integración niveladora de la lengua.

Dentro de los factores externos, se suelen distinguir dos tipos: los factores inherentes a la naturaleza del hombre, usufructuario del lenguaje, y los factores independientes de ella y condicionados por el ambiente material o cultural.

a) Factores inherentes a la naturaleza humana. Las posibilidades articulatorias del aparato fonador y la capacidad perceptora del aparato auditivo, aunque sean muy amplias, tienen limitaciones impuestas por la peculiar constitución de estos órganos. Determinadas propiedades fónicas presentarán dificultades para ser realizadas simultáneamente por

los órganos fonadores, y serán sustituidas por otras. Igualmente podrá haber incompatibilidad acústica en ciertos elementos fónicos, que serán eliminados. Por ejemplo, en la
máxima abertura de la cavidad bucal resultan escasamente
perceptibles las diferencias entre resonancia aguda (o palatal) y grave (o velar); un fonema palatal /ạ/ y otro velar /ạ/
no persisten diferenciados de una /a/ media mucho tiempo,
si no se transforman en /ẹ/ y /ọ/, esto es, renunciando a la
máxima abertura para conservar la diferenciación aguda-gra-
ve. Otro ejemplo: para la serie velar de vocales, el espacio
articulatorio en el aparato fonador es mucho más reducido
que en la serie palatal; será, por tanto, más difícil mantener
en la serie velar que en la palatal un gran número de grados
de abertura diferentes fonológicamente; en ciertas lenguas,
mientras en la serie anterior se mantienen varios grados intermedios de abertura, en la posterior uno de ellos se elimina.
Igualmente, la inercia de los órganos explica otros muchos
cambios fonéticos (origen de transformaciones fonológicas),
tales como asimilaciones, debilitamientos, etc., que cambian
en principio el decurso, pero cuya acción repercutirá en el
sistema.

77. *b)* De los factores meramente externos al mismo
sistema, el más importante es el traslado de la lengua a distinto ambiente geográfico y social. Aquí queda implicado el
problema del sustrato y demás estratos lingüísticos, junto
con la cuestión aneja del bilingüismo y las lenguas en contacto (y al decir esto no entendemos contacto geográfico,
sino contacto de las dos lenguas en la mente del hablante
bilingüe).

Cuando una lengua se impone a una comunidad hetero-
lingüística, sabido es que no se adopta repentinamente. Antes
de que la lengua nueva se generalice, precede una etapa más

o menos larga de bilingüismo, durante la cual la lengua vieja se olvida, pero produciéndose entremezclamientos de elementos de una y otra. El triunfo definitivo conlleva muchas veces el reajuste del sistema triunfante: el resultado viene a ser un compromiso de los dos sistemas fonológicos. La huella del sutrato se presenta, por ejemplo, en español, donde no sólo la sustitución de *f-* por *h-*, sino casi toda la evolución consonántica se debería—según algunos autores— a la persistente influencia de la lengua de sustrato del castellano.

Pero no siempre ocurre así. A pesar de los esfuerzos de algún lingüista, no se ha podido demostrar que, en general, el sistema fonológico del español americano presente vestigios del de las lenguas precolombinas. Lo que sí se observa en el sistema hispanoamericano es otra de las consecuencias del traslado de una lengua a otro ambiente: la nivelación de los sistemas diversos regionales que intervinieron en la implantación del español. Lo que aparta el sistema fonológico del español americano respecto del de España es el especial compromiso borrador de diferencias entre las variedades que dentro del sistema general presentaba el español peninsular durante los siglos de colonización.

78. FACTORES INTERNOS.—Ante las perturbaciones introducidas desde el exterior del sistema, o por las variaciones del habla, la lengua reacciona; esto es, la necesidad de comprensión obliga al individuo a conducir su habla de manera que el sistema siga funcionando con precisión e inequívocamente. Para esto es necesario que cada entidad del sistema persista diferenciada por las señales exteriores fónicas. De modo que el factor interno esencial en las mudanzas fonológicas

es la exigencia de mantener inconfundidas las distinciones fonemáticas.

Muchas veces esto se consigue simplemente deteniendo la modificación que apuntaba en el habla, y el sistema, por tanto, queda como estaba antes. Por ejemplo (aunque aquí se trate del comportamiento fonemático en el decurso y no en el sistema): en latín, la -*s* final llegó a no pronunciarse; sin embargo, una reacción contraria detuvo el proceso, y el latín que llegó a Hispania conservó la -*s* final. No hay modificación fonológica; fue sólo un amago de perturbación fracasado (aunque triunfase luego en el latín llamado oriental).

Otras veces la modificación fónica se va generalizando y conduce a la pérdida de alguna distinción. Puede salvaguardarse el funcionamiento exacto del sistema sustituyendo la distinción fonemática por diferencias en otros sectores lingüísticos (léxica, sintáctica, etc.), o bien se introduce otra modificación fonemática (o una serie de ellas) que compensan la primera. Ejemplos del primer caso son los conflictos entre homónimos, producidos por confluencia de diferencias fonemáticas, y que son solucionados por otros medios. Así, ante el posible conflicto de *oculu* y *oleu*, el español sustituyó la diferencia fónica -*c'l*-/-*ly*- (que se fusionaban), por la diferenciación léxica *ojo/aceite* (aunque en la sustitución intervinieran seguramente factores histórico-culturales). De igual modo, en el español americano ante la confluencia de *cocer* y *coser* (por la igualación de *c* y *s* antiguas), se buscó la distinción léxica *cocinar/coser*.

Del segundo caso: como en el latín vulgar occidental las consonantes geminadas tendían a simplificarse, y, por tanto, a confundirse con las simples correspondientes, la intención de mantener las diferencias, por ejemplo, entre *-tt-* y *-t-*, hizo que ésta pasara a *-d-*, y ésta, a su vez a *-đ-;* de modo que

$$\textit{-tt-, -t-, -d-} \rightarrow \textit{-t-, -d-, -đ-}$$

con lo cual el funcionamiento del sistema se mantuvo.

Otro ejemplo: los dos grados intermedios de abertura /ǫ̧ę̧/ y /ǫẹ/ en el latín hispano tendían a confundirse; el mantenimiento de la diferencia se logró por medio de la diptongación de /ǫ̧ę̧/ en el castellano; así que a una diferencia fonemática en el sistema se sustituyó una diferencia fonemática en el decurso: ę/ẹ → *ie/e.*

79. En algún caso las modificaciones fónicas se ven favorecidas, para su triunfo, por el sistema mismo. Esto sucede en virtud de la *tendencia económica* del sistema, fuerza de estructura paralela a la ley del mínimo esfuerzo y de la inercia en el habla. .Para entender lo que es esta tendencia económica, recordemos que lo propiamente diferenciador, lo realmente objetivo en la fonología, son los rasgos distintivos y no los fonemas, que son complejos de rasgos pertinentes simultáneos. Los rasgos distintivos, para expresarnos gráficamente, se entrecruzan formando el sistema; los puntos de entrelazamiento de varias propiedades pertinentes son los fonemas; cuanto más económicamente se entrecrucen los rasgos diferenciales de una lengua, tanto mayor será el número de fonemas diferenciados con el mínimo de rasgos distintivos; cuanto más disociados estén estos rasgos, tanto más complicada será la distinción de los fonemas y tanto mayor el número de rasgos pertinentes que hay que distinguir. Los sistemas tienden, por economía, a diferenciar el mayor número posible de fonemas con el mínimo de pro-

piedades distintivas: tienden a establecer correlaciones y eliminar oposiciones aisladas.

En relación con esta tendencia económica, se ha empleado la gráfica expresión de «casillas vacías» para indicar los puntos del enrejado de rasgos diferenciales del sistema que la lengua no utiliza como unidad distintiva. Estos lugares «vacíos» son casillas predestinadas o bien a ser ocupadas por un nuevo fonema, cuya distinción no costaría la adquisición de una nueva propiedad distintiva, o bien a desaparecer arrastrados por la desaparición de una o varias de las propiedades que se cruzan en ellos. Sea, por ejemplo, una lengua que distingue con valor fonológico las labiales, las dentales y las velares, y, por otra parte, las sordas y las sonoras, y que en el entrecruzamiento de estos rasgos pertinentes presenta los fonemas

$$p \quad t \quad k$$
$$b \quad d$$

En el cruce del rasgo pertinente «velar» y el rasgo «sonoro» existe un lugar vacío, una posibilidad inempleada, que, sin necesidad de adquirir nuevas diferencias, podía ser ocupado por un fonema aislado del mismo sistema, por ejemplo /w/, que pasaría a ser /g/; en efecto, el rasgo «velar» ya se distingue por las oposiciones k/p y k/t, el rasgo «sonoro» por las oposiciones p/b y t/d. La tendencia a la economía lleva, pues, a integrar en el sistema, en una «casilla vacía», a un fonema que antes estaba aislado.

Acaso en otra lengua con el mismo sistema, esta casilla vacía, que se distinguiría por la reunión de los dos rasgos «velar» y «sonoro», desaparecería, pero arrastrando consigo la desaparición completa de la propiedad «sonoridad», resultando el sistema

$$p \quad t \quad k,$$

o bien la pérdida completa del rasgo «velaridad», resultando el sistema

$$p \quad t$$
$$b \quad d.$$

Así, en latín vulgar, la semivocal *u*, al hacerse consonante, se integró en el sistema en la casilla vacía de correlato sonoro del fonema labiodental */f/*.

Estas modificaciones rara vez afectan a fonemas únicos. Generalmente se producen series de transformaciones. Recordemos que el fonema es un complejo de rasgos distintivos simultáneos, y que, al producirse un cambio fónico, lo que cambia es la realización de alguno de estos rasgos distintivos. Cuando un fonema sonoro, por ejemplo, se ensordece, lo que ocurre realmente es que el rasgo «sonoridad» cesa de ser pertinente, y esto ha de suceder en todos los fonemas que presenten en las mismas circunstancias este rasgo. Por tanto, las modificaciones no afectan a un solo punto del sistema. Cuando -*p*- latina se sonoriza, lo mismo sucede a los demás fonemas que forman con él serie: -*t*-, -*k*-.

80. Ahora bien, en el conflicto entre la perturbación fónica del sistema y la tendencia a mantener en vigencia las distinciones, no siempre triunfa el propósito conservador del sistema. Y así nos encontramos con frecuentes confluencias de unidades fonemáticas que cesan de distinguirse. Ya hemos visto que este fracaso del sistema es a veces reparado por diferenciaciones en otro campo de la lengua. Sin em-

bargo, hay pérdidas de distinciones fonemáticas ni siquiera
compensadas por esas otras diferenciaciones. Sucede esto
cuando la pérdida de la distinción no acarrea ningún perjui-
cio a la comprensión distinguidora, cuando en realidad la
antigua diferencia era superflua, un lujo del sistema.

Se dice en estos casos que la diferencia fonemática en
cuestión tenía poco «rendimiento funcional», esto es, servía
rara vez como signo diacrítico de significaciones. Por ejemplo, en francés, la distinción entre /ð/ y /ē/ se limita a escasas palabras: *brun/brin;* es natural que su distinción vaya
desapareciendo por su poco rendimiento funcional. Pero no
hay que concluir del escaso rendimiento funcional de una
oposición su próxima e inevitable desaparición. Otros factores estructurales intervienen, que podrán salvaguardarla, a
pesar de su casi nula eficacia: especialmente, el mayor o
menor grado de su integración en el sistema. Será fácil la
desaparición de una distinción de poco rendimiento, cuando
esté aislada y sin correlación con el resto del sistema. Pero
si su relación con éste no se fundamenta en un rasgo aislado, sino que pertenece a una correlación, la distinción se
mantendrá. Por ejemplo, en inglés: /θ/ y /đ/ tienen muy
escaso rendimiento funcional; pero el rasgo distinguidor de
la pareja, en suma la sonoridad, distingue también otras
parejas del sistema: /f/ y /v/, /s/ y /z/, /š/ y /ž/; si es escaso el rendimiento de θ/đ, el rendimiento funcional de la
oposición falta de sonoridad/sonoridad es enorme.

81. PROCESO DE LA MUTACIÓN FONOLÓGICA.—Se ha indicado
arriba que casi nunca se produce una mutación fonológica
aisladamente. Tratándose de transformaciones en un sistema, es natural que sus efectos repercutan en todos los sectores de éste.

Al consumarse un cambio fonético, la mudanza fonológica no se limita a la unidad que experimentó el cambio, sino que se extiende a todas las unidades con las que se relaciona.

La fonología diacrónica nos coloca, en general, ante series de cambios concatenados, en los cuales no siempre es fácil señalar el punto de donde partió el impulso inicial de la transformación.

Volvamos al esquema del § 74. Tenemos en un sistema tres fonemas *A B C*, perfectamente distintos. Supongamos que un cambio fonético afecta la realización del fonema *B*, de manera que se acerca a la realización del fonema *C*. Si la exigencia de funcionamiento perfecto de la lengua permaneciese inactiva, este cambio conduciría a la igualación de las realizaciones de *B* y *C* y, por ende, a su confluencia fonemática. Mas ya hemos indicado que la necesidad social de mantener utilizable e inequívoco el sistema lingüístico, arbitra recursos para salvar la distinción amenazada. Expresándonos gráficamente, diríamos que *B*, caminando hacia *C*, ejerce sobre este fonema cierta presión; como reacción a ello, *C* puede también desplazar su campo de dispersión huyendo de la confusión con *B*:

$$B \rightarrow C \rightarrow$$

y a su vez *C* puede ejercer sobre otro fonema vecino una presión análoga a la que está sufriendo por parte de *B*. Por otro lado, el desplazamiento de la realización de *B* amplía considerablemente el margen de seguridad diferencial entre *A* y *B*. El fonema *A* puede seguir realizándose dentro de sus antiguos límites; pero también, al encontrar un hueco articulatorio (y acústico) por el desplazamiento de *B*, es posible que se desplace igualmente hacia *B*:

$$A \rightarrow B \rightarrow$$

Estos dos tipos teóricos de desplazamiento, uno por presión (el de *C*), otro por atracción (el de *A*), se dan con frecuencia juntos. De modo que ante nosotros tenemos una serie de desplazamientos fonemáticos:

$$A \rightarrow B \rightarrow C \rightarrow$$

en la cual no es fácil señalar el punto inicial de la transformación. Un ejemplo: el ya indicado de simplificación de geminadas, sonorización de sordas, fricatización de sonoras en el romance occidental:

$$-pp- \rightarrow -p- \rightarrow -b- \rightarrow -\overline{b}-$$

A veces podemos fechar los cambios fonéticos y ordenarlos cronológicamente. Pero en fonología resulta dificultoso decir cuál de los cambios de estas series es el primero y cuál el último, puesto que se han producido por repercusión, por concatenación en el sistema.

82. El cambio fonético presenta dos posibles resultados: la confusión de realizaciones antes diferentes y la separación mayor entre otras. Muchas veces estos cambios no afectan al sistema, sino que sólo aumentan o disminuyen el número de las variantes combinatorias o el campo de dispersión de determinado fonema. Por ejemplo: la /e/ en contacto con /r̄/ se realizó en español como [ę]; esta modificación, en cuanto no llegó a borrar la diferencia respecto del fonema más cercano /a/, no influyó para nada en el sistema. En la lengua hablada de Asturias toda consonante nasal final se realiza [ŋ] velar; como en esta posición el punto de articulación carece de pertinencia, el cambio [n] > [ŋ] no afecta en absoluto al sistema; únicamente hace más frecuente en el decurso la variante [ŋ].

Otras veces, el cambio fónico modifica ciertas variantes combinatorias de un fonema y las iguala a las variantes de otro fonema distinto. El sistema no se perturba tampoco, porque ambos fonemas permanecen distintos en otras posiciones contextuales; pero hay ya una mudanza fonológica en la distribución de los fonemas dentro del decurso. Por ejemplo, en catalán oriental, las variantes átonas de los fonemas /a ę ẹ/ han confluido en [ə]; como en la posición tónica los tres fonemas continúan distintos, el sistema no sufre modificación. En español vulgar de muchas regiones, las variantes implosivas de /r l/ se confunden, pero continúan distintas en otras posiciones; el sistema no varía, aunque sí el decurso.

Finalmente, el cambio fonético puede sustituir el contenido diferencial de una o varias distinciones fonemáticas, sin que por ello cambie el sistema. Por ejemplo, en una lengua que distinga *p/b, t/d, k/g* por medio de la sonoridad, puede ocurrir que cobre mayor importancia la relación paralela de tensión/flojedad: /p t k/ serán tensas y /b d g/ flojas, en lugar de sordas y sonoras; pero su correlación, aunque materialmente distinta, seguirá siendo la misma en el sistema. El cambio fonético del latín vulgar, que hizo abiertas a todas las vocales breves y cerradas a todas las largas, aunque cambió las relaciones del decurso y del contenido diferencial de los fonemas vocálicos, no modificó para nada el sistema, que siguió distinguiendo dos grupos de vocales, con tres grados de abertura y dos series de resonancia, como antes de la aparición de la diferencia cualitativa junto a la cuantitativa.

83. TIPOS DE MUTACIÓN FONOLÓGICA.—Las verdaderas mutaciones fonológicas se producen cuando el cambio fonético

repercute en el sistema, trastrocando sus relaciones y valores, a la vez que, por necesidad, transforma el contenido diferencial de los fonemas y la distribución de éstos en el decurso. Así, el cambio fonético del castellano a fines del siglo XVI y principios del XVII, según el cual los antiguos sonidos [š-ž] se convirtieron en [x], modificó: *a)*, la composición fonológica del decurso en que aparecían tales fonemas;
b), el contenido diferencial de los fonemas /š ž/ (opuestos
a /č/), que pasaron a ser /x/ (opuesto a /k/), y *c)*, la estructura del sistema, que adquirió de este modo una fricativa
sorda correspondiente a la oclusiva /k/ de la serie velar ya
existente.

La fórmula general de una mutación fonológica puede
reducirse a

$$A : B \rightarrow A' : B'$$

donde *A* y *B, A'* y *B'*, representan dos términos entre los cuales se establece una determinada relación (oposición entre
fonemas, contraste entre variantes fónicas, etc.). Dentro de
esta fórmula general, debemos distinguir tres categorías:
a) La relación *A : B* no tiene pertinencia fonológica; es decir,
A y *B* son sólo variantes fónicas; mientras la relación resultante *A' : B'*, posee pertinencia fonológica. *b)* La relación *A : B*
es fonológica, mientras el resultado *A' : B'* carece de pertinencia. *c)* Ambas relaciones *A : B* y *A' : B'* son fonológicas.

En el primer caso *a)*, la mutación conduce a la creación
de una nueva diferencia fonológica; en el segundo *b)*, el resultado de la mutación es la pérdida de una distinción; finalmente, en el caso *c)*, nos encontramos con la transformación
de una diferencia fonológica, pero ni se crea ni desaparece.
A la mutación del tipo a) se la llama *fonologización;* a la de
tipo b), *desfonologización,* y a la de tipo c), *transfonologización.* En general, refiriéndonos a las unidades del sistema,

los tres tipos de mutación consisten en: *a)* aparición de un fonema nuevo; *b)* desaparición de un fonema, esto es, pérdida de su función distintiva; *c)* cambio de posición—y de relación—de uno o varios fonemas dentro del sistema. En estos casos, como propone Weinrich, convendría más hablar de *fonematización, desfonematización* y *transfonematización,* dejando los otros términos para indicar las transformaciones de los rasgos diferenciales.

84. FONOLOGIZACIÓN.—Cuando, por ejemplo, una variante de realización de un fonema, por una causa u otra, se aleja de la realización normal de tal fonema y se generaliza la pérdida del sentimiento de su identidad, puede darse el caso de que adquiera función distintiva, con lo cual la variante en cuestión se fonematiza, se convierte en nuevo fonema con propiedades distintivas particulares. En la fórmula general, las variantes *A* y *B* de un determinado fonema *N* aparecen en distintos puestos del decurso; por ejemplo, *A* sólo ante el fonema *X,* y en los demás casos *B;* sí, por causa de un cambio fonético, *B* resulta empleada ante el fonema *X,* las dos variantes *A* y *B,* al poder aparecer ante el mismo contexto con valor distintivo, cesan de ser consideradas como tales variantes: se fonematizan, y la diferencia fónica que las distinguía pasa a ser diferencia fonológica. *A'* y *B',* aunque fonéticamente sean iguales a *A* y *B,* son ahora fonemas distintos. Por ejemplo: la variante palatal [k'] del fonema latino /*c*/ sólo aparecía ante vocal palatal /*e i*/; pero al perderse el elemento /*u*/ del grupo /*qui*/, la variante velar [k] fue también posible ante vocal palatal, con lo cual la antigua variante [k'] se fonematizó en el latín vulgar, distinguiéndose entre /k'/ y /k/; de modo que

$$[k] : [k'] \rightarrow /k/ : /k'/$$

Naturalmente, una nueva distinción no se crea de la nada: generalmente, el nuevo fonema hereda un rasgo pertinente de otro elemento, eventualmente desaparecido en el decurso (cf. § 87).

La fonologización ocurre también al adaptarse un fonema extranjero inexistente en la lengua dada. Cuando dos lenguas entran en contacto y sus relaciones de convivencia son intensas, pueden llegarse a imitar algunos fonemas de una de las lenguas por la otra, en lugar de reproducirlos por fonemas autóctonos más o menos equivalentes; si los préstamos en que el fonema extraño aparece se generalizan, llega un momento en que tal fonema deja de sentirse como perteneciente a un estrato diferente y queda incorporado al sistema. Por ejemplo: el árabe no conoce el fonema /č/ sordo; el árabe de Al-Andalus, a causa de su contacto largo con las hablas mozárabes, fonologizó en su propio sistema el fonema extraño /č/, con el cual, además, representó todos los fonemas africados dentales del castellano /č/, /ŝ/ y /ẑ/ (ort. *ch, ç, z*). También el guaraní, que no conocía el fonema castellano /ḷ/, ha llegado a fonematizarlo, a incorporarlo a su propio sistema. Estas fonologizaciones de fonemas extraños son más fáciles cuando el fonema nuevo entra en una correlación ya existente en la lengua adoptadora, es decir, cuando en el sistema de ésta había lo que llamamos una «casilla vacía», o cuando el fonema extraño existía en la lengua adoptadora como simple variante.

85. DESFONOLOGIZACIÓN.—Cuando dos fonemas se identifican, es decir, se pierde la oposición de sus rasgos característicos, entonces tales fonemas se reducen a simples variantes combinatorias o estilísticas, o bien confluyen en una sola realización. Unas veces la distinción desaparecida era aisla-

da; otras es una correlación completa la que funde sus términos.

Ejemplo del primer caso. En castellano y catalán medievales (como todavía en valenciano), /b v/ eran fonemas diferentes; cuando /v/ se realizó bilabial [ƀ], se confundió con la realización intervocálica del fonema /b/, que también era [ƀ], resultando que la relación primitiva /b/ : /v/ se hizo [b] : [ƀ], diferencia no distintiva entre variantes combinatorias.

La realización de ambos fonemas puede coincidir en una sola variante ($A : B \rightarrow A' = B'$): tal es el caso de la desfonologización de la oposición l̦/y en algunas hablas españolas, en las que ambos fonemas se identifican en una variante [y] (y sus derivaciones fonéticas).

Un ejemplo de desfonologización de toda una serie correlativa lo tenemos en la confluencia de sordas y sonoras sibilantes a fines del siglo XVI y principios del XVII en el castellano: /ŝ/ y /ẑ/ (hechas ya fricativas), /s/ y /z/, /š/ y /ž/ (ya más o menos velarizadas) confluyen en /θ/, /s/ y /x/ del castellano moderno.

86. TRANSFONOLOGIZACIÓN.—Cuando una oposición aislada se hace proporcional (se incluye en una correlación ya existente), o una proporcional se hace aislada, o bien cuando una correlación (o alguna pareja de ella) se convierte en otra correlación de diferente puesto en el sistema, el resultado es una transfonologización. Ni se crean ni se pierden distinciones fonemáticas; lo que ocurre es una reorganización de la estructura del sistema. Ejemplo: el paso del antiguo fonema castellano *x* realizado [š], a la realización [x], lo transfonologizó, pues de ser correlato de /ĉ/ pasó a serlo de /k/. Lo mismo ocurrió en el caso de la transformación latina de -*tt*- en -*t*-, de -*t*- en -*d*- y de -*d*- en -*đ*- (§ 78).

87. Coalescencia y escisión en el decurso.—En todos estos casos que hemos examinado, los términos de la fórmula $A : B \to A' : B'$, eran todos unidades del sistema. Pero a veces la mutación se produce en grupos de unidades contiguas: un grupo de fonemas en el decurso puede resultar fundido en una sola unidad. Si esta unidad ya existía en el sistema, el cambio fonológico se limita a variar la repartición de los fonemas en el decurso; si la unidad resultante no existía antes con valor distintivo, se habrá producido una fonologización en el sistema.

También puede ocurrir que una unidad fonemática resulte escindida en un grupo de fonemas en el decurso: si la unidad primitiva desaparece así del sistema, tendremos una desfonologización; si las unidades resultantes no existían, una fonologización; si la una y las otras ya existían antes del cambio, el resultado de éste no afecta al sistema, y sí sólo a la distribución fonemática en el decurso.

Un ejemplo de escisión fonemática lo tenemos en la diptongación española: el fonema latino /ę/ bimatizado en [ie] se desfonologiza al identificarse sus elementos [i] [e] con otros fonemas ya existentes; es decir, en el sistema resulta la desfonologización de /ę/:

$$/ę/ : /ę/ \to [ę] : [ę];$$

en el decurso, hay transfonologización:

$$/ę/ : /ę/ \to /i + e/ : /e/.$$

Otro ejemplo: en algunas zonas del dialecto leonés, el fonema /š/ ante vocal que no sea /i/ ha desarrollado un elemento [j], mientras la antigua /s/ ante /i/ se ha palatalizado en [š]; de modo que el resultado es, en el sistema, que [š]

y [s] son variantes combinatorias (por tanto, desfonologización): /š/ : /s/ → [š] : [s]; mientras, en el decurso, la
antigua relación /š/ : /s/ ha resultado transfonologizada en
/si/ : /s/, con la escisión del antiguo fonema /š/ en /s + i/.
Ejemplo de fusión fonemática, sin fonologización en el
sistema, es el cambio de los grupos latinos -ct- y -lt- en español, donde llegaron a /č/; como con este cambio, ni /k/, ni
/t/, ni /l/ desaparecen como fonemas, ni /č/ es nueva creación, el sistema no varía. En el decurso se produce, por un
lado, una desfonologización /ct/ : /lt/ → /č = č/; por otro,
una transfonologización /ct/ : /t/ → /č/ : /t/.
Fusión con fonologización de nueva unidad en el sistema
es la del grupo /ny/ latino, que produce el fonema /ɲ/ en
castellano: /n + y/ : /n/ → /ɲ/ : /n/. Otro ejemplo es el
paso de los antiguos grupos franceses de *vocal + n* a vocales
nasales. Así se fonologizaron varios nuevos fonemas, apare-
ciendo la correlación de nasalidad vocálica.

88. DIVERGENCIA Y CONVERGENCIA.—La fonética histórica,
nacida en parte con métodos tomados de las ciencias naturales, buscaba solución a sus problemas y establecía paren-
tescos entre las lenguas según su genealogía. Ya Meillet indi-
có que a veces las concordancias entre varias lenguas prove-
nían, sobre todo, de un desarrollo paralelo posterior a la
desaparición de la lengua madre de que procedían. La fonología puede, en consecuencia, señalar relaciones entre distintas lenguas, según el paralelismo de evolución en sus sistemas fonológicos. Habría, pues, junto a las «familias» de lenguas que establecía el método genealógico, otros grupos que
llamaríamos «asociaciones» o «bloques» de lenguas relacionadas por las semejanzas en su estructura. Lenguas derivadas de una misma fuente común, en virtud de la evolución

fonética y fonológica, llegarían a tener una estructura completamente diferente. Por el contrario, lenguas de diversa familia, de orígenes muy distintos, podrían llegar a poseer un sistema fonológico análogo. Esta «afinidad lingüística», independiente del parentesco genealógico, no excluye un origen común, pero hace abstracción de él.

Fonológicamente, hay dos tendencias de las lenguas: la *divergencia* y la *convergencia*. Son lenguas divergentes las que, aun habiendo nacido de un sistema común, han llegado a diferenciarse profundamente en cuanto a su estructura. Son convergentes las lenguas que, aunque nacidas de sistemas no emparentados, han llegado a asemejarse hondamente en cuanto a su estructura. La comparación entre las lenguas simultáneas en un momento dado nos descubre este parentesco fonológico, aunque no genealógico. Según aquél, se pueden establecer asociaciones de lenguas afines o convergentes que coinciden en muchos puntos de su sistema.

Dos lenguas emparentadas genealógicamente, como el español y el francés, gracias a su evolución divergente, difieren hoy en su sistema fonológico más que el español y el neogriego, que aunque lejanos genealógicamente, tienen indudable afinidad fonológica, en virtud de su evolución convergente.

Esto obliga a que se sea cauto en la interpretación de los rasgos comunes que se descubren en diferentes lenguas. No siempre habrá que buscar la razón de un fenómeno común a dos o más lenguas en sus antecedentes históricos o prehistóricos, y pretender para ellas un sustrato idéntico. A veces la causa de la comunidad es, simplemente, el desarrollo paralelo de su evolución. ¿A qué se debe este paralelismo?

Generalmente, estas afinidades de estructura entre lenguas diversas forman extensiones continuas sobre el mapa lingüístico. La vecindad geográfica, junto con el contacto cultural entre las lenguas afines, puede muy bien ser la causa remota de la evolución convergente. De igual manera, razones históricas, sociales, políticas, culturales, pueden ser responsables del desarrollo divergente de lenguas emparentadas y colindantes. En todo ello intervienen las dos fuerzas agentes y antagónicas señaladas por Saussure: el espíritu de campanario o fuerza particularista, disociadora y divergente, y el espíritu de comunidad, de intercambio, o fuerza unificante y convergente.

La aplicación de la teoría de la divergencia y convergencia fonológicas a los métodos geográficos, permite establecer isoglosas que reúnen los puntos en que un mismo rasgo fonológico tiene pertinencia. La reunión en grupos de estas líneas nos dará áreas fonológicas que mostrarán la afinidad estructural entre lenguas variadas. Así, ya señalamos el área «mediterránea» de la acentuación libre, desde Portugal hasta el ruso. Otra área de gran extensión es la de la correlación de palatalidad consonántica, que se extiende desde las lenguas bálticas, finoúgricas y eslavas hasta el japonés.

89. DIALECTOLOGÍA Y DIACRONÍA.—La aportación más importante de los estudios dialectales ha sido el introducir en el examen de las lenguas el factor *espacial*. La antigua gramática histórica observaba la variación de las lenguas en el *tiempo;* la dialectología vino a añadir la consideración de la *variación en el espacio*. Pero preocupada en señalar las «desviaciones» de los «dialectos» respecto de la «lengua» con la que se les consideraban en relación, descuidó en absoluto el estudio de lo principal: el funcionamiento del propio sistema dialectal. Los primeros fonólogos, como Trubetzkoy, ya se interesaron por engranar la dialectología dentro de la

nueva orientación estructural de la ciencia lingüística. Lo
cierto es que hasta hoy la dialectología es la disciplina lingüística que se mantiene más alejada (y aun hostil) de las
nuevas ideas. Y, sin duda, la geografía lingüística (consecuencia inmediata de la dialectología) ofrece datos inapreciables
para los estudios diacrónicos, como algún autor señala al
propugnar un método diacrónico que tenga en cuenta los
tres factores de «sistema», «tiempo» y «espacio».

También la dialectología ganaría, y saldría de su estan-
camiento extralingüístico, aplicando a la descripción de los
dialectos criterios fonológicos, tanto para la determinación
de las fronteras de un dialecto como para explicar su constitución histórica. Hasta hace muy poco la labor dialecto-
lógica, por ejemplo, en el dominio español, no ha salido del
esquema trazado por la vieja gramática histórica, buscando
sólo fórmulas de correspondencias entre sonidos latinos y
sonidos dialectales. A lo sumo, se han descrito dos o tres
articulaciones desconocidas de la lengua española, pero nunca se ha dado una descripción del sistema del dialecto ni en
qué relación está con el español invasor. Como dice Martinet, los dialectólogos, en general, se han comportado como
«anticuarios a la caza de raras reliquias» en lugar de describir, en cuantos lingüistas, el sistema del dialecto como un
todo. El dialectólogo tradicionalista no suele distinguir los
dos estratos (el dialecto y la penetración de la lengua oficial)
y si lo hace implícitamente, concentra su atención en lo arcai-
zante, lo «puro», y ofrece así una visión parcial de lo realmente vivo, al excluir penetraciones del idioma oficial que,
históricamente no dialectales, funcionan sin embargo en
la comunidad dialectal con el mismo valor que los elementos castizos.

Por otro lado, el método fonológico contribuye a delimitar más precisamente lo que debe entenderse por «dialecto». Generalmente se considera como tal toda habla de una comunidad que presenta, dentro de ciertas esenciales similitudes, algunas «aberraciones» (especialmente fonéticas) con respecto a la llamada «lengua» oficial (y literaria). Pero cuando se han querido dar los límites geográficos de un dialecto, se ha tropezado con el hecho de que son frecuentemente borrosos y graduales: unos fenómenos penetran en zonas aledañas, otros no alcanzan la extensión total de la «región dialectal». De ahí que se haya manifestado la idea de que los dialectos forman un «continuum» sin límites precisos, que varían insensiblemente, y se haya hablado de «dialectos de transición». En consencuencia, hay límites de fenómenos fonéticos y no de dialectos. Mas al aplicar el criterio sistemático de la fonología y observar esos fenómenos desde el punto de vista funcional, es posible descubrir sistemas dialectales que definirán mejor los dialectos, separándolos y agrupándolos entre sí: por encima de *sistemas* dialectales contiguos se podrá describir un *diasistema*, dentro del cual las discrepancias entre los sistemas no serán más que variantes de una misma unidad fonológica. Y quedará patente el juego de «continuidad y discontinuidad» que caracteriza a los dialectos.

Tal imprecisión de las barreras dialectales es consecuencia del mismo carácter de los dialectos. Se suele considerarlos como producto histórico de la fragmentación de una anterior unidad, resultado de divergencia. Pero muy a menudo son producto de convergencia hacia una unidad de pluralidades de habla anteriores. La vaguedad de los términos empleados confunde más la situación del dialecto: se dice, por ejemplo, «dialecto leonés» para referirnos a las variadas hablas extendidas entre Asturias y Extremadura, como si en algún momento este territorio hubiera tenido unidad lingüística. Este «dialecto leonés» no ha existido nunca, porque el proceso de integración que lo hubiera constituido (mediante una «coiné» de algunas de sus hablas o por el predominio relativo de una de ellaş) fue detenido por la expansión del castellano vecino. Lo que sí hay son dialectos con rasgos diacrónicos y sincrónicos comunes, pero también con discrepancias: podríamos, eso sí, trazar un *diasistema* de las hablas «leonesas», pero no *un* sistema del leonés.

BIBLIOGRAFÍA: N.º 1, 5, 30, 31, 32, 33, 54, 63, 68, 73, 82, 83, 87, 88, 89, 102, 103, 104, 108, 109, 110, 112, 114, 116, 130, 131, 133, 142, 143, 144, 149, 152, 153, 154, 161, 162, 163, 166, .167, 169, 172, 175, 176, 177, 207, 209, 221, 227, 228, 233, 234, 244, 251, 252, 253, 254, 256, 257, 258, 259.

FONOLOGÍA DEL ESPAÑOL

I

PRELIMINAR

90. En esta segunda parte vamos a intentar una descripción fonológica del español actual, ateniéndonos exclusivamente al sistema del lenguaje corriente libre de dialectalismos y vulgarismos, así como de afectaciones literarias y académicas. Se trata del mismo estilo de español estudiado fonéticamente por Navarro Tomás, y cuyos rasgos fonológicos han sido ya apuntados en algunos estudios [1].

En esta descripción fonológica del español nos limitaremos a la exposición de la fonología de la palabra: el estudio de los fonemas y los prosodemas del español y de sus funciones distintiva y demarcativa. Dejamos de intento aparte la fonología oracional, o estudio de los elementos fónicos

---

[1] Véase: G. L. TRAGER, *The Phonemes of Castilian Spanish*, en *TCLP*, 8, p. 217-222; A. ALONSO, *Una ley fonológica del español*, en *Hisp. Rev.*, 13 (1945), p. 91-101; R. L. PREDMORE, *Notes on Spanish Consonant Phonemes*, en *Hisp. Rev.*, 14 (1946), p. 169-172; A. ALONSO, *Nota sobre una ley fonológica del español*, en *Hisp. Rev.*, 15 (1947), p. 306-307; T. NAVARRO, *Estudios de fonología española*, Syracuse, 1946; H. LAUSBERG, *Vergleichende Charakteristik der Italienischen und Spanischen Schriftsprache*, en *Rom. Forsch*, 60 (1947), p. 106-122, y del autor, *El sistema fonológico español*, en *RFE*, 33 (1949), p. 265-296.

distintivos y demarcativos de la frase que ya han sido magistralmente expuestos por Navarro [2], y que, como ya dijimos, son relativamente marginales (§ 70).

En el último capítulo intentaremos una síntesis de la historia fonológica del español, desde las modificaciones primeras del latín hasta la lengua de hoy [3].

---

[2] Tomás Navarro, *Manual de entonación española*, Nueva York, 1945. Véase también S. Gili Gaya, *Fonología del período asindético*, en *Estudios dedicados a Menéndez Pidal*, I, p. 55-67, Madrid, 1950. Véase últimamente el importante estudio de R. P. Stockwell, J. Donald Bowen e I. Silva-Fuenzalida, *Spanish Juncture and Intonation*, en *Language*, 32 (1956), p. 641-665, incluido también en *Readings in Linguistics*, ed. M. Joos, Washington, 1957, p. 406-418, y Delattre, n.º 46 de Bibliografía general.

[3] En este campo es básica, aunque todavía incompleta, la obra póstuma del llorado Amado Alonso, *De la pronunciación medieval a la moderna en español*, 1955; también véanse otros trabajos suyos: *Las correspondencias arábigo-españolas en los sistemas de sibilantes*, en *RFH*, 8 (1946), p. 12-76; *Arabe st > esp. ç; esp. st > árabe ch*, en *PMLA*, 62 (1947), p. 325-338; *Trueques de sibilantes*, en *NRFH*, 1 (1947), p. 1-12; *Examen de las noticias de Nebrija sobre antigua pronunciación española*, en *NRFH*, 3 (1949), p. 1-82; *Formación del timbre ciceante en la «c», «z» española*, en *NRFH*, 5, p. 121-172 y 263-313; *Historia del ceceo y del seseo españoles*, en *Thesaurus*, 7 (1951), p. 111-200; *Cronología de la igualación «c-z» en español*, en *Hisp. Rev.*, 19 (1951), p. 37-58 y 143-164. Además, nuestro *Esbozo de una fonología diacrónica del español* (en *Estudios dedicados a Menéndez Pidal*, II, p. 9-39) de 1948, aunque publicado en 1951; G. Contini, *Sobre la desaparición de la correlación de sonoridad en castellano*, en *NRFH*, 5 (1951), p. 173-182; B. Pottier, *Les Langues Modernes*, 1948, p. 146 sg., y especialmente A. Martinet, *The Unvoicing of Old Spanish Sibilants*, en *Romance Philology*, 5 (1951), p. 132-156, refundido en su libro *Economie des changements phonétiques*, 1955, p. 297-325, y F. Jungemann, *La teoría del sustrato y los dialectos hispano-romances y gascones*, 1955. Para las modificaciones latinas, y con referencias al español, también la obra de Haudricourt y Juilland, ya mencionada, y los dos libros de H. Lüdtke, *Die strukturelle Entwicklung des romanischen Vokalismus*, 1956, y H. Weinrich, *Phonologische Studien zur romanischen Sprachgeschichte*, 1958.

II

LOS FONEMAS DEL ESPAÑOL: LAS VOCALES

91. VOCALES Y CONSONANTES.—En español, como veremos más adelante (§ 132), son *fonemas vocálicos* los fonemas que por sí solos, aisladamente o combinados entre sí, pueden formar palabras o sílabas: *a* (preposición), *he* (verbo), *y, o, u* (conjunciones), *ahí, oí, huía.* Los demás fonemas, incapaces de formar por sí solos, sin el concurso de una vocal, palabras o sílabas, son *fonemas consonánticos.* La división tradicional en *vocales* y *consonantes* concuerda en español con esta clasificación funcional de los fonemas. Habrá que estudiarlos, para mayor claridad, por separado, y establecer un sistema vocálico y otro consonántico. Mas no debe olvidarse que están íntimamente relacionados y que tendremos ocasión de ver cómo algunos fonemas vocálicos están tan emparentados con otros consonánticos que llegan a neutralizar su contraste en algunas posiciones dentro de la palabra.

92. VOCALES.—El español utiliza fonológicamente dos de las propiedades articulatorias y acústicas que sirven para la distinción de los fonemas vocálicos entre sí: *a)*, el grado de abertura, que condiciona la mayor o menor frecuencia del llamado primer formante de la vocal, y *b)*, la configuración de la cavidad bucal según la posición de la lengua y los

labios, reflejada en la mayor o menor frecuencia del segundo formante de la vocal (timbre) [1].

El español distingue tres grados de abertura («densidad»): el de abertura máxima, o de /a/ (con su primer formante situado en frecuencia de unos 700 ciclos por segundo); el de abertura media, o de /e, o/ (el primer formante a unos 500 ciclos), y el de abertura mínima, o de /i, u/ (cuyo primer formante no sobrepasa los 400 ciclos por segundo). Según la forma y tamaño de la cavidad bucal y su diferente timbre, tenemos dos fonemas graves (de localización posterior): /u/ (con el segundo formante a unos 700 ciclos p. s.) y /o/ (segundo formante a unos 1.000 c. p. s.); un fonema medio /a/ (con su segundo formante a unos 1.500 c. p. s.), y dos fonemas agudos (de localización anterior): /e/ (con segundo formante a unos 1.800 c. p. s.) e /i/ (con segundo formante a unos 2.000 c. p. s.). Se trata, pues, de un sistema vocálico triangular:

$$u \qquad\qquad i$$
$$o \qquad e$$
$$a$$

Fonológicamente, estos fonemas se definen así: /a/, fonema vocal de abertura (densidad) máxima, de timbre neutro (ni agudo ni grave); /e/, fonema vocal de abertura media, de timbre agudo (= posición anterior); /o/, fonema vocal de abertura media, de timbre grave (= posición posterior); /i/, fonema vocal de abertura mínima, de timbre agudo, y /u/, fonema vocal de abertura mínima, de timbre grave.

El valor diferencial de estos cinco fonemas vocálicos queda demostrado con las siguientes oposiciones de palabras, en que cada una de las cinco vocales es suficiente, conmután-

---

[1] Véase ahora: D. N. CÁRDENAS, *Acoustic Vowel Loops of two Spanish Idiolects*, en *Phonetica*, 5 (1960), p. 9-34.

dolas, para cambiar el significado de la palabra: *paso/peso/ piso/poso/puso; balón/velón; sanar/sonar, daré/diré, alambrada/alumbrada; siente/siento, avisar/abusar; regir/rugir, tomar/timar; remar/rimar, morillo/murillo.*

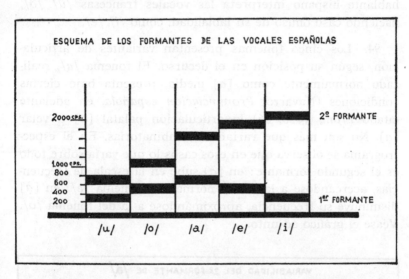

ESQUEMA DE LOS FORMANTES DE LAS VOCALES ESPAÑOLAS

93. La serie /e, i/, anterior y aguda, y la posterior y grave /o, u/, son, por su articulación, palatales sin labializar y velares con labialización, respectivamente. Cabe plantearse el problema de decidir cuál de las dos oposiciones (palatal/ velar, no labializada/labializada) es fonológicamente pertinente. Como ninguna de estas dos características se modifica en contacto con otros sonidos, ambas contribuyen a la especial impresión de las dos series. Nos encontramos aquí no ante oposiciones privativas del tipo palatal/no-palatal o labializada/no-labializada, sino ante oposiciones equipolentes, en que cada uno de los miembros de la oposición es el máximo de dos cualidades opuestas: 'agudo máximo/grave máximo' en cada grado de abertura, *e/o, i/u* (i. e. desde el punto

de vista articulatorio, 'anterior no labializada/posterior labializada'). Aunque puede sospecharse que lo realmente distintivo es la posición de la lengua. En efecto, se han señalado variantes labializadas de /e/ en el diptongo *ue;* además, el hablante hispano interpreta las vocales francesas /ü/ /ö/, haciendo caso omiso de su labialidad, como /i/ /e/.

94. Los cinco fonemas presentan variantes de articulación, según su posición en el decurso. El fonema /a/, realizado normalmente como [a] media, presenta bajo ciertas condiciones (Navarro, *Pronunciación española,* en adelante citado *Pron.,* §§ 55, 56) la articulación palatal [a̯] o velar [a̠]. No son más que variantes combinatorias. En el espectrograma se observa que en esos casos lo que varía sobre todo es el segundo formante: en [a̯] sube en la escala de frecuencias, acercándose a la altura normal del fonema /e/; en [a̠] disminuye su frecuencia, aproximándose a la del fonema /o/. Véase el gráfico adjunto.

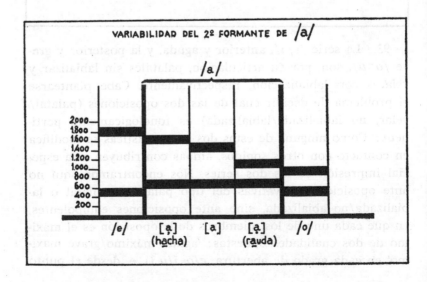

VARIABILIDAD DEL 2º FORMANTE DE /a/

El fonema /e/ también se realiza fonéticamente como [ę] abierta y como [ẹ] cerrada (*Pron.* §§ 51, 52), según los sonidos con que esté en contacto. Prueba de la inexistencia de dos fonemas diferenciados es la incapacidad del hablante español para realizar la distinción entre los dos fonemas franceses [ę] y [ẹ] de *chanterais* y *chanterai,* que se confunden en su sentimiento lingüístico bajo una sola forma: [šãtré]. En los espectrogramas, el segundo formante de las variantes abiertas de /e/ se acerca a la zona de frecuencia de /a/, y en las variantes cerradas a la zona de frecuencia de /i/; segundo formante de [ę], a 1.700 c. p. s. (casi la frecuencia de las variantes palatales de /a/); segundo formante de [ẹ], a 1.900 c. p. s. (casi la frecuencia de /i/).

Paralelamente, la realización fonética del fonema /o/ presenta dos matices: [ǫ] abierta y [ọ] cerrada (*Pron.* §§ 58, 59). Un español realiza como un solo fonema /o/ los dos franceses /ǫ/ y /ọ/: *roc/rauque* no se distinguen para él. El segundo formante de [ǫ] se aproxima al del fonema /a/, y el de [ọ] a la frecuencia de /u/; segundo formante de [ǫ], a 1.100 c. p. s. (frecuencia de las variantes velares de /a/); segundo formante de [ọ], a 800 c. p. s. (casi la frecuencia de /u/).

Los fonemas /i/, /u/ son realizados fonéticamente como abiertos o cerrados, según condiciones fijas debidas a los sonidos vecinos o su posición en la sílaba (*Pron.* §§ 45, 46, 61, 62). Ninguno de los dos matices pasa de ser simple variante combinatoria de dos fonemas únicos /i/, /u/ [2].

En las hablas dialectales que han perdido (o están a punto de perder) la -s final, parece haber indicios de fonologización de estas variantes abiertas y cerradas de las vocales. Ya Navarro apuntó que en el habla andaluza oriental los

---

[2] Sobre los sonidos [i̯], [i̦], [w], [u̯], véase §§ 96 y sigs.

singulares se distinguían de los plurales, y las terceras de las segundas personas, mediante el diferente matiz vocálico: [bóka]/[bókạ] (pl.); [ba] 'va'/[bạ] 'vas'; él [bjéne]/tú [bjḛnḛ]; él [djó]/[djǫ́] 'Dios'; etc. [3]. Los cinco fonemas vocálicos presentan además una realización fonética especial en posición débil, condicionada por el acento de la palabra. Esta variante relajada no tiene valor distintivo alguno, puesto que no sirve para la diferenciación significativa de las palabras (*Pron.* §§ 47, 53, 57, 60, 63).

95. Las cinco vocales aparecen en cualquier puesto de la palabra. Hay sólo algunas limitaciones en la sílaba final no acentuada, donde es raro que aparezcan los fonemas más cerrados /i, u/. Sólo se encuentran: en formas verbales (y nunca como núcleo de la sílaba, sino en el margen silábico), como *visteis, cantasteis* [4]; en cultismos, como *album, espíritu, tribu, crisis, tisis* y los numerosos -*itis* de la medicina (*apendicitis, bronquitis, conjuntivitis, otitis*, etc.); en términos hipocorísticos y otras expresiones familiares o vulgares, como *Luci, Pili, la mili, las bicis, Asun*(ción), *Maru*, etc. El fonema /u/ parece menos aceptado que /i/ en tales posiciones. Tenemos /i/ en préstamos, como *tenis* o *leguis* (< inglés *leggings*), pero /o/ en lugar de /u/ : *blocao*.

96. LOS DIPTONGOS.—Más compleja es la situación de los diptongos. Hay seis decrecientes: [ai̯], [au̯], [ei̯], [eu̯], [ǫi̯], [ou̯], y ocho crecientes: [ja], [je], [jo], [ju], [wa], [we],

---

[3] Más detalles en § 163.

[4] Una prueba de esta repugnancia del sistema español a utilizar el fonema /i/ en sílaba final no acentuada puede ser el hecho de que en los siglos XVI y XVII, mientras se usaban normalmente *dáis, habéis*, se seguía conservando la desinencia -*des* en los casos no acentuados *dábades, habíades*. Véase Y. MALKIEL, *The Contrast tomáis-tomávades, queréis-queríades in Classical Spanish*, en *Hisp., Rev.*, 12 (1949), p. 159-165.

[*wi*], [*wo*] [5]; por ejemplo en *aire, causa, seis, reuma, sois, hacia, tierra, adiós, viuda, cuarto, cuerda, cuita, menguó.*

Desde el punto de vista fonológico, se plantean dos problemas: 1.º, ¿estos diptongos son monofonemáticos, o bien combinaciones de dos fonemas diferentes?, y 2.º, en el último supuesto, el elemento más cerrado del diptongo, el llamado semiconsonante o semivocal, ¿es un fonema independiente o bien mera variante de las vocales /*i, u*/? En otras palabras: ¿es cada diptongo realización fonética de un solo fonema?, ¿tienen valor distintivo las semivocales y las semiconsonantes, o se identifican como variantes de otros fonemas?

Naturalmente, los diptongos son conmutables entre sí: *cauto/cueto/quieto/coito* etc., como lo son cualesquiera combinaciones de dos sonidos (*pasa/pato*). Hay que examinar si sus elementos, independientemente, tienen conmutación. De las reglas prácticas que dio Trubetzkoy para determinar la naturaleza monofonemática de dos sonidos sucesivos (*Grundzüge*, p. 50-57), la primera—que tales sonidos, en ciertas circunstancias, no formen parte de dos sílabas distintas—sólo es cumplida por los ocho diptongos crecientes y por [*aṷ*], [*eṷ*] y [*oṷ*]. Los tres diptongos [*aị*], [*eị*] y [*oị*] quedan desprovistos de valor monofonemático, ya que, cuando van seguidos de vocal en la cadena hablada, sus elementos pueden repartirse entre sílabas sucesivas: *ay*, pero *a-yes; rey*, pero *re-yes; hoy*, pero *hoy es tarde* [o-yes-tár-de] [6]. Además, si un fonema vocálico se pone en contacto con otra

---

[5] Bien es verdad que [*ju*] y [*wi*] alternan en algunos hablantes con [*iṷ*] y [*uị*]. Podría eliminarse [*oṷ*] que aparece, fuera de un par de términos no castellanos, sólo señalando límite entre unidades morfológicas o léxicas: *firmó un cheque.*

[6] Por el contrario, en alemán, el diptongo *ei* [*aẹ*] no se disocia al añadírsele una sílaba: *Ei-er*, prueba de su valor monofonemático.

vocal en el decurso, su reunión se realiza con frecuencia como diptongo: si se unen en el decurso los dos signos *compré* y *una casa*, la combinación de /e/ + /u/ se realiza [eu̯]; igualmente, la combinación inmediata de /o/ + /i/ en *las cinco y media* se realiza [o̯i̯], y la de /i/ + /e/ en *callan y escuchan*, se realiza [je]. En estos casos, por lo menos, los diptongos son evidentemente difonemáticos. Según la regla sexta de Trubetzkoy (*Grundzüge*, p. 54)[7], una combinación de sonidos potencialmente monofonemática sólo debe valorarse como fonema único cuando uno de aquellos sonidos no pueda considerarse variante combinatoria de ningún otro fonema. Es claro que los componentes [a], [a̯], [e̯], [e], [o̯], [o], [u], [i] de los diptongos españoles son realizaciones diversas de los fonemas vocálicos, pues no hay conmutación entre [a] y [a̯], entre [e̯] y [e], etc. Por tanto, los diptongos carecen de valor monofonemático y son combinaciones de los cinco fonemas vocales con otro elemento. Y queda el segundo problema: ¿estos elementos [j], [i̯], [w], [u̯] son fonemas independientes o bien variantes de otros?

97. Ante todo, hay que determinar la relación de estos sonidos entre sí y con respecto a los fonemas vocálicos /i/, /u/, cuya semejanza fonética es evidente. Según la regla III de Trubetzkoy para la determinación de fonemas, dos sonidos emparentados articulatoria o acústicamente deben considerarse variantes combinatorias de un solo fonema cuando no aparecen nunca en un mismo contexto (*Grundzüge*, p. 44). El sonido [j] aparece sólo como primer elemento de una combinación tautosilábica de vocales, posición en que nunca aparecen ni [i̯] ni [i]; el sonido [i̯] aparece sólo como elemento final de una combinación tautosilábica de vocales,

---

7 Cf. A. MARTINET, *Un ou deux phonèmes?*, en *Acta Linguistica*, 1, p. 94-103.

posición en que nunca aparecen ni [i] ni [j] [8]. El sonido [w] aparece sólo como elemento inicial de una combinación tautosilábica de vocales, posición en que nunca aparecen ni [u̯] ni [u]; el sonido [u̯] aparece sólo como elemento final de una combinación tautosilábica de vocales, posición en que no se presentan nunca ni [w] ni [u]. Según esto, [j], [i̯], [i] no son más que variantes combinatorias de un único fonema /i/, y [w], [u̯], [u], no son más que variantes combinatorias de un único fonema /u/. No son sonidos que se oponen en el sistema, sino que sólo contrastan en el decurso: [j] y [w] pertenecen a la clase de variantes «prenucleares» de la sílaba, [i̯] y [u̯] a la clase de variantes «postnucleares»; mientras que [i] y [u] son variantes que funcionan como núcleo silábico. Tampoco cumplen estos sonidos la regla IV de Trubetzkoy [9]: nunca aparecen en combinación los unos con los otros; esto es, no existen los grupos *[ji], *[ii̯], *[wu], *[uu̯], los cuales darían independencia fonológica a las variantes marginales con respecto a los fonemas /i/, /u/.

98. Ahora bien, ocurre que hay un cierto parentesco entre los sonidos [j], [i̯] y el consonántico [y], y se podría pensar que los tres fueran variantes del fonema consonántico /y/, como creen algunos [10].

---

[8] Recalco la expresión 'tautosilábica' para evitar que se crean fonemas distintos la vocal y la semivocal, por ejemplo, en *oi/hoy*, donde lo distintivo no es la articulación semivocal o vocal, sino el diferente lugar del acento de intensidad.

[9] *Grundzüge*, p. 46: «Zwei Laute, die sonst den Bedingungen der Regel III. entsprechen, dürfen trotzdem nicht als Varianten desselben Phonems gewertet werden, wenn sie in der betreffenden Sprache nebeneinander, d. i. als Glieder einer Lautverbindung stehen können, und zwar in solchen Stellungen, in denen auch einer von den beiden Lauten isoliert vorkommt.»

[10] Especialmente, J. D. Bowen y R. P. Stockwell, *The phonemic Interpretation of Semivowels in Spanish*, en *Language*, 31 (1955), 236-240;

Entre las variantes más cerradas del fonema /y/ (esto es, [ŷ]) y las más abiertas del fonema /i/ (es decir, [i]) hay una diferencia fundamental, más de función que de naturaleza articulatoria: la diferencia entre consonante y vocal. Ya hemos señalado que esta distinción, por ser funcional, no se observa mediante la conmutación, porque vocal y consonante se excluyen totalmente del mismo contexto en el decurso: [i] puede formar por sí solo sílaba mientras que ello es imposible para [ŷ]; vocal y consonante no se oponen paradigmáticamente, sino que *contrastan* sintagmáticamente. De modo que si todas las vocales se oponen a todas las consonantes, no es por sus determinados rasgos distintivos, sino por su diferente función; por tanto, si [ŷ] es «consonante» e [i] «vocal» y se excluyen, son necesariamente dos fonemas, cada uno perteneciente a uno de los grupos que llamamos «vocales» y «consonantes».

Así, la cuestión que se plantea es determinar a cuál de estos dos fonemas, /y/ consonántico e /i/ vocálico, debemos adscribir las otras variantes menos cerradas y menos abiertas [y], [j], [i̯]. Si el criterio para identificar un fonema es el valor distintivo de los sonidos, todas las variantes fónicas que correspondan a un mismo significado forzosamente han de interpretarse como realizaciones de un mismo fonema. El signo español ortografiado *y* admite muchas realizaciones, condicionadas por el contexto: [i] *subes y bajas,* [i̯] *cielo y tierra,* [j] *apagan y encienden,* [y] *calla y escucha,* [ŷ] *¿y esto qué?* En todos esos casos es posible también la variante «nuclear» [i]. Si en los casos como el del primer ejemplo [i] es

---

íd. *A further note on Spanish Semivowels,* en *Language,* 32 (1956), 290-292; R. P. Stockwell, J. D. Bowen e I. Silva-Fuenzalida, *Spanish Juncture and Intonation,* en *Language,* 32 (1956), 641-665. En contra, Sol Saporta, *A Note on Spanish Semivowels,* en *Language,* 32 (1956), 287-290, y también Ch. F. Hockett, *A Manual of Phonology,* § 22-113 (1955).

exclusiva, y en los demás es posible, parece natural que veamos en todos esos sonidos meras realizaciones de /i/. En significantes que comienzan o terminan con /i/, observamos en el decurso, según el contexto, cierta variabilidad entre [i] e [i̯] o [j]: *me irrita* [me̞i̯r̄íta]; *nos irrita* [nosir̄ríta]; *a mí es que me molesta* [amjéske...]; *a mí no es que me moleste* [amíno...]; *si eres tú* [sjé...]; *si vienes tú* [siƀ...]. Añádase la vacilación entre hiato y sinalefa en ejemplos como: *está riendo* [r̄iéndo], *riendo a todas horas* [r̄jéndo], que permite realización idéntica [eştáƀar̄jéndo] para *estaba riendo* y *está barriendo*. Indudablemente, en todos estos casos [i̯] e [j] *son realización de* /i/.

Por otra parte, en significantes como *yerno, yodo, hielo, yugo, rayo, haya*, etc., existe variabilidad (condicionada por el contexto y por normas regionales) entre [ŷ], [y] e incluso [j]: *el yerno* [ŷ]; *tu yerno* [y]; *con yodo* [ŷ]; *de yodo* [y]; *pon hielo* [ŷ]; *quiero hielo* [y]; *rayo* [y] (dialectalmente también [ŷ] o [j] y hasta [y̨], [ž], etc.). De todos modos, vemos totalmente excluidas de estos contextos las variantes [i̯] e [i]; por ello, aquí nos encontramos con realizaciones de /y/. Y obsérvese que, en el juego de variantes, son precisamente [i] y [ŷ] las que suelen alternar. Será, pues, fonema /i/ toda realización que sea [i] o que en tal contexto pueda alternar con ella; será fonema /y/ toda realización que sea [ŷ] o que en tal contexto pueda alternar con ésta.

Quedan además los entornos en que la variabilidad se reduce a [i̯] e [y]. ¿A cuál de los dos fonemas en cuestión debemos asignar estas variantes? Por ejemplo: *rey* [r̄é̞i̯], pero [r̄éyes], *ay* [ái̯], pero *ayes* [áyes]. Descartando estos ejemplos, por si en ellos se considera la variabilidad como de índole morfonemática (es decir, condicionada por la morfología), hay, no obstante, otros casos en que la alternancia [i̯]∼[y] es fonética: *hoy llegas tarde* [i̯], *hoy es tarde* [y]; *voy deprisa* [i̯], *voy enseguida* [y]; *rey sabio* [i̯], *rey absoluto* [y]. Está claro que una y otra variante aparecen en los mismos contextos, y por los mismos motivos, que en los ejemplos citados antes de la conjunción *y*, etc. Si allí admitíamos /i/, aquí, también. En el nivel morfológico puede argüirse que en *rey, ay, ley*, etc., tenemos el fonema /y/, porque en el plural se añade el significante -*es*, típico de aquellos signos cuyo singular acaba en consonante (*miel∼mieles, red∼redes, luz∼luces*, etc.); pero si se añade -*es* a *rey*, etc., es porque son monosílabos o, como en el caso de *bocoy∼bocoyes*, porque son oxítonos, y todo singular oxítono acabado en vocal también agrega -*es*: *albalá∼albaláes, los siés, las aes, baladíes, sefardíes*, etc. (Cuando, en la Edad Media, se decía *maravedís*, también se decía *reys, bueys*, etc.). La objeción no es, pues, válida [11].

Hay algunas posiciones donde podría considerarse que /i/ y /y/ son conmutables: casos en que [j] y [ŷ] aparecen entre los mismos fonemas, como en *el desierto* [-sjé-]/*el deshielo* [..z-ŷe-..], *reniego* [..-njé-..]/*inyección* [...ɲ̦-ŷe-...], *abierto* [...-ƀjé-...]/*abyecto* [...-ƀ-ŷé-...], *las siervas* [la-sjér̥as]/*las yerbas* [laz-ŷér̥as], *éstos y ésos* [...-sjé-...] / *estos yesos* [...z-ŷé-...], etc. Ciertamente, en estas distinciones no es todo la articulación [j] o [ŷ]: con la primera la consonante precedente forma sílaba; con la segunda, la consonante precedente resulta final de la sílaba anterior, y si es sorda, se sonoriza; por eso se puede decir que lo diferencial en estos casos es la *ausencia* o *presencia* de «juncture» (sutura de morfemas).

---

[11] Otro motivo para colocar [i̯] entre las realizaciones de /i/ nos lo ofrecen parejas como: *soy religioso* y *¡so irreligioso!, soy racional* y *¡so irracional!*, donde, aparte la entonación, la realización fonética es la misma: [so̞i̯r̄elixjóso], [so̞i̯r̄aθjonál].

Por último, hay que tener en cuenta la alternancia, incluso en unos mismos hablantes, de los diptongos [wí] ~ [ui̯] y [jú] ~ [íu̯]. Cuando están en sílaba átona, su brevedad y poca energía impiden de todo punto decidir cuál de los dos elementos es más «vocálico» que el otro: en *viudedad, enviudar, ciudad, ciudadano, cuidado, arruinar, ruiseñor, suicidar, enjuiciar*, etc., la verdad es que no se articula ni [j], ni [i̯], ni [w], ni [u̯], ni siquiera [i], [u], sino breves vocales de tipo mixto, centralizadas y más o menos deslabializadas (tipo [ï], [ë]). En posición tónica sí alternan: *viuda* [bjúđa] y [bíu̯đa], *cuida* [kwíđa] y [kúi̯đa], *ruido* [r̄wíđo], [rúi̯đo] y [r̄uíđo], *muy mal* [mwimál], [múi̯mál] y hasta en el habla vulgar [mumál]. Si un mismo elemento distintivo puede ser [i̯] o [i], [j] o [i], todas estas variantes son un mismo fonema /i/.

Todavía, en favor de la agrupación con /y/, se aporta el paralelismo con los fonemas consonantes /l/ y /r/, puesto que [j] es segundo elemento de grupo «prenuclear», por ejemplo, en *copia, viejo, labio, cofia, odie, hostia, quiero*, y en esa situación sólo aparecen /l/ o /r/ (por ejemplo en *copla, brezo, labro, odre, ostra, clero*). Pero no es exacto: [j] (igual que [w]: *trueno, clueca*, etc.) puede también ser tercer elemento de grupo «prenuclear»: *prieto, embriagar, pliego, griego, clientela*, etc., posición incompatible para /l/ y /r/; además, [i̯] puede ser primer elemento de grupo final, situación en que ni /l/ ni /r/ aparecen: *amais, seis, sois* (igual que [u̯] en *austero, austral*). El paralelismo con /l/ y /r/ es, pues, muy escaso, y, por tanto, parece preferible interpretar aquí [i̯] e [j] como variantes de /i/ y no de /y/[12].

---

12 Otras razones aducidas (cf. BOWEN-STOCKWELL, art. cit.) para incluirlas entre las variantes de /y/: los sufijos de 3.ª persona del perfecto (y los tiempos análogos) son del tipo [-jó, -jéron], en *comió, comieron;* pero cuando el radical del verbo acaba en vocal, como en *leyó, leyeron*, tenemos [-yó, -yéron]; considerando [j]

99. Un problema análogo se plantea con las variantes [w] y [u̯]. No extrañará que estas dos variantes, paralelas a [j] e [i̯], tengan el mismo comportamiento y sean agrupables entre las del fonema /u/. Sin embargo, debemos notar que todos los fonetistas están de acuerdo en señalar un refuerzo consonántico de [w] en posición inicial de palabra: *hueso* [wéso] ~ [gwéso] ~ [g̃wéso], refuerzo que obliga en el decurso a constituir con [we] una sílaba distinta a la del fonema que preceda: *los huesos* [loz-wésos] o [loz-gwésos], pero no *[lo-swésos]. Tal situación permite (bien por la articulación consonántica, bien por la presencia de una «juncture», si aceptamos ésta) diferenciar *son nuevos* [so-nwéƀos] de *son huevos* [soŋ-wéƀos] (o [soŋ-gwéƀos] e incluso [so-ŋwéƀos]), *haz zuecos* [á-θwékos] de *haz huecos* [áẓ-wékos] (o [áẓ-gwékos]), *la suela* [la-swéla] de *las huela* [laz-wéla] (o [laz-gwéla], etc.) [13].

---

variante de /y/, el sufijo sería siempre /-yo, -yéron/, con lo cual, se dice, ganaría en sencillez la descripción morfológica. Nos parece que con la otra interpretación tampoco se pierde sencillez: sufijos /-ió, iéron/, donde el fonema /i/ se realiza [j] o [y], según el contexto, no resulta un análisis más complicado que postular /-yó, -yéron/ con las mismas variantes. Al contrario, con la última solución serían de esperár las variantes [y] tras vocal, y [ỹ] tras consonante; lo mismo que en *de yodo* [y] y *con yodo* [ỹ], tendríamos *[komỹó] y *[komỹéron] para *comió* y *comieron*. También en morfología hay casos de desaparición del fonema /i/ y del fonema /y/, que llamaríamos casos de latencia; /y/ queda latente, sin realización propia, cuando le sigue desinencia iniciada con /i/ acentuado: *huye* pero *huir*, *huimos* que serían /uy-ír/, /uy-ímos/; /i/ queda latente en las desinencia tipo /-ió/ cuando le precede /y/: *huyó*, *huyeron*, que serían /uy-ió/, /uy-ieron/. No de otro modo, cuando dos fonemas emparentados fonéticamente quedan en contacto, uno resulta latente: *los soles* [lo-sóles], *las ramas* [la-r̃amas], *la astucia* [laʂtuθja], etc.

[13] Puede argüirse que lo que diferencia *las hierbas* de *las siervas*, *son huevos* de *son ˈnuevos*, no es el elemento consonántico del llamado diptongo inicial, sino el alargamiento de /s/ y /n/ en *las siervas*, *son nuevos*. Pero en la conversación ordinaria este alargamiento es

Estas variantes reforzadas [g̯w], [gw] se asemejan en su distribución a las variantes fuertes de /y/, mientras [w] y [u̯] son en todo paralelas a [j] e [i̯], y por ello, debemos considerarlas realizaciones de /u/. Para las variantes reforzadas, ¿tendremos que postular un fonema consonántico independiente /w/, o bien se tratará de sonidos en relación con algún otro fonema consonántico? Lo veremos más adelante (§ 103). Aquí, sólo unos ejemplos de la variabilidad de /u/ en [w], [u̯], [u]: *tú desbarras* [u], *tú estás loco* [w], *vengan ustedes* [u], *venga usted* [u̯], *son suizos* [suíθos], *¿son suizas esas vacas?* [swíθas], *viudo* [jú] ~ [íu̯], *le escribí una carta* [í‑u] ~ [jú] ~ [íu̯], etc.

100. En suma, los sonidos [j], [i̯], [w], [u̯] de los diptongos son, en general, simples variantes de los fonemas /i/ y /u/, respectivamente. Y puesto que los dos elementos que componen los diptongos son variantes de dos fonemas diferentes, hay que reconocer que aquéllos no son monofonemáticos en español, sino simplemente combinaciones tautosilábicas de dos fonemas distintos. Creer que lo que distingue *cielo* de *celo* no es la presencia o ausencia de la semiconsonante [j], sino la impresión de conjunto del diptongo, nos parece inadecuado. No es la impresión total de [ja] frente a [je] lo que distingue *especia/especie*, sino la diferencia *a/e*. Según esta norma de distinción de los fonemas, podríamos considerar fonema único la combinación [pl], por ejemplo, diciendo que lo que distingue *pan* de *plan* no es la ausencia o la presencia de [l], sino la impresión de conjunto del grupo [pl]. Además, la misma conciencia lingüística considera los diptongos como combinaciones de fonemas; las rimas

---

imperceptible: prueba de ello, las falsas separaciones de artículo, efectuadas por algunos extranjeros: *las‑suñas, las‑andalias.*

abundantes en toda la poesía española de *ié* con *é*, con *ué*, etcétera (por ejemplo: *velo*: *cielo*:*suelo*), demuestran que el diptongo no es sentido como un solo fonema, sino como difonemático.

La respuesta a nuestra doble pregunta (§ 96) resulta la siguiente: 1.º Los diptongos no son realización fonética de fonemas particulares únicos, sino de dos fonemas contiguos diferentes. 2.º Las semivocales y semiconsonantes son sólo variantes combinatorias de los fonemas vocales respectivos /i/, /u/. No son más que las variantes producidas por no ser 'núcleo silábico', por su posición 'asilábica' dentro de la sílaba (Trubetzkoy, *Grundzüge*, p. 168), ya antes, ya después del acento, esto es, en la tensión o en la distensión silábica, funcionando, por tanto, como los fonemas consonantes, incapaces de acento y de formar sílaba por sí solos.

Las mismas consideraciones valen para los triptongos, o combinaciones de tres fonemas dentro de una misma sílaba: en *sentenciáis* [seṇteṇθjái̯s] el triptongo [jái̯] es la combinación de los fonemas /i/, /a/, /i/.

III

LOS FONEMAS CONSONÁNTICOS

101. SONIDOS Y FONEMAS.—El cuadro de los sonidos consonánticos españoles es bien nutrido (*Pron.* § 78):

    Oclusivas: [p], [b]; [ţ]; [t], [d]; [k], [g].
    Africadas: [ĉ], [ŷ].
    Fricativas: [ƀ], [f]; [θ], [z̦], [đ]; [ş], [ʒ̧]; [s], [z],
    [ɹ]; [y]; [x], [ğ], [w].
    Laterales: [ḷ], [ļ], [l], [ḽ].
    Vibrantes: [r], [r̄].
    Nasales: [m], [m̦], [ņ], [ŋ̣], [n], [ṇ], [ŋ].

Fonológicamente, bastantes de estos sonidos son meras
variantes combinatorias de fonemas, como vamos a ver.
Los sonidos [*b*] y [*ƀ*], uno oclusivo y otro fricativo, son
realización fonética de un único fonema [*b*]. La aparición de
cada una de estas variantes está condicionada por reglas fijas: sólo se realiza [*b*] (y no [*ƀ*]) en inicial tras pausa, y tras
nasal en interior de palabra o frase[1]. Igualmente sucede con
las parejas de sonidos [*d*]-[*đ*] y [*g*]-[*ğ*], oclusivos los pri-

---

[1] Para la lengua medieval, véase § 157.

meros y fricativos los segundos de cada pareja, que no se presentan nunca en una misma posición fónica, y que son realizaciones de los fonemas /d/ y /g/; [d] sólo se presenta en inicial absoluta, y tras /n/ y /l/; [g] sólo en inicial absoluta y tras nasal; en los demás casos el representante de los fonemas /d/, /g/ es el sonido fricativo [đ] [g] (*Pron.* §§ 80, 81; 99, 100; 126, 127). Ejemplos: *pon vino* [b], *bebe vino* [ƀ]; *sin duda* [d], *la duda* [đ]; *con gusto* [g], *a gusto* [g].

Los sonidos [ʈ], [ʅ], [ɳ] son sólo variantes interdentales de los fonemas /t/, /l/, /n/, cuando están en contacto con consonante interdental, precedente para /t/, siguiente para /l/ y /n/ (*Pron.* §§ 97, 96, 95): *hazte, alza, onza.*

Los sonidos [ş], [ʒ], [ʅ], [ɳ] son realizaciones fonéticas de los fonemas /s/, /l/, /n/, en contacto con consonante dental siguiente (*Pron.* §§ 105, 104, 103): *costa, desde, caldo, cuento.*

El sonido [ŋ] es mera variante del fonema /n/, en contacto con consonante velar siguiente (*Pron.* §§ 130): *cinco.*

El sonido [m̦] es sólo variante del fonema nasal ante labiodental siguiente (*Pron.* § 89): *enfado, confuso.*

El sonido [ʒ] es la variante sonora, ante consonante sonora, del fonema /θ/: *hazme* [áʒme]. El sonido [z] es la realización ante consonante sonora del único fonema /s/: *mismo* [mízmo] (*Pron.* §§ 94, 107). Una oposición como *rascar* [r̄askár]/*rasgar* [r̄azgár], podría hacer creer en la validez fonológica de los dos sonidos [s] y [z]; pero lo que distingue las significaciones en esas dos palabras es la ausencia y la presencia de sonoridad en las velares /k/ y /g/.

El sonido [ɹ] es una variedad fricativa del fonema /r/ en posición intervocálica o final de palabra; las pronunciaciones [θéro], [θéɹo] se alternan en el habla corriente, y la conmutación de los dos sonidos entre sí no origina cambio de significación ni hace irreconocible la palabra *cero* (*Pron.* § 114)[2].

102. Los sonidos [ŷ] y [y], sonoros mediopalatales, africado y fricativo, respectivamente, son realizaciones fonéticas de un mismo y único fonema /y/. El africado sólo aparece en posición inicial y tras nasal dentro del decurso (*Pron.* §§ 119-120): *cónyuge, hierba, yerro, yunque.*

Hemos visto también (§ 98) que algunas variantes fonéticas de este fonema coinciden con variantes del fonema vocálico /i/. En total se encuentran las siguientes variantes de /i/ y de /y/, repartidas de esta forma:

[i] fonema /i/: *lisa* /lísa/, *entran y salen.*
/y/ + /i/ (morfonemáticamente): *huir* /uy-iR/ (/y/ latente).

[i̯] fonema /i/: *rey* /Réi/, *cielo y tierra, aire, no iré.*
fonema /e/: familiar *trae, cae.*

[j] fonema /i/: *cielo* /θiélo/, *cierran y abren, comió.*

[y] fonema /i/: *reyes* /Réies/, *calla y escucha.*
/y/ + /i/ (morfonemáticamente): *huyó* /uy-ió/.
fonema /y/: *mayo* /máyo/, *hoya* /óya/, *de yodo.*

[ŷ] fonema /y/: *yodo* /yódo/, *yerno* /yéRno/, *hierba* /yéRba/, *inyección* /iNyeGθióN/ *deshielo* /desyélo/.

103. El sonido transcrito [w] es, como vimos (§ 99), una variante «prenuclear» (ante núcleo de sílaba) del fonema /u/. Pero, a veces, en posición inicial de palabra, desarrolla un elemento generalmente fricativo [g]. Como, por otra parte,

---

2 Algunos autores (BOWEN, STOCKWELL, FUENZALIDA, *Spanish Juncture and Intonation*, en *Language*, 32, 641, y BOWEN, *Sequences of Vowels in Spanish*, en *Bol. Fil.*, Chile, 9, 5-14), consideran /r̄/ como /r/ + /r/, lo cual parece inadecuado, pues [r̄] aparece en inicial, donde nunca hay consonantes dobles.

el fonema /g/ entre una vocal y el sonido [w] puede realizarse como cero fónico: *agua* [ágwa], y [áwa], *igual* [igwál] y [iwál], *lo guardo* [logwárđo] y [lowárđo], resulta natural la identificación con estos grupos /g/ + /u/, realizados [gw] o [w], de las variantes citadas: *con hueso* [koŋ-gwéso], *de hueso* [dewéso]. En consecuencia, el sonido [w] puede ser realización fonética del fonema /u/ en los casos de *bueno, trueno, cuero, fuerza,* etc.; pero también puede ser realización, en alternancia con [gw], de la combinación de fonemas /g/+/u/ en posición prenuclear: *hueso* /guéso/[gwéso] o [wéso], *hueste* /guéste/ [gwéşte] o [wéşte], *huerto* /guéRto/ [gwérto] o [wérto], *guante* /guáNte/, *guasa* /guása/, *yegua* /yégua/, *lengua* /léNgua/, *antiguo* /aNtíguo/, etc. El hecho de que la grafía sea ante el fonema /e/ *hu-*, mientras delante de las otras vocales suela encontrarse *gu-*, es una pura cuestión ortográfica: en los siglos clásicos abundan las grafías *güerto, güevo,* etc. Además *de huellas* y *degüellas* se realizan igual: [dewéḷas] o [degwéḷas].

El paralelismo con /y/ (§ 98) ha llevado a algunos a considerar estas variantes [gw] o [w] (distintas del fonema /u/) como realizaciones de un fonema independiente, simbolizado /w/ o /gʷ/, y no, como hacemos nosotros, de la combinación /g/ + /u/. Que las variantes tipo [gw] son difonemáticas, lo demuestra la identidad absoluta de [g] con las correspondientes variantes del fonema /g/ (*con hueso, con guasa* y *con gasa* presentan la misma [g] oclusiva), y la de [w] con las del fonema /u/. Si se objetase que en hablas vulgares hay [bw] en lugar de [gw]: *hueso* [bwéso], y que, por ende, no pueden identificarse con el fonema /g/ + /u/, debe recordarse que en las mismas hablas vulgares se presenta la misma alternancia [ƀ] ~ [g]: [aƀúxa] por [agúxa], [agwélo] por [aƀwélo]), y, por tanto, la objeción no es válida.

En la lengua normal, delante de [w] son distintivas /g/ y
/b/: *los de Huelva* [...dͤegwélƀa]/*los devuelva* [...deƀwélƀa],
dijo que no huele [...nogwéle]/*dijo que no vuele* [...noƀwéle].
En fin, si las variantes [gw] se analizasen como un solo fonema labiovelar /gʷ/, nos veríamos obligados a aceptar toda
una serie de consonantes labializadas */bʷ, pʷ, tʷ, dʷ, nʷ,
kʷ, lʷ.../* para los casos de *vuelta, puesto, tuerto, duela, nuevo, cuero, luego,* etc. En suma, no hay un fonema especial
/w/ o /gʷ/; la interpretación difonemática /g/ + /u/ nos
parece que tiene en cuenta todos los hechos fonéticos: la
variabilidad de /g/ desde [g] hasta cero fónico, la «juncture» que forzosamente le precede y la sonorización de la consonante anterior cuando es sorda (*los huertos* con [z], igual
que en *los gatos* o *los muertos*) [2 bis].

104-106. FONEMAS Y RASGOS PERTINENTES.—El sistema fonológico de las consonantes españolas nos ofrece, pues, estos fonemas: /p/, /b/, /t/, /d/, /k/, /g/, /č/, /f/, /θ/, /s/, /x/,
/y/, /m/, /n/, /ṇ/, /l/, /ḷ/, /r/, /r̄/.
La independencia fonológica de estos fonemas se desprende de los siguientes cotejos [3]:

/p/ *se distingue*

de /b/: pavor/babor, prisa/brisa, cepo/cebo, cuerpo/
cuervo;

de /f/: pavor/favor, presa/fresa, copia/cofia, espera/es-
fera;

[2] bis Cf. B. MALMBERG, *Études sur la phonétique de l'espagnol parlé
en Argentine*, Lund 1950, p. 87-93. A. MARTINET, *Economie*, p. 83, acepta
la existencia de /w/. Por el contrario, A. ALONSO, *BDA* 6, 1940, p. 88
nota 1, lo encuentra «muy objetable».
[3] Recuérdese § 21; para la práctica, nos basta con destacar las diferencias de cada fonema con los fonemas que tienen con él varias propiedades en común.

de /m/: poro/moro, capa/cama, arpa/arma;

de /t/: pierna/tierna, probar/trovar, copo/coto, espera/
estera, compra/contra;

de /ĉ/: pino/chino, chopo/chocho, trompo/troncho;

de /k/: paso/caso, presta/cresta, ropa/roca, arpa/arca.

/b/ *se distingue,* como hemos visto, de /p/, y además

de /f/: vino/fino, blanco/flanco, tubo/tufo, convite/con-
fite, cobre/cofre;

de /m/: bono/mono, cava/cama, alba/alma;

de /d/: baño/daño, brama/drama, debo/dedo, escarbar/
escardar;

de /y/: berro/yerro, haba/haya, desvelo/deshielo;

de /g/: busto/gusto, brasa/grasa, robar/rogar, alba/alga.

/t/ *se distingue de* /p/, como hemos indicado, y

de /d/: tomar/domar, tragón/dragón, cuatro/cuadro, mo-
ta/moda, montar/mondar;

de /θ/: tapa/zapa, mota/moza, alta/alza;

de /n/: taba/nava, rata/rana, sarta/sarna;

de /ĉ/: topo/chopo, peto/pecho, parte/parche;

de /k/: teso / queso, trece / crece, bota / boca, puerto/
puerco.

/d/ *se distingue de* /b/ y de /t/ como hemos señalado, y
además

de /θ/: deja/ceja, moda/moza, cordel/corcel, ved/vez;

de /n/: dardo/nardo, rada/rana, cuerdo/cuerno, ved/ven;

de /y/: da/ya, del/hiel, apodo/apoyo, conyu[gal]/con-
du[cir;

de /g/: dama / gama, drama / grama, lado / lago, cardo/
cargo.

/k/ *se distingue* de /p/ y de /t/, como hemos apuntado, y además

de /g/ : cota/gota, craso/graso, toca/toga, rascar/rasgar;
de /x/ : cota/jota, oca/hoja, mancar/manjar;
de /ĉ/ : coto/choto, eco/hecho, marca/marcha.

/g/ *se distingue* de /b/, de /d/ y de /k/, como hemos consignado, y además

de /x/ : garra/jarra, liga/lija, hurgue/urge;
de /y/ : godo/yodo, mago/mayo, a]ngu[stioso/con]nyu[gal.

/ĉ/ *se distingue* de /p/, de /t/ y de /k/ según se ha mostrado, y

de /y/ : cheso/yeso, macho/mayo, hinch[azón/iny[ección;
de /s/ : choto/soto, techo/teso, percha/persa;
de /ɲ/ : cacho/caño, lecho/leño.

/f/ *se distingue* de /p/ y de /b/, según se ha anotado, y

de /m/ : forro/morro, ufano/humano, esfera/esmera;
de /θ/ : forro/zorro, afeite/aceite, alfar/alzar;
de /s/ : fiesta/siesta, afilo/asilo, infecto/insecto;
de /x/ : fusta/justa, mofa/moja, inferir/ingerir.

/θ/ *se distingue* de /t/, de /d/ y de /f/, según se ha visto, y además

de /n/ : ciño/niño, raza/rana, cierzo/cierno, paz/pan;
de /s/ : cima/sima, loza/losa, concejo/consejo, haz/as, vez/ves;
de /x/ : cesto/gesto, caza/caja, uncir/ungir, voz/boj.

/s/ *se distingue* de /ĉ/, de /f/ y de /θ/, según se ha consignado, y además

de /x/ : sarro/jarro, oso/ojo, inserto/injerto;

de /y/ : seso/yeso, uso/huyo, insecto/inyecto;
de /ṇ/ : masa/maña.

/x/ *se distingue*, según se ha indicado, de /k/, de /g/, de /f/, de /θ/ y de /s/.

/y/ *se distingue*, según se ha señalado, de /b/, de /d/, de /g/, de /ĉ/, de /s/, y además

de /ṇ/ : cayada/cañada;
de /ḷ/ : hiena/llena, poyo/pollo;
de /i/ (cfr. §§ 98, 102): deshie[lo/desie[rto, abye[cto/ abie[rto.

/m/ *se distingue*, como queda apuntado, de /p/, de /b/ y /f/, y además

de /n/ : muevo/nuevo, loma/lona, tormo/torno;
de /ṇ/ : moño/ñoño, amo/año.

/n/ *se distingue*, según se ha observado, de /t/, de /d/, de /θ/ y de /m/, y además

de /ṇ/ : sonar/soñar.

/ṇ/ *se distingue*, según queda anotado, de /ĉ/, de /y/, de /s/, de /m/ y /n/, y además

del grupo /n/ + /i/ : miño/minio, cuña/cunia, huraño/ uranio, p]eña/v]enia, moño/de]monio, m]uñón/unión.

/l/ *se distingue* de /ḷ/ : loro/lloro, talar/tallar;
de /r/ y /r̄/ : celo/cero/cerro, lana/rana, alma/arma, hable/abre, mal/mar;
y de todas las demás consonantes no líquidas: lanza/pan- za, cala/cava/cama, vela/befa, loro/toro, col/coz, ala/ hada/ana, loto/choto, lodo/yodo, cola/cosa, tila/tiña, bala/vaca/vaga/baja.

/ļ/ *se distingue*, como ya sabemos, de /y/ y de /l/, y además del grupo /l/ + /i/: hallar/aliar, sollo/solio, camella/camelia, escollo/escolio, c]alló/s]alió, en]jullo/julio; de /r/ y /r̄/: llama/rama, valla/vara/barra; y de todas las consonantes no líquidas: lloro/poro/boro/ foro/moro, calla/cata/cada/caza/cana, callo/cacho/ cayo/caso/caño, valla/vaca/vaga/baja.

/r/ *se distingue*, como hemos indicado, de /l/ y de /ļ/, y además

de /r̄/: jara/jarra, poro/porro, vario/barrio; y de todas las consonantes no líquidas: tara/tapa/taba, mora/mofa, mero/memo, mora/mota/moda/moza/mona, poro/pocho/poyo/poso, caro/caño, vara/vaca/vaga/baja.

/r̄/ *se distingue*, según se ha mostrado, de /l/, de /ļ/ y /r/, y además

de todas las consonantes no líquidas: corro/copo/como, burro/bufo, parra/pava, barro/batò/vado/bazo/vano, carro/cacho/cayo/caso/caño, borra/boca/boga/boja.

107. Los rasgos pertinentes que se aislan por la oposición de estos fonemas son: 1) la diferencia *líquida/no-líquida* (esto es, § 47, fonemas consonánticos con características vocálicas/fonemas consonánticos sin rasgos vocálicos); 2) la diferencia *nasal/oral* (es decir, fonemas en cuya realización interviene el resonador accesorio de las fosas nasales/fonemas sin esa resonancia nasal); 3) las diferencias de localización, con cuatro órdenes: *labial, dental, alveolo-palatal* y *velar*, que para los binaristas se reducen a la doble oposición *densa/difusa* (esto es, § 42, fonemas con predominio de la cavidad

bucal/fonemas con predominio de la cavidad faríngea), y *grave/aguda* (es decir, § 42, fonemas con cavidad indivisa/fonemas con cavidad bucal dividida); 4) la diferencia *interrupta/continua*, que opone las oclusivas a las fricativas, y, dentro de las líquidas, las vibrantes a las laterales; 5) la diferencia *sonora/sorda;* 6) la diferencia *floja/tensa*, que, siendo generalmente concomitante de la oposición anterior, es pertinente dentro de las vibrantes.

108. Sistema y definición de los fonemas consonánticos.—Si se acepta el binarismo de las diferencias de localización señaladas en § 107, 3), el resultado estructural es un sistema consonántico cuadrado, que puede representarse gráficamente así:

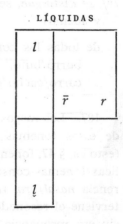

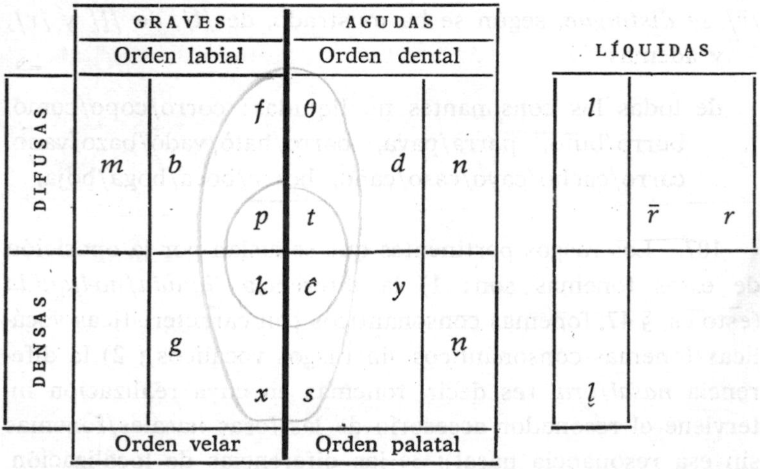

	GRAVES			AGUDAS		
	Orden labial			Orden dental		
DIFUSAS			*f*	*θ*		
	m	*b*			*d*	*n*
			p	*t*		
DENSAS			*k*	*ĉ*	*y*	
		g				*ɲ*
			x	*s*		
	Orden velar			Orden palatal		

LÍQUIDAS		
l		
	r̄	*r*
ḷ		

La posición relativa de unos fonemas a otros indica claramente el tipo de oposición que contraen:

1.º *Líquida/no-líquida*: /l ḷ r r̄/ opuestos a todos los demás fonemas.

2.º *Oral/nasal*: b/m, d/n, y/ṇ.

3.º *Grave/aguda*: p/t, k/ĉ, b/d, g/y; f/θ, x/s; m/n, ṇ.

4.º *Difusa/densa*: p/k, t/ĉ, b/g, d/y, f/x, θ/s, m, n/ṇ, l/ḷ.

5.º *Interrupta/continua*: p/f, t/θ, ĉ/s, k/x, r̄-r/l-ḷ.

6.º *Sorda/sonora*: p/b, t/d, k/g, ĉ/y, f/b, θ/d, x/g.

7.º *Tensa/floja*: r̄/r.

✦ 109. Un rasgo característico de este sistema es que las correlaciones de sonoridad y de continuidad (números 5 y 6) se entremezclan formando haces de tres términos:

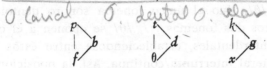

Los fonemas sonoros /b d g/ son indiferentes a la correlación interrupta-continua, y se oponen como términos de la correlación de sonoridad a los archifonemas sordos /p-f/, /t-θ/, /k-x/. La correlación de continuidad, pues, existe sólo para los fonemas sordos. Puede argumentarse que las oposiciones *p/f, t/θ, k/x* no se distinguen sólo por el modo de articulación, sino también, y acaso en primer término, por la diferencia de localización: los primeros fonemas /p/, /t/, /k/ son bilabial, apico-dental y velar, respectivamente; los segundos, /f/, /θ/, /x/, son labiodental, interdental y post-velar, respectivamente. ¿Cuál de las dos características es pertinente en el sistema? En primer lugar, la realización fonética de un mismo fonema puede variar extraordinariamente de localización[4]: el fonema /t/, por ejemplo, es a veces

---

[4] La «forma» de una lengua consiste precisamente en esto: en la manera de ordenar el *continuum* del pensamiento y el *continuum* ex-

realizado [t̪], esto es, interdental oclusivo; la variante más frecuente de /d/, la [d̪] fricativa es también interdental; el fonema /θ/ presenta una variante sonora [z̧], muy vecina fonéticamente a [d̪].

En la lengua vulgar de algunas regiones se llega a la neutralización de la oposición θ/d: [aθkirír]. Y la neutralización es el criterio más objetivo para señalar un parentesco fonológico. Si, por otra parte, la oposición t/d se neutraliza en algunas ocasiones: [ad̪mósfera] (véase § 119), hay que concluir que el fonema /d/ es el término sonoro de la oposición y que el término sordo es el archifonema /t-θ/. Puesto que el fonema sonoro /d/ no es dental como /t/, ni interdental como /θ/, sino el único fonema sonoro dentointerdental, los otros dos fonemas /t/, /θ/ se oponen a él como sordos dentointerdentales, estableciéndose entre éstos otra oposición bilateral interrupta/continua. Así, la oposición t/θ es proporcional a p/f y k/x, y su marca distintiva es la presencia o ausencia de oclusión.

➡ 1̍10. Los tres fonemas /ĉ/, /y/, /s/ que hemos clasificado en el orden de las alveolopalatales, ofrecen varios problemas: 1.º ¿Corresponden a este orden las realizaciones fonéticas de los tres fonemas?, esto es, ¿se realizan por medio de un resonador doble, y en la parte posterior del resonador dominante, el bucal? 2.º El fonema /ĉ/, realizado como afri-

---

presivo, i. e., lo fónico. Las zonas de la cavidad bucal están ordenadas diferentemente en cada lengua, y los fonemas correspondientes admiten, por ende, una latitud de realización, un campo de dispersión distinto según su extensión relativa. Así, en español, serán realización del fonema /t/, por ejemplo, todos los sonidos articulados oclusivamente que no sean labiales, ni palatales, ni velares, aunque fluctúe su punto de articulación desde el borde de los incisivos a los alvéolos superiores, siempre que no se atraviese el margen de seguridad entre /t/ y los demás fonemas.

cado, ¿puede ocupar un puesto entre las oclusivas fonológicas? 3.º El fonema /y/, realizado fonéticamente como africado y como fricativo, ¿es el término sonoro correspondiente a /ĉ/, sordo? 4.º El fonema /s/, una vez aceptado en este orden, ¿es el fricativo correspondiente al oclusivo /ĉ/, sordo? 5.º ¿En qué relación quedan /s/ y /y/, realizados como fricativos, sordo y sonoro, respectivamente, si no puede admitirse que sean los términos de una pareja correlativa de sonoridad? 6.º ¿Cómo este orden no forma un haz triple, sin seguir el paralelismo de los otros tres órdenes?

→111. Desde el punto de vista fonético, el primer problema planteado parece presentar una solución negativa. Sin duda, no existen dificultades para aceptar el timbre agudo y la localización palatal del fonema /y/, que se realiza como una articulación africada o fricativa mediopalatal, y, por ende, producida en la parte posterior del resonador delantero y dominante de los dos en que queda dividida la cavidad bucal. Pero el fonema /ĉ/[5] ofrece una articulación más delantera, vacilando regionalmente entre alveolar y prepalatal: sin duda, el resonador bucal es doble y se trata, por ende, de un fonema agudo; pero ¿cuál de los dos resonadores, faríngeo o bucal, es el fundamental? Las mismas preguntas se alzan al tratar del fonema /s/, que, fonéticamente, es una apicoalveolar cóncava, y, por tanto, con cierto matiz palatal[6]; la cavidad bucal queda dividida en dos resonado-

---

5 Sobre el valor monofonemático de /ĉ/, compuesto fonéticamente de una variante dorsoalveolar del fonema /t/ y de una variante más o menos palatal del sonido [š], inexistente en castellano moderno, por lo tanto [ʃ š], véase A. MARTINET, *Un ou deux phonèmes? Acta Ling.*, 1, p. 96-97.

6 La velarización en [x] de los fonemas palatales del antiguo español /x/ y /j/ (= [š] y [ž]), se debe en gran parte a la necesidad del sistema de no confundirlos con los demasiado próximos sibilantes alveolares /ss/ y /s/ (= [s] y [z]). Véase § 160.

res, y su timbre es, pues, agudo; pero ¿cuál de los dos resonadores es el fundamental? Creemos que en estos dos fonemas /č/ y /s/, los dos resonadores en que se divide la cavidad bucal, son relativamente equivalentes y que no se puede
hablar de uno dominante: la articulación se realiza en la
parte posterior del resonador bucal y en la parte anterior
del resonador faríngeo; por ello, las consideramos, desde
el punto de vista fonético, como indiferentes a la clasificación entre anteriores y posteriores. Ahora bien, fonológicamente, su valor no depende de las cualidades de los fonemas
mismos en sí, sino de su posición relativa frente a los demás:
en un sistema dado, la organización y estructura podrá prefe-
rir el englobamiento de estos dos fonemas en el orden anterior, en otro en el orden posterior. Esto último ocurre en el
español moderno [7]. Fonológicamente, pues, podemos admitir
como formando un solo orden los tres fonemas /č/, /y/ y /s/.

→ **112.** El segundo punto: ¿/č/ es fonológicamente oclusivo?, no presenta especiales dificultades. Lo que distingue al
fonema /č/ es la interrupción que lo opone a los continuos
correspondientes, en este caso al fricativo /s/, de la misma
forma que los oclusivos /p/, /t/, /k/ se oponen a los fricativos /f/, /θ/, /x/ [8]. Con esto se acepta al mismo tiempo la
solución al punto 4.º: /s/ es el fonema fricativo correspondiente al oclusivo /č/. Fonéticamente, sin duda, el elemento
sibilante del fonema /č/ (i. e. [š]) no es idéntico al fonema /s/, pero fonológicamente lo pertinente en la oposición
č/s es el elemento oclusivo inicial de /č/.

---

[7] Naturalmente, no ocurre lo mismo en las hablas que tienen [ş]
dorsal y dental, y que a la vez no conocen la fricativa interdental.

[8] TRUBETZKOY, *Die phonologische Systeme*, en *TCLP*, 4, p. 103, n. 8.
Véase también A. MARTINET, *Occlusives and Affricates with Reference
to Some Problems of Romance Phonologie*, en *Word*, 5 (1949), p. 116-122.

Aceptados /ĉ/ y /s/ como fonemas de un mismo orden, el paralelismo del sistema obliga a considerar /ĉ/ y /s/ como miembros de una pareja interrupta-continua proporcional a las ya señaladas (§ 109) *p/f, t/θ, k/x*[9].

➤113. La tercera cuestión planteada es la relación del fonema /y/ con respecto a /ĉ/. El fonema /y/ es realizado fonéticamente bien como africada mediopalatal sonora, bien como fricativa mediopalatal sonora. Ofrece, pues, en sus caracteres fonéticos un paralelismo perfecto con los otros tres fonemas sonoros orales del sistema español (/b/, /d/, /g/), que se realizan también como oclusivos o como fricativos. Como éstos, /y/ también forma oposición bilateral privativa con un fonema nasal: *b/m, d/n, y/ṇ*. También /y/, como /d/ y /g/, está «latente» en algunos casos: *tomao* /tomádo/, *contemplaos* /koNteNpládos/, *aua* /água/, *hueso* /guéso/, *huía* /uyía/.

Por ello, no cabe duda que entre /ĉ/ y /y/ se establece una oposición de sonoridad. Esto se aprecia aún más en la lengua vulgar de algunas regiones, en que se realiza el fonema /y/ con cierto rehilamiento próximo a [ž] o a [ẑ]; en algún caso llega hasta ensordecerse y confundirse con /ĉ/ (*Pron.* § 121).

Mientras en los órdenes labial, dental y velar el fonema sonoro es correlativo, tanto del sordo oclusivo como del sor-

---

9 Otros casos semejantes en que, junto a oposiciones de fonéticamente oclusivas y fricativas, se establecen otras de africadas y fricativas, señala TRUBETZKOY, *Grundzüge*, p. 136. Por ejemplo, el griego moderno, donde junto a las oposiciones π/φ, τ/θ, κ/χ, aparece τσ/σ. Es curioso señalar la semejanza del sistema griego moderno y el español en este aspecto: aquél presenta también las correlaciones de sonoridad y de plosión-fricción combinadas en haces triples π/φ/β, τ/θ/δ, κ/χ/γ, τσ/σ/ζ (con las diferencias fonéticas correspondientes, por ejemplo β no es bilabial, sino labiodental, etc.).

do fricativo, en este orden palatal, los tres fonemas /ĉ/, /y/, /s/ no aparecen reunidos en haz. Mientras /ĉ/ se opone a /s/ por la marca de oclusión, y /ĉ/ se opone a /y/ por la marca de sonoridad, /s/ y /y/ ofrecen una realización fonética muy distinta para considerarlos en oposición proporcional de sonoridad. Esto parece indicio de inestabilidad en esta sección del sistema. Los dos fonemas /s/ y /y/ forman solamente oposición aislada, que no se neutraliza nunca.

Por esto, en tanto que el trío de fonemas de los otros tres órdenes orales constituyen un haz cerrado, en el orden palatal la relación de los fonemas no es idéntica, mostrando un desequilibrio en la estructura sistemática. Frente a

este orden se representaría así:

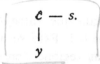

Es posible que se tienda a integrar estos tres fonemas de modo más perfecto, como apuntan las articulaciones regionales señaladas.

114. En conjunto, los fonemas consonantes pueden clasificarse en cinco series fundamentales, según las propiedades distintivas:

a) *líquidas:* /l/, /ļ/, /r/, /r̄/
b) *nasales:* /m/, /n/, /ṇ/
c) *sonoras:* /b/, /d/, /y/, /g/
d) *fricativas:* /f/, /θ/, /s/, /x/ ⎫
e) *oclusivas:* /p/, /t/, /ĉ/, /k/ ⎭ (sordas) ⎬ orales ⎬ no líquidas.

La definición fonológica de cada uno de los fonemas es la siguiente:

/p/, fonema no líquido (frente a /l/, /r/, etc.), oral (frente a /m/), difuso y grave, esto es, labial (frente a /k/, /t/ y /ĉ/), oclusivo (frente a /f/), sordo (frente a /b/).

/b/, fonema no líquido, oral, difuso y grave, esto es, labial (frente a /g/, /d/ y /y/), sonoro (frente a /p/ y /f/).

/f/, fonema no líquido, oral, difuso y grave, esto es, labial (frente a /x/, /θ/ y /s/), fricativo (frente a /p/), sordo (frente a /b/).

/t/, fonema no líquido, oral, difuso y agudo, esto es, dental (frente a /ĉ/, /p/ y /k/), oclusivo (frente a /θ/), sordo (frente a /d/).

/d/, fonema no líquido, oral, difuso y agudo, esto es, dental (frente a /y/, /b/ y /g/), sonoro (frente a /t/ y /θ/).

/θ/, fonema no líquido, oral, difuso y agudo, esto es, dental (frente a /s/, /f/ y /x/), fricativo (frente a /t/) sordo (frente a /d/).

/ĉ/, fonema no líquido, oral, denso y agudo, esto es, palatal (frente a /t/, /k/ y /p/), oclusivo (frente a /s/), sordo (frente a /y/).

/y/, fonema no líquido, oral, denso y agudo, esto es, palatal (frente a /d/, /g/ y /b/), sonoro (frente a /ĉ/).

/s/, fonema no líquido, oral, denso y agudo, esto es, palatal (frente a /θ/, /x/ y /f/), fricativo (frente a /ĉ/).

/k/, fonema no líquido, oral, denso y grave, esto es, velar (frente a /p/, /ĉ/ y /t/), oclusivo (frente a /x/), sordo (frente a /g/).

/g/, fonema no líquido, oral, denso y grave, esto es, velar (frente a /b/, /y/ y /d/), sonoro (frente a /k/ y /x/).

/x/, fonema no líquido, oral, denso y grave, esto es, velar (frente a /f/, /s/ y /θ/), fricativo (frente a /k/), sordo (frente a /g/).

/m/, fonema nasal (frente a /b/), difuso (frente a /n̦/), grave (frente a /n/).

/n/, fonema nasal (frente a /d/), difuso (frente a /n̦/), agudo (frente a /m/).

/n̦/, fonema nasal (frente a /y/), denso o palatal (frente a /m/ y /n/).

/l/, fonema líquido (frente a /d/, etc.), lateral (frente a /r/, /r̄/), difuso (frente a /l̦/).

/l̦/, fonema líquido (frente a /y/), lateral, denso o palatal (frente a /l/).

/r/, fonema líquido (frente a /d/, etc.), intermitente o vibrante (frente a /l/), flojo (frente a /r̄/).

/r̄/, fonema líquido (frente a /d/, etc.), intermitente (frente a /l/), tenso (frente a /r/).

Utilizando el método de exposición analítica de Jakobson (§ 50), representaríamos los fonemas españoles, descompuestos en sus rasgos diferenciales, de la siguiente forma:

	o	a	e	u	i	l	ḷ	l̦	r	r̄	g	x	k	n	y	s	č	m	b	f	p	ñ	d	θ	t
1	+	+	+	+	+	+	+	+	+	+	−	−	−	−	−	−	−	−	−	−	−	−	−	−	−
2	−	−	−	−	−	+	+	+	+	+	+	+	+	+	+	+	+	+	+	+	+	+	+	+	+
3	+	+	+	−	−	−	−	+	−	−	+	+	+	−	+	−	+	−	−	−	−	−	−	−	−
4	+	+	−	+	−	−	−	−	−	−	+	+	+	+	−	−	−	+	+	+	+	+	−	−	−
5											(−)	(−)	(−)	+				+				+			
6						+	+	+		+	−	+	−	−	+	+	−	−	−	+	−	−	−	+	−
7						+	+	+	+	+	+	(−)	−	+	+	(−)	(−)	+	+	(−)	−	+	+	(−)	−

1. Vocal/No vocal ....
2. Consonante/No consonante ....
3. Denso/Difuso ....
4. Grave/Agudo ....
5. Nasal/Oral ....
6. Continuo/Interrupto ....
7. Sonoro (flojo)/Sordo (tenso).

IV

NEUTRALIZACIÓN DE OPOSICIONES

115. Todos los diecinueve fonemas consonantes no conservan su validez diferencial en todas las posiciones de la cadena hablada, es decir, en determinadas circunstancias, una o varias de las propiedades pertinentes características de un fonema cesa de ser distintiva, y este fonema deja de diferenciarse del fonema o fonemas de que normalmente se distingue. Sabemos que a este fenómeno se le llama neutralización.

Debe tenerse en cuenta un hecho importante: los casos de neutralización de los fonemas consonánticos españoles ocurren, sobre todo, en posición final de sílaba, esto es, en la distensión silábica, situación en que no sólo se relaja la articulación, sino también el inventario de fonemas es menos numeroso que en otras situaciones, como ha estudiado Amado Alonso [1].

---

[1] *Una ley fonológica del español. Variabilidad de las consonantes en la tensión y distensión de la sílaba*, en *Hisp. Rev.*, 13 (1945), p. 91-101, recogido en *Estudios lingüísticos* (*Temas españoles*), Gredos, 1951. Uno de los enunciados de esta ley dice (pág. 94): «correlaciones que funcionan como significativas y diferenciales en la tensión silábica, cesan

No todas las oposiciones se neutralizan en esta posición: las oposiciones equipolentes de unos y otros órdenes de localización no se neutralizan; hay muchos fonemas que no aparecen nunca en la distensión silábica: ninguna de las oposiciones de consonantes en que intervienen como términos /ĉ/, /y/, /f/, /x/ se neutralizan debido a la ausencia de estos fonemas en la distensión silábica[2]. Pero, por otro lado, las oposiciones m/n, n/n̦, l/l̦, aunque se distinguen por su localización, y la oposición r/r̄, forman un grupo especial: el carácter nasal de los fonemas m/n/n̦ los coloca aparte de los fonemas orales y establece entre ellos oposiciones neutralizables. Igualmente, el carácter líquido de las oposiciones l/l̦ y r/r̄ las separa del sistema, formando oposiciones de tipo privativo, respectivamente, no palatal/palatal, floja/tensa, también neutralizables.

116. Las oposiciones citadas de fonemas nasales y laterales, neutralizadas en la distensión silábica, muestran el carácter común de tener condicionada la realización fonética por el carácter fónico de la consonante siguiente. La transcripción fonética nos ofrece un gran número de variantes: *cambio* con nasal bilabial, *confuso* con nasal labiodental, *concierto* con nasal interdental, *santo* con nasal dental,

---

en la distensión, donde o no existen materialmente, o si existen, dejan de ser intencionales y pierden por eso su validez.»

[2] En final de palabra y muy pocas veces aparece /x/: *boj*, *carcaj*, *herraj*, realizado relajadamente y a veces sonorizado en [g] (a lo menos ante consonante sonora en el grupo sintagmático: *el carcaj de Apolo*) o perdido: *reló*. Los casos de /f/ en distensión silábica son extremadamente raros: *nafta*, *naftalina*, *afgano*, *difteria*, palabras poco corrientes y no del fondo autóctono del español, sino aportaciones cultas recientes. Véase también la nota[1] (pág. 94), de A. Alonso, art. cit.: «Aunque la pronunciación *reloj* es normal, *reló* se dice desde el siglo XVII; por *boj* y *troj*, se prefiere *boje* y *troje*; *carcaj* es del vocabulario poético-mitológico; *borraj* es hoy *bórax*.»

cansado con nasal alveolar, _concha_ con nasal palatal, _cinco_ con nasal velar; _alza_ con lateral interdental, _alta_ con lateral dental, _alba_ con lateral alveolar, _colcha_ con lateral palatal[3]. Los archifonemas _N_ (= m/n/ṇ) y _L_ (= l/ḷ) son lo único que tiene valor fonológico en esta posición, y no son pertinentes las distinciones de localización, que varían según la localización de la consonante siguiente: en la palabra _concha_, por ejemplo, no se trata del fonema nasal palatal /ṇ/, sino del fonema nasal en absoluto o archifonema _N_. La transcripción fonológica de los ejemplos citados sería: /káNbio/, _koNfú-so_/, /koNθiéRto/, /sáNto/, /kaNsádo/, /kóNĉa/, /θíNko/, /áLθa/, /áLta/, /áLba/, /kóLĉa/[4].

Ante pausa, esto es, en fin de frase, existe, naturalmente, el mismo tipo de neutralización de distensión silábica: ni /m/, ni /ṇ/, ni /ḷ/ son posibles en esta posición; pero aquí el representante fonético de la neutralización no varía, sino que son siempre el fonema /n/[5] y el fonema /l/: _álbum, máximum_, pronunciados [álbṵn] [mágsimṵn]; y la pronunciación castellana de voces catalanas, por ejemplo: _Sabadell_ [saβaðél])[6].

---

[3] En muchas regiones el fonema /ḷ/ se ha desfonologizado, por confundirse su realización fonética con la de /y/, cf. § 163.

[4] Sigo a TRUBETZKOY, _Das morphonologische System der russischen Sprache_, en _TCLP_, 5, 2, y a A. MARTINET, _La phonologie du mot en danois_, en _Bulletin Soc. Ling. Paris_, 38, p. 169 sigs., en la transcripción de los archifonemas resultantes de la neutralización, por medio de letras mayúsculas.

[5] Dialectalmente, por ejemplo en Asturias (tanto en el dialecto autóctono como en el español allí hablado), /N/ en posición final ante pausa y aun dentro del decurso se realiza [ŋ].

[6] Véase el efecto de la neutralización de l/ḷ y n/ṇ en posición final comparando _doncella-doncel, desdeñar-desdén, doña-don, ella-él_, etcétera, señalados por A. ALONSO, art. cit. p. 96-97. La neutralización ocasional de la oposición b/m presenta como realización fonética el uno y el otro fonema más o menos relajados. Ocurre en voces cultas con el grupo _bm_: la articulación bilabial común de /b/ y /m/ ayuda a la asi-

117. La oposición privativa bilateral entre los dos fonemas intermitentes o vibrantes *r/r̄* tiene sólo pertinencia fonológica en posición intervocálica: *pera/perra, coro/corro, para/parra, cero/cerro, quería/querría, vario/barrio, volver hojas/volver rojas*, etc. En todas las demás posiciones el número de las vibraciones (vibración simple/vibración múltiple) no es relevante, es indiferente para la distinción de significaciones. El representante fonético del archifonema *R*, en estos casos, es ora [*r*] (o su variante fricativa [ɹ]), ora [*r̄*], según normas precisas (*Pron.* §§ 112-116)[7].

La oposición lateral/intermitente de los archifonemas *L/R* muestra su carácter privativo y bilateral en la lengua vulgar o dialectal, que la suprime a veces. Hay hablas que tienden a la confusión de las líquidas, sobre todo en la distensión silábica: [árma] (con una [*l̄*] más o menos vibrante o lateral) es la realización fonética del archifonema resultante al neutralizarse la oposición *arma/alma*[8].

118. El contraste *vocal/consonante* sólo se neutraliza, como ya hemos indicado (§ 98), en el caso de la vocal /*i*/ y la consonante /*y*/. Sólo es válida la distinción en posición intervocálica: *raía/raya*, y entre consonante y vocal nuclear: *desie[rto/deshie[lo*. En todos los demás casos las variantes de /*i*/ y /*y*/ se complementan: ninguna variante aparece en

---

milación regresiva de la nasalidad. El hecho es que en esta posición los dos fonemas /*b*/ y /*m*/ no sirven para la distinción de las significaciones: *submarino* (cfr. *Pron.* § 80).

[7] Si en su función distintiva .*r/r̄* sólo es pertinente entre vocales, en la función demarcativa la aparición de [*r*] o [*r̄*] como realización del archifonema *R* puede indicar la separación de las palabras. Véase adelante, § 138.

[8] Cfr. A. ALONSO y R. LIDA, *Geografía fonética*: «-*l*» y «-*r*» *implosivas en español*, en *RFH*, 7 (1945), p. 313-345, y también en A. ALONSO, *Estudios lingüísticos (Temas Hispanoamericanos)*, Gredos, 1953.

la misma posición que las demás: [ýélo], [sáya], [θjélo], [r̄éi̯], [r̄éyes], [r̄aíθ], [r̄ai̯gón].

119. Las restantes neutralizaciones pertenecen todas al tipo de correlación *sorda/sonora*, y, por tanto, conjuntamente, al de *plosión/fricción*. El hecho es que en la distensión silábica ni la sonoridad ni la fricción son características pertinentes: carece de valor fonológico en esta posición la distinción entre *p/b, t/d, k/g* (y en el habla vulgar, *θ/d*). Pero aquí la realización fonética de los archifonemas B, D, G no depende de su contexto fónico, sino de preferencias individuales o sociales. El contexto fónico no condiciona el carácter sordo o sonoro, oclusivo o fricativo del archifonema. Lo más frecuente, empero, es que el representante fonético de estos tres archifonemas sea una variedad sonora 'fortis' o una 'lenis' ensordecida, con fricación: *cápsula* [kaḇsula] /káBsula/; *eclipse* [eklíḇse] /eklíBse/; *obtener* [o̞ḇtene̞r] /oBtenéR/; *inepcia* [ine̞ḇθja] /inéBθia/; *apto* [áḇto] /áBto/; *ábside* [áḇsiđe] /áBside/; *atlas* [áđlas] /áDlas/; *ritmo* [r̄íđmo] /RíDmo/; *étnico* [é̞đniko] /éDniko/; *atmósfera* [ađmó̞sfera] /aDmósfera/; *adjetivo* [ađxe̞tíḇo] /aDxetibo/; *admirable* [ađmiráḇle] /aDmiráble/; *adquirir* [ađkirír̞] /aDkiríR/; *actor* [agtó̞r] /aGtóR/; *acción* [agθjó̞n] /aGθióN/; *examen* [e̞gsámen] /eGsámeN/; *signo* [sí̞gno] /síGno/.

Algunas veces, por pronunciación lenta o enfática, el representante del archifonema es la realización sorda oclusiva: *cápsula, apto, atlas, atmósfera, acción, optener, ápside, atquirir, atjetivo, eksamen, sikno (Pron.* §§ 79, 80, 81, 82, 83, 84, 98, 100, 126).

La neutralización de la oposición *θ/d*, señalada en el habla vulgar, tiene los mismos caracteres que las anteriores, salvo que el representante fonético del archifonema es el fonema fricativo sordo: [áθlas] por *atlas, azjetivo, libertaz, virtuz.*

Hay algunos casos en la lengua vulgar en que el representante fonético del fonema es cero. En la lengua corriente, este fenómeno de «latencia» sucede con el fonema /d/ en la terminación -*ado* de los participios y en algunas palabras oxítonas con -*d* final: *terminao, usté.* En cuanto cambian estas condiciones por el contexto fónico, la /d/ «latente» reaparece: *terminada, ustedes* [9]. En la lengua culta y escrita este fenómeno de latencia se produce sólo en las combinaciones del imperativo plural con el pronombre *os*: *contemplad*, pero *contemplaos.*

---

[9] La lengua vulgar aún va más lejos: no sólo el cero fónico representa a /d/, sino a /r/: *miá* 'mira', *hubiá* 'hubiera', etc. Sobre el fenómeno de «latencia» que ocurre bajo ciertas «dominancias», véase L. HJELMSLEV, *Omkring Sprogteoriens grundlaeggelse*, Copenhague, 1943 (= Prolegómenos de la teoría lingüística), p. 83, y también S. MARINER, «*Latencia*» y *neutralización, conceptos precisables*, en *Archivum*, Oviedo, 8 (1958), p. 15-32.

V

COMBINACIÓN DE FONEMAS

120. Los fonemas vocálicos aparecen en cualquier lugar de la palabra. Iniciales: *ara, era, ira, hora, hura; bala, vela, vilo, bolo, bula; carta, verde, pintor, conde, busto.* Internos: *alano, madeja, ceniza, redondo, apuro.* Finales: *alba, cantal, albalá, noble, cárcel, café, alhelí, perdiz, algodón, mano, cantó, avestruz.* La única limitación es la ya apuntada (§ 95) de la rara aparición de /i/, /u/ átonos en posición final (*crisis, álbum,* etc.).

Las combinaciones de vocales que forman una sola sílaba han sido también ya estudiadas (§§ 96-100). Las combinaciones de vocales repartidas entre varias sílabas son numerosas y no sujetas a reglas determinadas: *reo, ría, reía, roíais,* etc.[1].

Las vocales son los únicos fonemas que, por sí solos cada uno, pueden formar palabra: *ha* (del verbo *haber*), *he* (de *haber*), *y, o, u* (conjunciones). También ellos solos, sin combinarse con consonantes, forman palabras: *ay, hoy, ahí.*

---

[1] Véase S. SAPORTA y R. COHEN, *The distribution and relative frequency of Spanish Diphthongs,* en *Rom. Phil.,* 11 (1958), 371-377, y J. D. BOWEN, *Sequences of vowels in Spanish,* en *Bol. Fil.* Chile, 9 (1956-1957), 5-14.

121. La aparición de los fonemas consonánticos está mucho más condicionada que la de las vocales [2]. Además, ningún fonema consonántico puede formar por sí solo palabra, ni varios solos, sin combinarse con vocal. Conviene que distingamos varias posiciones: en principio de palabra, en final de palabra, en interior de palabra (ya en final de sílaba, ya en principio de sílaba) [3].

Todas las consonantes pueden comenzar una palabra, salvo /r/, que no aparece jamás, por ser [r̄] el representante de la neutralización de la oposición r/r̄ en esta posición. Ejemplos: *pino, fino, vino; tino, cima, dama; chino, yeso, seso; queso, jarra, garra; moño, niño, ñoño; lino, llano, rana.* Hay que apuntar la escasez de /ɲ/ en esta posición, y la inexistencia de /y/ y de /l̦/ ante vocal /i/ en posición inicial [4].

En final de palabra el número de fonemas consonánticos que aparecen és escaso, como consecuencia de la restricción de distinciones fonológicas en distensión silábica. Sólo se encuentran en esta posición:

/d/ (realizado a veces como cero fónico); /θ/ (que en la lengua vulgar de algunas regiones se neutraliza con el fonema anterior); /s/; /L/; /R/ (realizado como [r̄] o [r] y a veces como fricativa, y confundido en algunas hablas con [l]); /N/ (realizado siempre como [n] alveolar; o en algu-

---

[2] Sobre la constitución de la sílaba y los grupos de consonantes, véase: B. MALMBERG, *Notes sur les groupes de consonnes en espagnol,* en *Zeitschrift f. Phonetik,* 1948, p. 239-253, y *La structure syllabique de l'espagnol,* en *Boletim de Filologia,* 9 (1949), p. 99-120. Además consúltese: S. SAPORTA, *Frequency of Consonant Clusters,* en *Language,* 31 (1955), 25-30.

[3] Lo mismo resultaría utilizando como referencia la «frase», ya que la palabra es el elemento mínimo significativo que puede constituir frase por sí solo.

[4] /l̦/ sólo aparece en interior de palabra y /y/ sólo en derivaciones: *allí, bullía, mayico.* Cfr. § 123.

nas comarcas con cierta velaridad). Raramente se encuentra también /x/, y en voces extranjeras /k/ (que en la lengua del pueblo desaparece en la realización fonética). Ejemplos: *abad, red, virtud; caz, almirez, actriz, hoz, avestruz; cortés, armas; cárcel, mármol, sol; correr; álbum, pan; boj, reloj, herraj; frac, coñac, bivac* [5].

122. En esta posición final de palabra el español excluye totalmente las combinaciones de dos o más fonemas consonánticos. En posición inicial, por el contrario, el español admite algunos grupos de dos fonemas consonánticos: /pr/, /br/, /fr/; /tr/, /dr/; /kr/, /gr/; /pl/, /bl/, /fl/, /kl/, /gl/. Las características de estos grupos son: 1.º, exclusión de nasales, palatales y fricativas, salvo /f/; 2.º, presencia necesaria de un fonema líquido /l/, /r/ en el segundo puesto de la combinación; 3.º, combinación exclusiva de /t/ y /d/ con /r/ y nunca con /l/ (salvo en voces prestadas: *tlaxcalteca*, donde /tl/ no hace más que representar una oclusión lateral del náhuatl). La ausencia de combinaciones /θ/ + líquida, /x/ + líquida se explica diacrónicamente, dado el carácter sibilante de los dos fonemas y el carácter africado del primero en la lengua antigua (ort. antigua ç, z). Ocurre con estos fonemas, por tanto, lo mismo que con /s/, excluido también de toda combinación inicial: el español no la admite, y o desarrolla un elemento vocálico de apoyo (*esquí*), o el otro

---

[5] La vigencia de sólo estos fonemas en fin de palabra es naturalmente resultado de neutralizaciones. En la lengua de hoy estas neutralizaciones son «insolubles»; no así en la lengua antigua (*qued* en apócope, pero *que te* en otras posiciones). Prueba de que la aparición de sólo estos fonemas es resultado de neutralización de correlaciones, es la adaptación a la lengua corriente de palabras extranjeras: *vermut* es pronunciado con [đ] final fricativa o sin fonema final, y suele hacer en plural *vermús; acimut*, hace en plural *acimudes* (junto a *acimutes*); *picú* (pick-up), plural *picúes*.

elemento de la combinación desaparece (*psicología*)[6]. El carácter africado de /ĉ/ y /y/ impide igualmente la formación de combinaciones en que se encuentren esos dos fonemas. Ejemplos de los grupos iniciales: *prado, braza, fruto, traza, drama, credo, greda; plato, blando, flor, clavo, gloria.*

123. En posición interna de palabra, las posibilidades de combinación son mayores. En principio de sílaba interna, todos los fonemas consonánticos son posibles, como en inicial de palabra, e incluso aparecen aquí las distinciones que se neutralizan en otras posiciones: *r/r̄* son fonemas distintos por la diferenciación de sentido que originan en posición inicial de sílaba tras vocal: *caro/carro, vara/barra, hiero/hierro,* etc. Incluso aparecen aquí los fonemas /y/ y /ḷ/ ante vocal /i/, que nunca se presentan en inicial de palabra: *bullicio, rayito* (bien es verdad que /y/ + /i/ sólo se da en la frontera entre semantema y derivativo).

Es, pues, esta posición la de mayor rendimiento de las oposiciones distintivas, sobre todo tras sílaba que acabe por vocal.

En posición final de sílaba, el número de fonemas que aparecen es menor, a causa de hallarse en la distensión silábica: los archifonemas *B* (= p/b), *D* (= t/d), *G* (= K/g), *N* (= m/n/ṇ), *L* (= 1/ḷ), *R* (= r/r̄), y los fonemas /θ/ (neutralizado con el archifonema *D* en la lengua vulgar), y /s/[7]. Pero este número de fonemas es superior al de los que aparecen en la posición final absoluta.

---

[6] El grupo *ks-* (ort. *x-*) aparece en voces cultas: *xilófono, xilografía, xenofobia;* en la pronunciación corriente desaparece el primer fonema de la combinación.

[7] Escasos ejemplos de /f/: *afgano, difteria, caftán, rododafne, naftalina.* También algún préstamo ofrece /x/ como final de sílaba: *majzén.*

124. Estos fonemas finales de sílaba interna forman combinaciones disilábicas con los fonemas consonánticos con que comienza la sílaba siguiente. Aunque en esta posición son teóricamente posibles todos los fonemas consonánticos, salvo /r/, existen menos combinaciones reales que teóricas [8]. (Ver cuadro de la página siguiente.)

Ejemplos: (*obvio*), *apto, obtener, abdicar, abcisa, inepcia, subyugar, abyecto, ábside, cápsula, subconsciente (subgobernador), objeto, submarino, abnegación, subrayar; advertir, fútbol, adyacente, adquirir, (cepadgo), (marzadga), adjetivo, atmósfera, admirar, étnico, atlas, adláteres; acto, amígdala, acción, acceso, sexo, dogma, bracman, signo, técnico; campo, cambio, confuso, canto, conde, onza, concha, cónyuge, cansar, ronco, manga, ángel, inmóvil, perenne, connivencia, enlace, desenlodar, conllevar, honra; golpe, calvo, solfa, salto, saldo, alzar, colcha, pulso, calco, galgo, aljibe, alma, alnado, alnafe, malrotar; arpa, hierba, orfebre, corte, cardo, zurcir, marcha, (interyacente), terso, terco, argamasa, marjal, arma, carne, perla; gazpacho, cabizbajo, azteca. lezda, bizco, juzgar, diezmo, jazmín, bizma, rebuzno, (guzla); aspa, resbalar, esfera, estera, desdén, ascenso, deschanzado,*

---

[8] Es difícil delimitar con exactitud los grupos verdaderamente españoles, pues la mayoría de los de este tipo aparecen en cultismos, reducidos algunos a círculos restringidos de hablantes. Además hay palabras —que citamos luego— en que el prefijo se siente como tal, y por tanto no es la palabra, sino el morfema o sementema, la unidad semántica. Por ello, no todos los grupos de estas palabras son auténticamente del sistema español: por ejemplo, el grupo bisílabo [b'l], si fuera muy corriente en palabras cultas, terminaría confundiéndose con el monosílabo y plenamente admitido [bl]; en palabras como *sublunar, sublingual,* se siente fuertemente la composición. La presión de la grafía ejerce también influjo sobre algunos hablantes, y así, palabras como *atlético, atlas* o *Atlántico,* cuyo grupo *tl* es disilábico [d'l], se pronuncian con un grupo [tl] homosilábico; lo autóctono es, sin embargo, la reducción a [l].

	r̄	l̥	l	v	n	m	x	g	k	s	ĉ	θ	d	t	f	b	p
B	Br̄				Bn	Bm	Bx	(Bg)	Bk	Bs	By	Bθ	Bd	Bt		(Bb)	
D			Dl		Dn	Dm	Dx	Dg	Dk		Dy					Db	
G					Gn	Gm				Gs		Gθ	Gd	Gt			
N	Nr̄	Nl̥	Nl		Nn	Nm	Nx	Ng	Nk	Ns	Ny	Nĉ	Nθ	Nd	Nt	Nf	Nb	Np
L	Lr̄				Ln	Lm	Lx	Lg	Lk	Ls		Lĉ	Lθ	Ld	Lt	Lf	Lb	Lp
R			Rl		Rn	Rm	Rx	Rg	Rk	Rs	(Ry)	Rĉ	Rθ	Rd	Rt	Rf	Rb	Rp
θ			θl		θn	θm		θg	θk				θd	θt		θb	θp
s	sr̄		sl		sn	sm	sx	sg	sk		sy	sĉ	sθ	sd	st	sf	sb	sp

deschuponar, deshielo, desyemar, disyunción, asco, rasgo,
*desjarretar, mi*ṣ*mo, asno, muslo, israelita.*

125. Las características de estos grupos bisílabos interriores son:

1.º El primer elemento es uno de los archifonemas *B,*
D, G, N, L, R, o de los fonemas /θ/ y /s/.

2.º El segundo elemento no es nunca ni /ṇ/ ni /r/.

3.º Todos los otros fonemas pueden aparecer como segundo elemento del grupo: *a)* tras el archifonema *N,* todos; *b)* tras el archifonema *R,* todos, salvo /r̄/ (pues *R* + /r̄/ sería interpretado como mera variante de *R*) y /ḷ/; *c)* tras el fonema /s/, todos salvo /s/ y /ḷ/ [9]; *d)* tras el archifonema *L,* todos salvo /y/ (pues la combinación *L* + /y/ podría tal vez ser interpretada como variante del fonema /ḷ/), /l/ y /ḷ/ (ya que estos grupos serían puros fonemas geminados, que repugna el sistema español); *e)* tras el archifonema *B,* sólo /b/, /t/, /d/, /θ/, /s/, /x/, /m/, /n/, y en palabras compuestas con prefijos (*sub-* etc.), /y/, /k/, /g/, /l/, /r̄/, y nunca /p/, /f/, /ĉ/, /ḷ/ [10]; *f)* tras el fonema /θ/, sólo los fonemas /p/, /b/, /t/, /d/, /k/, /g/, /m/, /n/, /l/ (y nunca /f/, /θ/, /ĉ/, /y/, /s/, /x/, /ḷ/, /r̄/); *g)* tras el archifonema *D,* sólo /b/, /y/, /k/, /g/, /x/, /m/, /n/, /l/ [11]; *h)* tras el archifonema *G,* sólo /t/, /d/, /θ/, /s/, /m/, /n/ [12].

4.º En general, estos grupos buscan una mínima diferenciación entre los dos componentes. Por ello, no existen

---

[9] En voces tan especializadas como *lessueste, oessudoeste,* no creemos que exista realmente la geminación de /s/.

[10] La voz *chibcha* está demasiado aislada para considerar [bĉ] como grupo verdaderamente castellano.

[11] Los grupos *Dp, Dθ* aparecen esporádicamente en voces no autóctonas: *pitpit, catzo, quetzal, etcétera* (pron. corriente: *ecétera*).

[12] Algún préstamo nos ofrece grupos *Gb, Gf*: *bricbarca, macferlán,* y entre aficionados a la fotografía y al cine *agfa.*

—o son raros—grupos geminados: el archifonema *B* no aparece ante los fonemas del orden labial /p/, /b/, /f/ (el caso de /Bb/ es raro y realizado frecuentemente como mera variante de /b/, ya [b], ya [ƀ]); el archifonema *D* no aparece ante los fonemas del orden dental /t/, /d/, /θ/; el archifonema *G* no aparece ante los fonemas del orden velar /k/, /g/, /x/; el fonema /s/ aparece sólo raramente ante los fonemas del orden palatal /č/ y /y/, y en realidad sólo en la frontera morfemática; los grupos del archifonema *N* y una nasal /m/ o /n/ son frecuentemente realizados como simples fonemas /m/ o /n/; el archifonema lateral *L* nunca aparece ante los fonemas laterales /l/ y /ļ/, ni el vibrante *R* ante el fonema vibrante /r̄/; el fonema /θ/, como el fonema /s/, nunca aparece ante sí mismo.

5.º La falta del fonema /l/ tras los archifonemas orales no líquidos *B* y *G* y su presencia tras el archifonema *D*, acaso esté en relación con el hecho de que tras los fonemas orales no laterales /p/, /b/, /f/, /k/, /g/ forme grupos tautosilábicos y nunca tras los fonemas /t/, /d/.

126. Junto a estos grupos hay que tener en cuenta los grupos difonemáticos monosílabos. En el interior de palabra se admiten sólo los mismos grupos difonemáticos iniciales citados (§ 122): *lepra, cobre, africano, atraso, adral, lacre, lágrima, copla, cable, chiflar, reclamo, regla.*

El interior de palabra es la única posición en que el español admite grupos de más de dos consonantes; pero en estos casos, los fonemas componentes quedan repartidos entre dos sílabas. Dada la inadmisión de grupos consonánticos en la distensión silábica, se deduce que los grupos internos serán únicamente ternarios, y el primer elemento formará parte de la sílaba primera, y los otros dos, de la segunda. Es cierto que existen combinaciones de cuatro consonantes: *extraño, obstrucción, transplante;* mas la lengua corriente elimina en la distensión silábica uno de los fonemas; *estraño, ostrugción, trasplante.* Sólo en combinaciones en que interviene /s/ pueden presentarse dos fonemas en la distensión: *perspicaz, constante,* etc., pero sólo en el habla cuidada.

Se encontrarán, pues, grupos formados por los fonemas que aparecen en la distensión silábica de interior de palabra y uno de los grupos de dos fonemas en una sola sílaba citados. Pero los grupos existentes son menos numerosos que en teoría: nunca comienzan grupos los archifonemas *B* y *D*: /Npr/: *compra.* /Nbr/: *sombra.* /Nfr/: *infringir.* /Ntr/: *contrario.* /Ndr/: *alondra.* /Nkr/: *incrustar.* /Ngr/: *sangre.* /Npl/: *templo.* /Nbl/: *rambla.* /Nfl/: *conflicto.* /Nkl/: *ancla.* /Ngl/: *inglés.*

/Lpr/: *salpreso.* /Lbr/: *albricias.* /Lfr/: *(Alfredo).* /Ltr/: *faltriquera, altramuz.* /Ldr/: *saldrá.* /Lkr/: *alcrebite.* /Lpl/: *escalplo.*

/Rpr/: *intérprete.* /Rtr/: *pertrechos.* /Rpl/: *perplejo.*

/spr/: *desprender.* /sbr/: *desbrozar.* /sfr/: *disfraz.* /str/: *astro.* /sdr/: *esdrújulo.* /skr/: *escrúpulo.* /sgr/: *esgrimir.* /spl/: *explicar.* /sfl/: *trasflor.* /skl/: *esclusa.* /sgl/: *desglosar.*

/θkl/: *mezclar.*

Así, sólo son posibles grupos de *N, L, R, /θ/, /s/,* más uno de los grupos binarios admitidos en la inicial. Raras veces otra consonante diferente de las citadas aparece en la distensión ante un grupo binario: *actriz,* y las voces sentidas como compuestas: *subprefecto, subclase, perclorato,* etc.[13].

---

[13] Para los grupos de consonantes en español véase S. SAPORTA y D. OLSON, *Classification of Intervocalic Clusters,* en *Language,* 34 (1958), p. 261-266. También S. SAPORTA y H. CONTRERAS, *A Phonological Grammar of Spanish,* Seattle, 1962.

126 (bis). Clasificación distribucional de los fonemas consonánticos.—Las posibilidades de combinación de los fonemas en la secuencia permiten clasificarlos según su *distribución* (cfr. §§ 21, 59). Las siguientes posiciones con respecto a la sílaba y a la pausa han de tenerse en cuenta para clasificar las consonantes españolas: *Inicial* tras pausa, inicial tras vocal o tras consonante, *final* ante consonante, final ante grupo, final ante pausa, 1.º *elemento* de grupo (tautosilábico), 2.º *elemento* de grupo (tautosilábico); esto es, las distintas posiciones de *d* y *l* en los siguientes ejemplos: *dama, lata; cada; conde; golpe; albricias, sed, sol; droga, cuadro; plato, copla.*

Según esto, se puede trazar el siguiente cuadro de la distribución de las consonantes españolas:

INICIALES TRAS VOCAL

	FINALES DE SILABA							NO FINALES	

Estructura de la clasificación (tabla girada):

- **INICIALES TRAS VOCAL**
  - **FINALES DE SILABA**
    - **APARECEN EN GRUPO INICIAL**
      - **INICIALES DE GRUPO**
        - **ANTE /l/**
          - **NO TRAS /B/**
            - **TRAS /θ/** — No tras /D/ · Tras /D/ → **p**
            - **b**
          - **NO TRAS /θ/** — No tras /θ/ · Tras /D/ → **f**
          - **NO TRAS /G/**
            - Tras /D/ · No tras /D/ → **k**
            - **g**
        - **NO ANTE /l/**
          - No final · Final ante pausa → **t**
          - **d**
      - **NO INICIALES DE GRUPO**
        - Inicial tras pausa · No inicial tras pausa → **l**
        - **r**
    - **NO EN GRUPO INICIAL**
      - **r̄**
      - **INICIALES TRAS CONSONANTE**
        - **NO TRAS /D/**
          - No tras /G/ (Tras /s/ · No tras /s/) · Tras /G/ → **s**
          - **θ**
        - **TRAS /D/**
          - No final ante pausa · Final ante pausa → **m**
          - **n**
          - **ñ**
  - **NO FINALES**
    - **INICIALES TRAS /l/**
      - Tras /D/ · No tras /D/ → **x**
      - **c̆**
    - **NO INICIALES TRAS /l/**
      - Tras /B, D/ · No tras /B, D/ → **y**
      - **l**

VI

FRECUENCIA DE LOS FONEMAS

127. La frecuencia con que los sonidos se repiten en la cadena hablada caracteriza, sin duda, fonéticamente una lengua dada. Igualmente, la frecuencia con que los fonemas aparecen en la elocución con valor distintivo contribuye a caracterizar fonológicamente tal lengua, mostrando el rendimiento funcional de cada uno de ellos.

La frecuencia de los fonemas españoles ha sido estudiada ya, primero por Zipf y Rogers, últimamente por T. Navarro [1]. Pero como estos autores parten más bien de una base fonética y no fonológica, y consideran como fonemas independientes los llamados diptongos, hemos creído oportuno hacer una nueva estadística. El recuento se ha verificado sobre el texto de 25 cartas particulares de extensión variable, escritas todas por personas de cultura universitaria, y cuya

---

[1] Véase: G. K. ZIPF y F. M. ROGERS, *Phonemes and Variphones in four present-day Romance Languages and Classical Latin from the viewpoint of dynamic Philology*, en *Archives Néerlandaises de Phonétique Expérimentale*, 15 (1939), p. 111-147; y T. NAVARRO, *Estudios de fonología española*, Syracuse, 1946, p. 15-30 «Escala de frecuencia de los fonemas españoles».

lengua representa un estilo normal de conversación sin afectaciones y casi familiar. A continuación exponemos el resultado de este cálculo, comparando sus cifras con las obteni-
das por Navarro (abreviado N.) y por Zipf y Rogers (abreviado Z.-R.).

128. Las vocales representan un 47.30 % del total de fonemas, y las consonantes, el 52.70 % restante, proporción muy
semejante a las de las demás lenguas romances, sobre todo
el italiano, según los datos de Z.-R.: italiano, 47.00 y 53.00;
portugués, 46.00 y 54.00; francés, 44.00 y 56.00. En la cifra correspondiente a las vocales, la abertura máxima (/a/) ocupa
un 13.70 %; la abertura media (/e/, /o/), un 22.90 %; la
abertura mínima (/i/, /u/), un 10.70 %. El timbre agudo
(/e/, /i/), un 21.20 %; el timbre grave (/o/, /u/), un 12.40 %;
el timbre neutro (/a/), un 13.70 % del total de fonemas.

Los fonemas vocálicos presentan individualmente la siguiente frecuencia:

/a/ ... 13.70 % (cifra análoga a la de N. 13.00 y Z.-R. 14.06 %).
/e/ ... 12.60 % (cifra análoga a la de N. 11.75 y Z.-R. 12.20 %).
/o/ ... 10.30 % (cifra algo superior a N. 8.90 y Z.-R. 9.32 %).
/i/ ... 8.60 % (cifra superior a N. 4.76 y Z.-R. 4.20 %, a causa
de que estos autores no cuentan como fonema /i/ las [j] e
[i̯] de los que consideran diptongos monofonemáticos *ie*,
ai, etc.).
/u/ ... 2.10 % (cifra algo superior a N. 1.92 y Z.-R. 1.76).

129. La cifra de las consonantes (52.70 %) se reparte entre un 12.80 % de fonemas líquidos y un 39.90 % para los demás fonemas consonánticos.

La cifra de fonemas no líquidos se reparte entre un 9.10 %
de fonemas nasales y un 30.80 % de fonemas orales. La cifra

de fonemas orales abarca un 5.70 % de fonemas difusos graves, un 10.55 % de fonemas difusos agudos, un 8.80 % de fonemas densos agudos y un 5.75 % de fonemas densos graves; a los fonemas sordos oclusivos corresponde un 10.90 %, a los sordos fricativos un 11.40 %, a los sonoros un 8.50 %. El fonema más frecuente entre los consonánticos es /s/, que en nuestro recuento ocupa un 8.00 % (N. 8.50, Z.-R. 8.12).

Los fonemas nasales, que en conjunto representan un 9.10 % del total, se reparten así:

/m/ ... 2.50 % (N. 2.40, Z.-R. 2.98).

/n/ ... 2.70 % (N. 2.94, Z.-R. 5.94, por no distinguir los casos de neutralización).

/ɲ/ ... 0.20 % (N. 0.36, Z.-R. 0.36).

/N/ (archifonema; = fonemas nasales en distensión silábica) ... 3.70 %. (N.: la suma de nasales implosivas da 4.69 %).

De los fonemas líquidos, un 5.20 % corresponde a las laterales y un 7.60 % a las vibrantes o intermitentes. La cifra de las laterales comprende: /l/ (+ L) 4.70 %, /ʎ/ 0.50 % (proporciones semejantes a las de N. 5.46 y 0.60 %, y de Z.-R. 5.20 y 0.60 %). La cifra de los fonemas vibrantes (7.60) se reparte entre: /r/ 2.50 %, /r̄/ 0.60 %, /R/ 4.50 % (aquí reunimos todos los casos en que la oposición r/r̄ no es pertinente); las cifras de Z.-R. difieren sensiblemente: 5.90 para /r/ y 1.04 para /r̄/, porque no han distinguido las posiciones de neutralización, mientras las cifras de N. se acercan más a las nuestras: 2.40 para /r/, 0.80 para /r̄/ y 3.51 para /R/.

Los demás fonemas presentan los porcentajes siguientes:

/t/ ... 4.60 % (N. 4.82, Z.-R. 4.46).

/d/ ... 4.00 % (N. 5.00, Z.-R. 5.06), al que hay que añadir un 0.25 % de /D/ (archifonema en la neutralización t/d).

/k/ ... 3.80 % (N. 4.23, Z.-R. 3.84).

/b/ ... 2.50 % (N. 2.54, Z.-R. 3.26), al que hay que añadir un 0.10 % de /B/ (archifonema en la neutralización p/b).

/p/ ... 2.10 % (N. 3.04, Z.-R. 2.92).

/θ/ ... 1.70 % (N. 2.23, Z.-R. 1.74).

/f/ ... 1.00 % (N. 0.72, Z.-R. 0.72).

/g/ ... 1.00 % (N. 1.04, Z.-R. 1.02), al que hay que añadir un 0.25 % de /G/ (archifonema en la neutralización k/g).

/x/ ... 0.70 % (N. 0.51, Z.-R. 0.58).

/y/ ... 0.40 % (N. 0.40, Z.-R. 2.40, seguramente por haber tomado por fonema /y/ las variantes fonéticamente consonantes de /i/).

/ĉ/ ... 0.40 % (N. 0.30, Z.-R. 0.30).

130. Una primera categoría de fonemas con más de 10 % está formada por los tres fonemas vocales más perceptibles /a/, /e/, /o/.

Una segunda categoría, con porcentajes que oscilan entre 6 y 10, está compuesta por la vocal /i/, la consonante /s/, el conjunto de las vibrantes y el conjunto de las nasales.

Una tercera categoría, con porcentajes de 3 a 6, está compuesta por la líquida /l/, el archifonema vibrante R, la pareja /t/ y /d/, el fonema oclusivo /k/ y el archifonema nasal N.

Una cuarta categoría con porcentajes entre 1 y 3, forman los fonemas /n/, /m/, /r/, /b/, /p/, /u/, /θ/, /f/, /g/.

Una quinta y última categoría forman, con porcentajes inferiores a 1, los fonemas /x/, /r̄/, /l̦/, /y/, /ĉ/ y /n̦/ [2].

---

[2] Para los tipos silábicos y los tipos léxicos, véase T. NAVARRO, op. cit., p. 46-60.

VII

LOS PROSODEMAS DEL ESPAÑOL

131. En español no desempeñan la función distintiva exclusivamente los fonemas. Las propiedades prosódicas también cumplen esta función, dando a cada palabra un sello peculiar. La propiedad prosódica relevante del español es el *acento*, que es realizado mediante un refuerzo de la intensidad espiratoria en un solo lugar dentro de la palabra. La existencia de una cima de intensidad, de un acento culminativo, separa los elementos fonemáticos de la palabra en dos grupos: fonemas intensivos, fonemas normales (no intensivos). Este contraste permite distinguir las significaciones de dos complejos fónicos, por lo demás idénticos, según el puesto que ocupe la cima intensiva.

Las partes de los complejos fónicos que reciben el refuerzo intensivo coinciden con los límites fonéticos de la sílaba. La sílaba fonológica en español será definida como el conjunto de fonemas que en un significante es susceptible de recibir un acento, de ser realizado con refuerzo de intensidad espiratoria. En el grupo de fonemas *sano*, hay dos sílabas fonológicas, ya que la cima acentual puede recaer sobre el conjunto *sa* o sobre el conjunto *no*, produciendo dos palabras diferentes: *sáno/sanó*. Lo diferencial es el distinto esquema de los acentos: $\angle\_/\_\angle$ [1].

---

[1] Cfr. L. J. Prieto, *Remarques sur la nature des oppositions distinc-*

132. La sílaba es, pues, el prosodema del español; esto es, la unidad mínima fonemática susceptible de recibir un acento. La parte de la sílaba en que se realiza el acento es el *núcleo* o *soporte silábico*, como ya vimos (§ 52), o parte *central*, que en español es siempre un fonema vocálico; el resto de la sílaba está constituido por *fonemas asilábicos* o parte *marginal*, único puesto en que pueden aparecer en español las consonantes y donde, de las vocales, sólo /i/, /u/ son posibles [2].

Los prosodemas del español se distinguen por medio de la correlación acentual, que separa sílabas intensivas de sílabas no intensivas, o bien *acento positivo/acento negativo*.

En cada palabra no puede haber más de una sílaba culminativa; frente a ésta, todas las demás ofrecen el carácter común de ser no intensivas, no acentuadas, aunque entre ellas, fonéticamente, sean perceptibles diferencias de intensidad. La posición de la sílaba culminativa, ya que posee función distintiva, varía, es libre; pero esta libertad está limitada a las tres últimas sílabas de la palabra. Si ésta está constituida por más de tres sílabas, la sílaba o sílabas anteriores a la antepenúltima son forzosamente no intensivas. La sílaba culminativa puede ocupar, por tanto, una de estas tres posiciones:

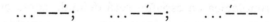

Los casos de palabras con acento en otras sílabas que las indicadas son siempre sintagmas compuestos de dos o más

---

tives basées sur l'accentuation monotonique libre, separata de **Rev. Facultad Fil. y Hum.,** 4 (Córdoba, Argentina, 1952).

[2] En la elocución rápida, mediante la sinalefa, otras vocales pueden reunirse en una sílaba: *¡se pasea tanto!* [paséa] ~ [paseá], *¿cuánto has dicho?* [kwántoazdíčo].

monemas [3]; cada uno de éstos conserva su individualidad y, por ello, su acento propio: *fuérte-ménte, así-mísmo, déja-se-ló, explíca-me-ló.*

133. En las palabras con tres o más sílabas, la correlación acentual distingue, pues, tres tipos de posición de la cima intensiva: *en la última sílaba/en la penúltima/en la antepenúltima.*

Ejemplos de la función distintiva del acento: *cantará/cantára/cántara, contrarió/contrário, sabána/sábana, réprobo/reprobó.*

En las palabras de dos sílabas, la oposición del puesto de la sílaba culminativa se reduce a dos miembros: *en la última sílaba/en la primera sílaba.*

Ejemplos: *cortés/cortes, lavó/lavo, irá/ira,* etc.

En la mayoría de los casos, la distinción se produce entre palabras de diferentes categorías gramaticales.

Pero en las palabras monosílabas no existe, realmente, este contraste entre una sílaba culminativa y las demás no intensivas, sino una sola sílaba susceptible de ser acentuada en un complejo fónico y semántico superior a la palabra simple, esto es, en la frase. Dentro de los monosílabos, pues, la correlación acentual puede distinguir: palabras susceptibles de acento/palabras no susceptibles de acento.

Por ejemplo: *dé/de, sí/si, tú/tu, mí/mi,* que, por otra parte, pertenecen a diferentes clases gramaticales (verbo-preposición, adverbio-conjunción, pronombre personal-posesivo).

Ciertamente, pueden observarse en español diversos grados del acento fonético, los llamados acentos secundarios,

---

3 Para la expresión «monema», véase: H. Frei, *Qu'est-ce qu'un Dictionnaire de phrases?,* en *Cahiers F. Saussure,* 1, p. 51; monema es «tout signe dont le signifiant est indivis, tandis qu'un syntagme est le groupement d'au moins deux monèmes en une unité supérieure».

intermedios entre la ausencia de acento y el acento principal. Pero fonológicamente, sólo tiene pertinencia el contraste
entre sílaba acentuada y sílaba átona, contraste que, establecido en un orden determinado, según hemos visto, puede ser
distintivo de significaciones diferentes. No se da nunca una
distinción que tenga como base la oposición entre dos esquemas acentuales diferenciados sólo por un acento secundario [4]. Otra cosa es que tales acentos puedan tener valor expresivo, que matice en un sentido u otro lo que se dice, en la
fonología del síntoma y de la actuación (*Kundgabe* y *Appell*).
Los elementos concomitantes del acento fonético, intensidad,
duración, altura tonal, pueden servir, sin duda, como elementos funcionales en esos otros aspectos del lenguaje; pero en
el terreno de la fonología de la palabra como símbolo o re-
presentación (*Darstellung*), no hay más rasgo pertinente que
los contrastes establecidos entre sílaba acentuada y sílaba
átona, sea cual fuere el elemento fonético que predomine
en la realización del llamado *acento* (pues no es sólo ni siempre la intensidad la que aparece en primer término).

134.   La curva melódica entre dos pausas o silencios, que
caracteriza los diferentes tipos de frase (§ 69), es sí distintiva
y funcional en la fonología de la frase. Se ha indicado ya el
carácter relativamente «motivado» (§ 70) de la entonación, y
hemos dicho que aquí sólo la trataremos de pasada (§ 90).
Según Navarro (*Manual de entonación española*), el único
elemento constitutivo de las curvas de entonación que está
provisto de valor distintivo es la que llama *inflexión final*,
pues los otros elementos inicial y central varían sin sujetar-
se a un esquema articulado con el plano del contenido de la

---

    4 STOCKWELL, BOWEN y FUENZALIDA, art. cit., p. 656 sigs., postulan,
en cambio, tres «stressphonemes» en español: uno fuerte, otro medio
y otro débil. Aquí no es lugar para discutirlo.

lengua, y a lo más indican «contenidos expresivos» o «sintomáticos». La variabilidad de la inflexión final se conforma
según tres direcciones del tono y según dos amplitudes del
contraste tonal: la dirección del tono puede ser «horizontal» (es decir, el tono persiste a la misma altura), «ascendente» (el tono sube a mayor altura) y «descendente» (el
tono desciende a más gravedad). La amplitud del contraste
entre el tono en que comienza la inflexión y el tono en que
termina, puede ser mayor o menor; esto es, hay dos tipos
de inflexión ascendente y dos de inflexión descendente: las
inflexiones de mayor contraste entre su inicio y su fin aparecen ante pausas terminales, las de menor contraste ante
pausas intermedias. Lo pertinente de estas inflexiones, su
forma, es lo que se llama *tonemas*. Navarro distingue cinco
en español: la *cadencia* y la *semicadencia* (inflexiones descendentes, que indican, generalmente, la afirmación y la terminación de lo expresado), la *anticadencia* y la *semianticaden-
cia* (inflexiones ascendentes, que indican la no conclusión
de lo expresado y la interrogación) y la *suspensión* (el tono
mantenido a la misma altura, que indica una interrupción
simplemente) [5].

Otros autores intentan descomponer los esquemas de entonación en unidades sucesivas, aunque superpuestas a la
secuencia de fonemas (segmentales). Así, Stockwell, Bowen
y Silva-Fuenzalida (art. cit., p. 660) describen la entonación
española por medio de tres «suturas finales» (*terminal junc-
tures*), caracterizadas por la interrupción simple (*level*), por
la subida (*rise*) y por el descenso (*fall*) del tono, y por tres
niveles de la altura tonal: bajo /^{1}/, medio /^{2}/ y alto /^{3}/.

5 Véase nuestras notas *Esquemas fonológicos de la frase*, en *Lengua y enseñanza: perspectivas*, M.° Ed. Nac., Madrid, 1960, p. 47-52, y
Los rasgos prosódicos (en prensa), comunicación al Coloquio sobre estructuralismo del CSIC de octubre de 1964.

VIII

LAS SEÑALES DEMARCATIVAS

135. La función demarcativa de los elementos fónicos consiste en aislar cada unidad semántica en la cadena hablada. Las señales demarcativas del español puéden ser, como en las demás lenguas, *positivas* cuando señalan el límite de una palabra, y *negativas* cuando indican que en tal punto no existe una frontera entre palabras; *fonemáticas* cuando la señal demarcativa es a la vez un elemento con función distintiva, y *afonemáticas* cuando es una variante sin función distintiva lo que señala el límite; *simples* cuando son señales de un solo elemento y *complejas* cuando el límite es indicado por una combinación de elementos.

136. *a)* SEÑALES POSITIVAS.—1) Señales positivas fonemáticas simples no existen en español, ya que ningún fonema aparece exclusivamente en la posición inicial o final de una palabra; pero hay indicadores complejos, formados por la combinación de uno de los fonemas o archifonemas susceptibles de comenzar palabra, pero incapaces de aparecer en grupos interiores a continuación de los fonemas o archifonemas de la distensión silábica. Como se desprende del cuadro del § 124, las combinaciones, que no se producen en interior de palabra, de los archifonemas *D, N, L, R* y de los fonemas /θ/ y /s/ con otros fonemas, demostrarán, cuando surjan en la cadena hablada, que entre sus elementos existe un límite semántico. Bien es verdad que estos grupos suelen reducirse al segundo fonema, y, por tanto, su valor demarcativo es relativo. Son estos grupos:

D'p: *verdad'palmaria;* D'f: *el abad'falleció;* D't: *observad'todo;* D'θ: *virtud'celosa;* D'd: *la maldad'de Juan;* D'ĉ: *la sobriedad'china;* D's: *gastad'sin tasa;* D'l̦: *el talud'llega hasta la cabaña;* D'r̄: *salud'robusta;* N'n̦: *son'ñoños;* L'y: *el'yeso;* L'l: *papel'liso;* L'l̦: *costal'lleno;* R'l̦: *amanecer'lluvioso;* R'r̄: *por'reír;* θ'f: *coz'furiosa;* θ'θ: *diez'cirios;* θ'ĉ: *fugaz'chubasco;* θ'y: *veloz'yegua;* θ's: *la luz'solar;* θ'x: *actriz'genial;* θ'l̦: *la emperatriz'lloró;* θ'r̄: *voz'ronca;* s's: *los'setos;* s'l̦: *campos'llanos.*

137. 2) Señales positivas afonemáticas son las variantes de fonemas, que sólo se realizan en posición inicial o en posición final de palabra, indicando su aparición el límite entre dos significaciones sucesivas de la cadena hablada. Un indicador afonemático simple, en español, es la variante [ŷ] del fonema /y/, que sólo surge en principio de palabra: *yacer, hierro, yodo, yugo* (y cuando lo hace en interior de palabra, es como inicial de un monema: *ad-yacente, con-yugal, desyermar*).

Señales afonemáticas complejas son, por ejemplo, las combinaciones de variantes siguientes: [z'w]: *las'huertas;* [ŋ'w]: *están'huecos;* [i̦'w]: *soy'huérfano;* [o'u̦]: *libro'usado.*

138. *b*) SEÑALES NEGATIVAS.—1) Algunos fonemas españoles funcionan como señales demarcativas negativas a consecuencia de su aparición exclusiva en posiciones interiores

de palabra. Así, la presencia del fonema /r/ y de los archifonemas *B* y *G* indica que con ellos no empieza ni termina
ninguna palabra: *loro, apto, abdicar, acto, magno;* la presencia del fonema /ŋ/ y del fonema /ĉ/ indica que con ellos
no termina una palabra (aunque puede empezar): *moño,
ñandú, chico, hacha;* las combinaciones de dos fonemas consonánticos en una sola sílaba indican que con ellos no acaba
una palabra; las combinaciones de /s/ entre consonantes indican posición interna, *perspicaz;* los grupos de fonemas
/ḷ/ + /i/ y /y/ + /i/ indican que con ellos no comienza una
palabra, pues sólo aparecen en interior de palabra: *allí, mayico.*

2) También pueden funcionar como señales demarcativas negativas algunas variantes de fonemas; por ejemplo: la
variante [j] del fonema /i/, que se presenta sólo en principio
de sílaba, señala que con ella no termina una palabra: *abierto, especie;* la variante [w] del fonema /u/, que surge sólo
en principio de sílaba, indica que con ella no acaba una palabra: *abuelo.*

139. Finalmente, en español, las propiedades prosódicas
tienen valor demarcativo. El acento, por ser culminativo, señala el centro de intensidad de cada palabra, y, por ser libre,
puede indicar el límite de las palabras de manera diversa:
la presencia de un acento indicará que la palabra acaba en
la sílaba en que recae: *canción,* o en la siguiente: *canto,* o
dos sílabas después: *cántaro.*

IX

FONOLOGÍA DIACRÓNICA DEL ESPAÑOL

140. La lengua española se ha ido constituyendo en sucesivas ampliaciones del ámbito geográfico y humano donde se ha hablado. No todos los caracteres que la distinguen proceden del mismo rincón dialectal ni se propagaron en la misma época. Los cambios sistemáticos que hemos de examinar tienen como primera causa este hecho fundamental: la adaptación de la lengua a las posibilidades lingüísticas de grupos alolingües, el compromiso entre los dadores de la lengua y los adoptadores.

El origen del español se encuentra en el latín mejor o peor aprendido por cierta comunidad de hablantes indígenas, los habitantes de un rincón cantábrico en el curso alto del Ebro, alejado de los centros rectores de la romanidad, así como de la capital visigoda: Toledo. Circunstancias políticas—y culturales—de la época de la Reconquista hacen que esta habla agreste se difunda sobre zonas mejor latinizadas, no sin adoptar rasgos de las hablas sobre las que se impone, y en sucesivas etapas va ganando en extensión geográfica y en prestigio social. Cada ampliación no se consigue sino a costa de renunciar a ciertas modalidades. Este

proceso, que se ha llamado de «complejo dialectal» [1], desem
boca en los siglos XVI y XVII a un estado de cosas que, en
esencia, es el de hoy.

No podemos seguir paso a paso este proceso. Nos con-
tentaremos con efectuar varios cortes sincrónicos, y comparando unos y otros, observaremos los cambios producidos,
tratando de buscar sus condiciones y sus consecuencias. Examinaremos, pues, el estado fonemático del latín y de la capa
llamada «latín vulgar» occidental; luego, lo que podemos
llamar «prerromance» o romance más o menos general a la
Península; después, las peculiaridades del primitivo castellano cantábrico, las cuales, proseguidas o refrenadas por la
situación general hispana, llevan al castellano alfonsí y toledano; finalmente, la lucha de las dos normas, castellana-
vieja y toledana, en el siglo XVI, con los cambios que condu-
cen al castellano actual y sus variedades.

Por otra parte, aunque todas las unidades de un sistema
fónico se condicionan y relacionan mutuamente, separare-
mos nuestro examen, para facilitar la exposición, en dos apartados: uno, referente a las vocales, y otro, sobre las consonantes.

141. SISTEMA VOCÁLICO LATINO.—El sistema vocálico del
latín clásico se organizaba por tres rasgos distintivos: 1) la
diferencia de abertura de la cavidad bucal, que oponía vocales más o menos abiertas en tres grados: abertura máxima,
media o mínima; 2) la diferencia de posición de los órganos,
lengua y labios que oponía vocales anteriores o palatales,
acústicamente agudas, a vocales posteriores o velares, acústicamente graves; 3) la diferencia cuantitativa, que oponía

---

[1] V. GARCÍA DE DIEGO, *El castellano como complejo dialectal y sus
dialectos internos*, en RFE, 34 (1950), p. 107-124.

vocales largas a vocales breves; por ejemplo: *mălum/mālum,*
lĕuo/lēuo, lĭber/līber, nŏta/nōta. Se trata de un sistema
triangular, por cuanto en el primer grado de abertura no es
distintiva la oposición grave/aguda. Tendríamos, pues, este
esquema:

$$\begin{array}{cccc} \breve{u} & \breve{\imath} & \bar{u} & \bar{\imath} \\ \breve{o} & \breve{e} & \bar{o} & \bar{e} \\ \breve{a} & & \bar{a} & \end{array}$$

Junto a estos fonemas, aparecían, con cantidad larga, naturalmente, tres diptongos: *ae, oe, au*[2].

En la lengua hablada, punto de partida que nos interesa,
este sistema que presenta el latín escrito se modificó profundamente. La cantidad vocálica se desfonologizó, y en su
lugar casi todos los idiomas romances presentan hoy, ge-

---

[2] No entraremos aquí en la discusión de si se trata de vocales largas anísofonas, o de abertura cambiante, por tanto con valor fonemático unitario, o de simples combinaciones tautosilábicas de dos fonemas breves: véase, en favor del último aserto, S. MARINER BIGORRA, *Va-*
lor fonemático de los diptongos del latín clásico, en *Helmántica,* número 25 (Salamanca, 1957), p. 17-30. Tampoco tocaremos el problema
de decidir si en latín la cantidad vocálica ha de ser considerada como
propiedad distintiva, o si es preferible —para la descripción fonemática y funcional— considerar las vocales largas como combinaciones
tautosilábicas de dos fonemas iguales, es decir, vocales breves geminadas: $\bar{a} = \breve{a} + \breve{a}$. Mayor detalle sobre el sistema latino: W. BRAN-
DENSTEIN, *Kurze Phonologie des Lateinischen,* «Beilage» a F. Altheim,
Geschichte der lat. Sprache, Franckfurt a M., 1951, p. 481-498, aunque
el fundamento teórico del trabajo sea ya algo atrasado. Véase J. Ho-
RECKÝ, *Fonologia Latinčiny,* Bratislava, 1949, con resumen francés, p.
109-120 (para los diptongos, que cree monofonemáticos, p. 116). Además, consúltese H. LÜDTKE, *Die strukturelle Entwicklung des roma-*
nischen Vokalismus, Bonn, 1956, p. 51 y sigs., y H WEINRICH, *Phonolo-*
gische Studien zur romanischen Sprachgeschichte, Münster, 1958, p. 12
y sigs. También A. A. HILL, op. cit., p. 441 sigs., y ahora S. MARINER,
Fonemática latina, apéndice a M. BASSOLS, *Fonética latina,* Madrid, 1962.

neralmente, diferencias cualitativas de timbre. Por otra parte, el acento que, acaso por influjos cultos helénicos[3], parece
estaba caracterizado por el predominio de los elementos tonales sobre los intensivos, y que, en todo caso, carecía de pertinencia significativa[3*], pues su posición en la palabra dependía de la cantidad silábica (condicionada a su vez por la
cantidad vocálica y la combinación de fonemas), adquiere
valor fonológico al perderlo la cantidad; y pasa a primer
término el acento intensivo, que sin duda utilizaba ya la pronunciación popular y que sonaba pesado y agreste a los
oídos refinados de los cultos. Estos dos fenómenos, desfonologización de la cantidad vocálica y fonologización del
acento, atribuidos al predominio rústico y a la propagación
del latín sobre hablantes de otras lenguas[4], son las condiciones que originan los sistemas vocálicos romances.

142. VOCALISMO VULGAR.—La interpretación estructural de
esas modificaciones ya ha sido intentada. Algunos han pro-
puesto lo siguiente[5]. Las diferencias cuantitativas iban
acompañadas en el habla de matices concomitantes de tim-

_____

[3] Véase KENT, *The Sounds of Latin*, Baltimore, 1945, §66 I, y BAS-
SOLS, §71-76.

[3*] MARINER, *Fonem.*, §330, señala, en la frase, las oposiciones acentuales: *fér mé/férme, ádmone bis/admonébis.*

[4] Véase A. MEILLET, *Esquisse d'une histoire de la langue latine*[5],
París, 1948, p. 129, 241; G. DEVOTO, *Storia della Lingua di Roma*, Bo-
logna, 1944, p. 148, 286 y 287; H. LAUSBERG, *Romanische Sprachwissenschaft*, I (1956), p. 95-96.

[5] L'. NOVÁK, *De la phonologie historique romane. La quantité et
l'accent*, en *Charisteria G. Mathesio... oblata*, Praga, 1932, p. 45-47. Alguna de las ideas de Novák es desarrollada brillantemente en A. G. HAU-
DRICOURT-A. G. JUILLAND, *Essai pour une histoire structurale du phonétisme français*, París, 1949. También en LÜDTKE, op. cit., p. 56 y sigs., 122
y sigs.

bre, que señalan algunos gramáticos latinos⁶. Normalmente
las vocales largas eran más cerradas que las correspondientes
breves. De modo que los diez fonemas vocálicos se realiza-
ban como [ū ō ā ē ī] y [ŭ ŏ ă ĕ ĭ]. Junto con esto, los tres
diptongos empezaban a realizarse como monoptongos: *ae*
[ẹ̄], *oe* [ẹ̄] y *au* [ọ̄]⁷. Cuando se generalizó la monoptongación de *ae*, apareció un fonema /ẹ̄/, distinguido del antiguo
/ĕ/ por ser largo, y del antiguo /ē/ por ser más abierto que
este. He aquí que la diferencia de timbre pasa a ser pertinente, y se da el primer paso en la reorganización del siste-
ma⁸, conducente a la eliminación de la cantidad como marca
distintiva.

Este primer paso, en lo que se refiere al latín vulgar de
Occidente⁹, dio el siguiente resultado sistemático:

$$\bar{u} \qquad \bar{\imath} \qquad \ddot{u} \qquad \underline{\imath}$$
$$\bar{\varrho} \qquad \bar{\varrho}$$
$$\bar{\varrho} \, (<ae) \qquad \varrho \qquad \ddot{\varrho}$$
$$\bar{a} \qquad \qquad \ddot{a}$$

---

⁶ Sergio escribe: «Uocales sunt quinque: hae non omnes uarios
habent sonos, sed tantum duae, *e* et *o*», y Servio explica: «*e* quando
producitur uicinum est ad sonum *i* litterae ut *mēta*, quando autem
correptum uicinum est ad sonum diphthongi, ut *ĕquus*» (citado según
A. C. JURET, *Manuel de phonétique latine*, París, 1921, p. 14-15).

⁷ En el siglo III d. C. *ae > ẹ̄* en Pompeya (DEVOTO, op. cit., p. 207-208,
y V. VÄÄNÄNEN, *Le latin des Inscriptions pompéiennes*, Helsinki, 1937).
La monoptongación de *oe > ẹ̄* no perturba el sistema. El diptongo *au*,
aunque ya se monoptonga en *o* en la lengua rústica (cfr. Festo «*orata*...
a colore *auri*, quod rustici *orum* dicebant», cit. en JURET, op. cit. p. 24;
DEVOTO, op. cit., p. 233), dura largo tiempo hasta la época románica.
Cf. las razones de LÜDTKE, op. cit. p. 54 sigs., para la prioridad en la
monoptongación de *ae*. Véase también VÄÄNÄNEN, *Intr. au latin vulgaire*,
Paris, 1963.

⁸ NOVÁK, loc. cit., y luego HAUDRICOURT-JUILLAND, op. cit. p. 23-24, y
LÜDTKE, op. cit., p. 56 y sigs.

⁹ Explicación de HAUDRICOURT-JUILLAND, op. cit. p. 23 y sigs.

Luego, al quedar el nuevo /ẹ̄/ como correlato largo de /ệ/, el antiguo /ẹ̄/ tuvo su contrapartida breve en el fonema más semejante a él en timbre /ị/, que se abrió un grado, y paralelamente el fonema largo /ọ̄/ tuvo su opuesto breve en /ụ̆/, que también se abrió un grado:

$$ \bar{u} \qquad\qquad \bar{\imath} $$
$$ \bar{o}/\breve{u} \qquad\qquad \bar{e}/\breve{\imath} $$
$$ \breve{o} \qquad\qquad \bar{e}/\breve{e} $$
$$ \bar{a}/\breve{a} $$

Cuando se pierde la distinción cuantitativa y confluyen las parejas ā/ă, ẹ̄/ệ, ẹ̄/ị, ọ̄/ụ̆, el sistema vocálico de occidente quedó así:

$$ u \ (< \bar{u}) \qquad\qquad\qquad (\bar{\imath} >) \ i $$
$$ \rho \ (< \bar{o}, \breve{u}) \qquad\qquad\quad (\bar{e}, \breve{\imath} >) \ e̦ $$
$$ \rho \ (< \breve{o}) \qquad\qquad\quad (\breve{e}, ae >) \ e̦ $$
$$ a $$

Sistema donde se distinguen cuatro grados de abertura en lugar de los tres del latín clásico, pero donde la cantidad ya no es pertinente.

La fonologización del acento, esto es, su independencia respecto a la cantidad silábica, fue consecuencia de la pérdida de las diferencias cuantitativas. Lüdtke (op. cit., p. 122 y sigs.) señala bien que cuando la cantidad vocálica ya no sirvió para distinguir entre *pĭlum* y *pīlum*, la pareja *cecĭdi-cecīdi* quedó distinguida exclusivamente por el puesto del acento: *cécidi/cecídi*, con lo cual el acento era libre y, por tanto, fonológico.

Además, con la preminencia del acento, la sílaba tónica quedó realzada frente a las átonas. Estas resultaron todas breves y, en general, debilitadas. Con tal debilitación fue más difícil distinguir cuatro grados de abertura y, en consecuencia, se produjeron confluencias en posición átona, sobre todo entre ǫ/ọ y ę/ẹ. Excepción parcial a tal reducción fueron las vocales finales, que en algún romance han perdurado mejor diferenciadas por causa del valor distintivo anejo a ellas en cuanto constituían signos gramaticales (por ejemplo, distinciones singular/plural mediante *-e/-i*, masculino/neutro mediante *-u/o*, etc.).

Para otros, la atribución de la pérdida de la cantidad vocálica a la monoptongación de *ae* parece desproporcionada, porque el paso *ae* > ę̄ es motivo de poca monta para transformación tan radical. Así, Weinrich [10] ha elaborado una explicación que resulta convincente y que relaciona la cantidad vocálica con la cantidad consonántica. Había en latín cuatro combinaciones posibles de ambas cantidades: vocal breve + consonante breve (*rŏta*), vocal breve + consonante larga (*gŭtta*), vocal larga + consonante breve (*sōlus*), vocal larga + consonante larga (*stēlla*). Desde los tiempos arcaicos del latín hasta los principios románicos, se observa un proceso, lento pero seguro, que consiste en hacer depender uno de los tipos cuantitativos del otro. Se va eliminando la combinación de vocal larga + consonante larga, primero en los casos de oclusivas, más tarde en los de fricativas, finalmente en el latín tardío los de sonantes, lo cual se consigue, o bien reduciendo la cantidad vocálica o bien la consonántica: **mītto* > *mĭtto*, mientras *mīssit* > *mīsit*; *stēlla* > esp. *estrella*,

---

[10] H. WEINRICH, op. cit. págs. 12-42. Ya HAUDRICOURT y JUILLAND, op. cit., p. 34 sigs., señalaron la relación entre la cantidad vocálica y la consonántica, pero no vieron su importancia en la creación del vocalismo vulgar. Véase: L. MICHELENA, *Románico y circunrománico*, en *Archivum* 14 (1964), y C. BLAYLOCK, *The Monophthongization of lat. Æ in Spanish*, en *Rom. Phil.* 18 (1964), p. 16-26.

pero francés *étoile*, que supone **stēla*. En los siglos i y ii, las combinaciones, pues, quedaron reducidas a los tres primeros tipos, de forma que mientras ante consonante simple podían aparecer tanto vocales breves como largas, ante consonantes largas (geminadas) sólo se empleaban vocales breves. En esta segunda etapa del proceso desaparece la combinación de las cantidades breves: si ante consonante larga sólo era permitida vocal breve, ante consonante breve se generalizó la vocal larga. Y así, *gŭla* pasó a *gūla* (con un tipo de *ų* distinguido, por el timbre más abierto, de la antigua /ū/). Quedan, por tanto, sólo las dos combinaciones intermedias: vocal larga + consonante breve (*sōlus*), vocal breve + consonante larga (*bŭcca*). En esta situación, ¿la cantidad vocálica era automáticamente regulada por la consonante (larga o breve) siguiente, o la cantidad consonántica estaba automáticamente determinada por la vocal (larga o breve) precedente? Esto es, puesto que la una dependía de la otra, ¿cuál de las dos cantidades tenía valor fonológico? En los últimos tiempos latinos, cuando la masa popular anega los grupos selectos, triunfan las modalidades socialmente inferiores de habla, y con ello se incrementan fenómenos como el tradicional de la geminación consonántica de tipo expresivo: a *catŭlus* sustituye *catellus*. Y en formas como *bŭcca* frente a *būca*, *cĭppus* frente a *cīpus*, *cŭppa* frente a *cūpa*, etc., la geminación expresiva obligó a reducir a breve la vocal. Puesto que en tales casos lo «significativo» era la geminación, ha de concluirse que de las dos cantidades parece ser la consonántica la que en el latín tardío predominaba, y por ende, la que tenía pertinencia fonológica, de modo que la cantidad vocálica era una simple consecuencia mecánica (como lo sigue siendo en lenguas, tal el italiano, en que la cantidad consonántica o geminación persiste: *fato* con [ā] frente a *fatto* con [ă]).

Con la desfonologización de la cantidad vocálica no desaparecían fonéticamente las vocales largas y las breves, pero tal diferencia dejaba de ser significativa, y el sistema latino quedaba reducido a cinco vocales, realizadas largas o breves, según el contexto consonántico, tal como sucedió, por ejemplo, en sardo, donde cada vocal larga y su correspondiente breve latinas han confluido ($\bar{\imath}, \breve{\imath} > i$; $\bar{e}, \breve{e} > e$, etc.). No obstante la fusión total de largas y breves no se produjo en la mayor parte de la Romania. Al dejar de ser pertinente su cantidad, esto es, cuando cada una de las vocales clásicas presentaba dos variantes:

$$1.\ \bar{u} \begin{Bmatrix} \bar{u} \\ \breve{u} \end{Bmatrix} \qquad 2.\ \breve{u} \begin{Bmatrix} \bar{u} \\ \breve{u} \end{Bmatrix} \qquad 3.\ \bar{o} \begin{Bmatrix} \bar{o} \\ \breve{o} \end{Bmatrix} \qquad 4.\ \breve{o} \begin{Bmatrix} \bar{o} \\ \breve{o} \end{Bmatrix} \text{ etc.,}$$

se produjo una reacción tendente a salvaguardar las distinciones: para evitar que las variantes de 1 y 2, o de 3 y 4, confluyeran, las de 2 y las de 4 se abrieron en [u] y en [ρ], respectivamente, así:

$$1.\ \bar{u} \begin{Bmatrix} \bar{u} \\ \underset{\circ}{u} \end{Bmatrix} \qquad 2.\ \breve{u} \begin{Bmatrix} \bar{u} \\ \underset{\circ}{u} \end{Bmatrix} \qquad 3.\ \bar{o} \begin{Bmatrix} \bar{o} \\ \underset{\circ}{o} \end{Bmatrix} \qquad 4.\ \breve{o} \begin{Bmatrix} \bar{o} \\ \underset{\circ}{o} \end{Bmatrix} \text{ etc.,}$$

Resultado: un sistema con cinco grados de abertura, en el cual el margen de seguridad entre uno y otro grado era escasísimo:

$$\begin{matrix} u & & i \\ u & & i \\ o & & e \\ \rho & & \varphi \\ & a & \end{matrix}$$

De modo que las oposiciones cuantitativas clásicas $\bar{u}/\breve{u}$, $\bar{o}/\breve{o}$, etc., son sustituidas por oposiciones cualitativas, de grado de abertura, $u/\underset{\centerdot}{u}$, o/ϱ, etc. [11]. Pero era difícil el mantenimiento de tantos grados de abertura, y algunos confluyeron: las confluencias más generalizadas fueron las de $u = \varrho$, $\underset{\centerdot}{i} = \underset{\centerdot}{e}$, mediante las cuales se originó el sistema del llamado latín vulgar occidental:

$$
\begin{array}{ccc}
u & & i \\
o & & \underset{\centerdot}{e} \\
\varrho & & \underset{\centerdot}{e} \\
& a &
\end{array}
$$

143. SISTEMA ROMANCE HISPANO.—Este sistema vulgar de vocales se conserva bastante bien en Hispania. Es decir, los siete fonemas se siguen manteniendo diferenciados, de un modo u otro, en los romances peninsulares. En catalán y portugués, los siete persisten con valor diacrítico [12]. Pero en el área actual del castellano, esto es, donde nacieron los dialectos leonés, aragonés, castellano y algunas variedades del mozárabe, se produjo una reducción en el número de

---

[11] Posiblemente la abertura de las breves se extendió por influjo del sustrato osco-umbro, según LAUSBERG, *Rom. Sprachwissenschaft*, I, pág. 96 (§ 156).

[12] Para el sistema catalán, mis notas sobre *El sistema fonemático del catalán*, en *Archivum*, III (1953), p. 135-146, Univ. de Oviedo, y *La constitución del vocalismo catalán*, en *Homenaje a Dámaso Alonso*, I, p. 35-49. Para el portugués, HOLGER STEN, *Les particularités de la langue portugaise*, Copenhague, 1944, y especialmente H. LÜDTKE, op. cit., p. 196 y sigs., y *Fonemática portuguesa: II. Vocalismo*, en *Boletim de Filologia*, 14 (Lisboa, 1953), p. 197-217. No queremos decir que toda /e ϱ/ latina se conserve como cerrada y toda /$\underset{\centerdot}{e}$ ϱ/ como abierta en catalán y portugués, sino que en el sistema actual de estas lenguas persiste la diferenciación entre los dos grados intermedios de abertura. Véase nuestra *Historia y estructura en los sistemas vocálicos hispanos*, en prensa en *Estudis Romànics*.

unidades del sistema, aunque en el decurso hablado persistieron diferentes los siete resultados de las vocales latinas. En lugar de los cuatro grados de abertura, el español sólo distingue tres, como consecuencia de la eliminación de los fonemas /ẹ, ọ/, cuyas realizaciones, por medio de la diptongación, se han igualado con las de las combinaciones /ie, ue/ [13]. Esta diptongación presupone en los hablantes el deseo de no confundir la articulación de /ẹ, ọ/ con la de los fonemas más cercanos /ę, ǫ/, intención distinguidora que ya pudo darse en los últimos tiempos del latín [14]. No puede achacarse simplemente al alargamiento de la vocal tónica, pues entonces todas las vocales tónicas se habrían diptongado. ¿Por qué el alargamiento habría originado sólo la bimatización de /ẹ, ọ/, precisamente la de éstos y no la de otros fonemas? Debemos rechazar, en el caso del español, el alargamiento de la tónica como causa de la diptongación, y buscar su origen en otros motivos [15]. Podemos suponer que

---

[13] Aquí seguimos nuestras *Quelques précisions sur la diphtongaison espagnole*, en *Omagiu lui I. Iordan*, Bucarest, 1958, p. 1-4.

[14] Como piensa WEINRICH, op. cit., pág. 40. Sobre la fecha de la diptongación de /ę ǫ/, véase G. STRAKA, *Observations sur la chronologie et les dates de quelques modifications phonétiques en roman et en français prélittéraire*, en *Revue des langues romanes*, 71 (1953), p. 247-307, esp. págs. 268-269: «La diphtongaison de ò a pu se produire... vers le début du IVᵉ siècle, tandis que celle de è doit remonter encore plus haut dans le passé, sans doute jusqu'au milieu du IIIᵉ siècle.»

[15] Son conocidas las opiniones de F. SCHÜRR (últimamente, véase: *La diphtongaison romane*, en *Revue de Ling. rom.*, 20, 1956, págs. 107-144 y 161-245, especialmente, para el español, 201-215). Estamos de acuerdo en separar tajantemente la diptongación de /ę ǫ/ y la de las otras vocales en sílaba libre, como en francés. En cambio, disentimos cuando afirma que el diptongo de /ę ǫ/ procede originariamente de la inflexión por vocal final o yod. Que en algunos casos sea así, no autoriza a extenderlo a los demás; por lo menos en español, donde precisamente no hay diptongo ante yod, no podemos aceptar tal idea. Pues es muy probable que ya existiera tempranamente en la Romania

en las regiones donde más tarde se desarrollarían los dialectos con diptongación, se hablaban lenguas cuyo sistema vocálico—como el vasco actual—distinguía tres solos grados de abertura e ignoraba la cantidad vocálica. En los primeros contactos con el antiguo sistema latino cuantitativo, los indígenas identificarían sin más las largas y las breves correspondientes (como ocurre en los vocablos latinos que penetraron en vascuence)[16]. Cuando en el latín hablado se generaliza el sistema cualitativo con sus cuatro grados de abertura, los indígenas tenderían a igualar los dos grados intermedios latinos con el único suyo; pero tras siglos de romanización constante y más o menos eficiente, llegarían a advertir la distinción entre ϱ/ϱ y ϱ/ϱ, aunque sin conseguir su reproducción exacta. Estos hablantes bilingües, que trataban de dominar el sistema latino y reproducir lo que era distintivo, se esforzarían por articular con especial cuidado las dos parejas de fonemas. Tal esfuerzo consciente prestaría énfasis a la articulación de /ϱ, ϱ/: los órganos adoptarían la posición de las únicas vocales indígenas /e, o/, y en seguida,

---

la realización diptongada de /ϱ ϱ/, por lo menos, al principio, como piensa WEINRICH, op. cit. pág. 40, en los casos de alargamiento (esto es, ante consonante simple), y luego en toda posición. En español nos parece que la nivelación de todas las vocales en cuanto a su cantidad fue muy temprana, y por tanto la diptongación aparecería originariamente en los dos tipos de sílaba, libre y trabada. Consúltese D. ALONSO, *Diptongación castellana y diptongación románica*, págs. 23-45, del Supl. a la *ELH*, I, Madrid, 1962. Finalmente, A. M. BADIA, *Nuevas precisiones sobre la diptongación española*, en *RLiR* 26 (1962), p. 1-12.

16   Claro que no son idénticas las circunstancias de penetración del latín sobre los antecesores de los que hoy hablan vasco y sobre los indígenas cuyos descendientes originaron el castellano. La primitiva penetración latina sobre el vasco, interrumpida pronto, presenta un estado arcaico en que /$\check{\imath}$/ y /$\bar{e}$/ eran aún diferentes. Cf. J. CARO BAROJA, *Materiales para una hist. de la lengua vasca*, Salamanca, 1946, p. 39 y siguientes, y L. MICHELENA, *Fonética histórica vasca*, San Sebastián, 1961, p. 51.

procurando conseguir la distinción respecto a /ẹ, ọ/ se corregiría su posición, con lo cual la vocal resultaría de abertura variable en el curso de su emisión. Hemos indicado que posiblemente el modelo latino conocía ya estas variaciones de abertura, pero acaso sólo en sílaba libre, de modo que los indígenas oirían alternar realizaciones de /ẹ, ọ/ con y sin bimatización. Quizá en la futura extensión del castellano los indígenas imitaron una realización diptongada preexistente, pero el hecho de proseguir ese camino de la diptongación y no otro se debe a motivos particulares hispánicos y no a los generales a todas las variedades del latín vulgar. Esta imitación imperfecta de /ẹ, ọ/ sería en principio imperceptible como escisión fonética de la vocal para los hablantes aprendices del latín, y por ello, sería fluctuante y variable en su realización. Generaciones después, cuando la fragmentación política occidental impidió la llegada del influjo nivelador de los colonos latinos, la bimatización enfática incipiente de /ẹ, ọ/ siguió libremente su camino: la diversificación cada vez mayor entre los extremos de la vocal y la estabilización del timbre de cada uno de ellos. El castellano, entre los romances vecinos, fue, como en otros casos, el primero que consolidó el diptongo, identificando sus elementos con las otras vocales /i, u, e/ y consumando así el proceso de desfonematización de /ẹ, ọ/.

144. Se ha discutido largamente el proceso fonético que lleva de /ẹ, ọ/ hasta /ie, ue/. Menéndez Pidal resume el estado de la cuestión [17], y en contra de quienes consideran que desde el principio era acentuado el primer elemento (*i, u*) de los diptongos, piensa que tales diptongos son por natu-

[17] R. MENÉNDEZ PIDAL, *Orígenes del español*[3], Madrid, 1950, p. 110 y sigs. (§§ 22 y sigs.).

raleza crecientes, con el acento, pues, en la vocal más abierta
e. Frente a las progresiones *óǫ>úo>úe>wé* y *éę>íe>jé*,
Menéndez Pidal postula estas otras: *ǫǫ́>wó>wá>wé* y
ęę́>jé>já, aunque admite vacilaciones acentuales en el momento más antiguo (pág. 124). Rechaza la acentuación decreciente, «porque ese elemento cerrado no debe ser el principal
representante y continuador natural de la vocal abierta ori-
ginaria» (pág. 111). No parece convincente esta razón; por
un lado, se dan casos de vocales cerradas procedentes de
abiertas y, por tanto, sus «continuadores naturales» (como
en catalán /ę/ proveniente de /ĕ/ latina); por otro lado, si
los dos elementos del diptongo proceden de la misma vocal,
no se ve por qué el considerado acentuado ha de ser más
continuador natural de la vocal que el considerado átono. Es
cierto que «la propensión fisiológica tiende a acentuar el
elemento más abierto», pero en los casos alegados de cambio de acento, como *fué, bául, réina*, etc., se trata de hiatos
de vocales resueltos en diptongo por la rapidez de la elocución, mientras que la diptongación de /ę, ǫ/ es otra cosa:
un elemento acentuado, que se escinde en cuanto a su abertura. Por otra parte, si el segundo elemento es el continuador natural de la vocal, ¿por qué presenta entonces «esencial
relajación» y «cambio de timbre» (pág. 126) como reflejan
las variables grafías primitivas?

Creemos que la realidad se encuentra en otras afirmacio-
nes de Menéndez Pidal: 1) el diptongo procede «de exageración articulatoria y no a pereza de los órganos» (pág. 124,
nota 2); 2) «conviene hablar de abertura o timbre más que
de acento, porque es impropio decir que tal o cual elemento
de un diptongo lleva exclusivamente el acento» (pág. 126),
con lo cual huelga la batallona cuestión acentual; 3) «la in-
consciencia del diptongo, que sabemos se da tanto en el que

habla como en el que escribe» (pág. 131), y 4) «hay que aceptar y comprender una esencial interna variabilidad articulatoria del fonema en su época primitiva». Ya hemos aludido a los puntos 1 y 3). Conforme a los puntos 2) y 4), las zonas más arcaizantes del dialecto asturiano nos conservan hoy el estado primitivo de la diptongación: [*pwórta*], [*pwörta*], [*pwérta*], [*púorta*], [*púörta*], [*púerta*], etc., son variantes que conviven y que el dialectólogo foráneo reconoce ya como diptongos, ya como vocales en hiato, vacilando a menudo sobre dónde situar el acento [18]. Con ayuda de aparatos, como el espectrógrafo, se puede ver que la diferencia entre esas variantes no es la distribución de la intensidad espiratoria, sino la duración relativa del timbre propio de cada elemento. Pues bien, esta fluctuación del diptongo, reflejada en la dificultad del dialectólogo para transcribir exactamente sus elementos, caracterizaría también el estado primitivo del castellano. De ahí las grafías inhábiles e imperfectas como *timpo*, *cilo*, *pusto*, *pudet* [19], o las aparentemente latinas como *celo*,

---

[18] Cf., por ejemplo, L. Rodríguez-Castellano, *Aspectos del bable occidental*, Oviedo, 1954, pp. 69 y sigs. Véanse en P. Menzerath, *Der Diphthong*, Bonn-Berlín, 1941, pp. 38-39, casos análogos en que las condiciones del sistema propio del investigador obligan a éste a interpretar como hiato lo que los indígenas consideran diptongo.

[19] Ante estas grafías se piensa en que *i*, *u* llevarían el acento (insistimos en que es indiferente: la intensidad de la sílaba abarca las dos vocales); Menéndez Pidal (pág. 46-47), aludiendo a ellas, señala que la impericia de los escribas al transcribir el diptongo les hacía fijarse sobre todo en «el elemento diferencial y más enérgicamente articulado *u*» o *i*. De acuerdo, si la energía se refiere a la duración. Hace poco para apoyar esta mayor atención hacia el primer elemento del diptongo al transcribirlo, aunque no esté «acentuado», y argumentar en contra de una primitiva acentuación decreciente, G. Salvador, *La diptongación de «ŏ ě» latinas y las cartas de un semianalfabeto*, en RFE, 41 (1957), p. 418-425, aporta las grafías de un semianalfabeto andaluz, que escribe los diptongos sólo con su elemento primero «átono»: *cuva*, *bine*, *cuta*, *pidra* por *cueva*, *vienes*, *cuesta*, *piedra*. Pero

corpo, etc., y la variabilidad entre *o, e, a* para el segundo
elemento [20].

Este estado primitivo (es decir [iə] más o menos variable) explicaría varios fenómenos. Uno es la «reducción» del
diptongo en la terminación *-iello* (y otros casos semejantes)
a *-illo* [21], consumada tempranamente en castellano (ya en
textos del s. x) [22]. Si el estado precedente hubiera sido *-iéllo*,
con /e/ claramente diferenciada y tónica, sería sorprendente
la pérdida de una vocal acentuada [23], mientras que partiendo
de [iə], la reducción es bien comprensible [24], pues el segundo
elemento, de timbre variable, habría sido asimilado por el

---

los escribas medievales *no* eran analfabetos. Y el que el moderno se
fije en *u*, etc., es igual que las faltas de niños que, incluso copiando,
olvidan la segunda vocal de un diptongo o la consonante final de una
sílaba, porque escriben sin *ver* lo que escriben: *cato* por *canto*, *quin*
por *quien*, *coto* por *corto*, etc. Son meros olvidos y torpezas y no
indican nada respecto al diptongo antiguo.

[20] CH. E. KANY, *Rounded Vowel e in the Spanish Diphthong «ue»*,
en *Univ. of California Publ. in Mod. Philology*, 21, p. 257-276, en vista
de ello, propone un grado [wö] intermedio entre [wo] y [we]; y como
en un mismo documento hay alternancia gráfica (*uo, ue, ua*), piensa
que el segundo elemento sería una vocal mixta, indefinida, sin grafía
tradicional, y postula el sonido [ö].

[21] También se reduce *ue* a *e* en vecindad con sonido labial (*frente,
fleco, culebra*); pero los dos fenómenos no son parejos: en el caso de
ue, la vocal más abierta permanece, y es una simple disimilación de
lo labial, mientras que en *ie* es la vocal más cerrada la que se conserva. Lo paralelo a *ue > e* serían los casos como *mugier > muger*.

[22] Cf. *Orígenes*, pág. 152 (§ 27).

[23] En este sentido decíamos en ediciones precedentes de este libro,
p. 187 de la 2.ª, que la vocal tónica es «más resistente a modificaciones», aserto mal interpretado, al sacarlo de su contexto, por D. CATA-
LÁN y A. GALMÉS, *La diptongación en leonés*, en *Archivum*, 4 (1954), páginas 145-147.

[24] Así opina también A. MARTINET, reseña de *Orígenes³*, en *Word*, 8
(1952), p. 183-184, donde se completan los argumentos que empleamos
ya en *Esbozo de una fonología diacrónica del español*, en *Estud. de-
dic. a Mz. Pidal*, 2, 1951, p. 9-39.

carácter palatal de su contexto. Otro caso sería la atracción
hacia /ue/ de otros diptongos de procedencia diversa: *agoɩ-
ro* > *agüero, Zalduondo* > *Zalduendo, fóe* > *fué;* esta atracción no sería fácilmente explicable si /ǫ/, en su camino hacia /ue/, no hubiera tenido variantes como [*ói, óe, ui*] etc.

145. Fonológicamente, pues, los fonemas /ę, ǫ/, aunque
realizados ya como diptongos, funcionaron aún largo tiempo
como unidades fonemáticas. Sólo cuando sobre todas las variantes de realización—condicionadas unas por el entorno
fónico, otras por el tempo elocutivo, otras por el medio social—se comienza a fijar como norma una sola, y se identifican los dos elementos del diptongo con otros fonemas, entonces el sistema pierde los fonemas /ę, ǫ/, aunque sus **realizaciones** siguen manteniéndose diferentes en el decurso hablado: lat. vul. *ǫssu* (< *ŭrsu*) y *ǫssu* persisten distintos como
osso/uesso. La estabilización de los elementos del diptongo
se obtiene generalizando una de sus variantes, apoyada sin
duda, como señala Menéndez Pidal (*Orígenes*, pág. 122), por
«un decidido cultivo literario de la lengua». En Castilla, iden-
tificados sus elementos con otros fonemas /i, e, u/, los diptongos /ie, ue/ dejaron de ser unidades fonemáticas independientes y quedaron como realizaciones de la combinación
de dos fonemas sucesivos: /i/ + /e/ y /u/ + /e/. Con lo cual
quedó establecido el actual sistema castellano:

$$u \qquad\qquad i$$
$$o \qquad\qquad e$$
$$a$$

En posición átona confluyeron siempre ę/ẹ y ǫ/ọ, y vacilaron
sus resultados /e/, /o/ con los fonemas /i/, /u/. En posición
final, esta vacilación terminó tempranamente con la fusión

de las vocales palatales en /e/ y de las velares en /o/, aunque el sistema actual admita—gracias a cultimos, etc. (§ 95)— también /i, u/ finales [25].

145 bis. Conviene examinar rápidamente un aspecto del vocalismo tónico: el comportamiento de las vocales en contexto con yod (cf. M. Pidal, *Manual*, § 8 bis). El resultado general (con muchas excepciones) parece ser que la vocal se

---

[25] No podemos detenernos aquí en supuestas perduraciones de un sistema vocálico latino anterior al de siete vocales, donde /ŭ/ habría confluido con /ū/ (Lüdtke, op. cit., págs. 175 sigs.): los casos verbales se deben todos a analogías y reajustes de la conjugación; palabras como *junco, junto, nunca* conservan /u/ por influjo de la nasal velar, *pulpa, cruz, curvo* (frente a *corvo*), son cultos o tardíos. Cf. D. ALONSO, *ELH*, I, Supl., págs. 5-21. Un hecho importante del vocalismo, aunque dialectal, es la conservación de la diferencia /u/-/o/ en final: en el asturiano central, la /u/ ha producido metafonía de la vocal tónica, mientras /o/, no; tal inflexión cierra la tónica: *llubu* plural *llobos, pilu* pl. *pelos, pelu* pl. *palos* (en otras zonas, *polu* pl. *palos*); como también influye sobre las *e* de los diptongos /ie/, /ue/, y sobre la *e* procedente de /ai/ y la *o* de /au/ (*viyu*, pl. *vieyos, güiyo* pl. *güeyos, caldiru* pl. *calderos, utru* pl. *otros*), parece que tal metafonía es relativamente reciente; pero puede muy bien ser antigua, como supone D. ALONSO, y haberse luego extendido a los diptongos y a sus resultados. Es decir, podemos suponer: 1) *lupu/lopos; pilu/pẹlos; pạlu/palos; vẹlu/vẹlos; ọlu/ọlos;* 2) *lubu/llobos; pilu/pelos; pelu* (~ *polu*)/*palos; vellu/viellos; ollu/uellos;* 3) como a *pelos* corresponde *pilu,* a *negra* nigru, a *llobos llubu,* etc., a *vieyos, viella* corresponderá *viillu* (de donde hoy *viyu*) y a *uellos uillo* (de donde hoy *güiyu*); y de igual modo, cuando *ai* > *ei* > *e,* y *au* > *ou* > *o,* a *otros* y *calderos* corresponden *utru* y *caldiru.* Por el contrario, cuando hay (o hubo) /o/ final, no hay inflexión: formas verbales, adjetivos neutros y adverbios y, como ha estudiado especialmente D. ALONSO, *Metafonía y neutro de materia en España* (en *Zeitschrift f. Rom. Phil.*, 74, 1958, p. 1-24, = *ELH*, I, Supl., p. 105-154), sustantivos de materia, herederos del neutro, como *cueru, yelsu, fierru,* etcétera; compárese: *un pilu* 'un pelo' frente al colectivo *el pelu.* No puede aceptarse la explicación totalmente opuesta que da Schürr, art. cit., *Rev. Ling. Rom.*, 20, p. 212 sigs. Véase nuestras *Remarques sur la métaphonie asturienne,* en los *Mélanges E. Petrovici,* p. 19-30.

cerró un grado en presencia de algunas yod. La reconsideración de los ejemplos disponibles (véase nuestra comunicación al Congreso de Lingüística Románica de Estrasburgo, 1962) lleva a desgajar tres situaciones diferentes: *a)* Cuando una yod primitiva, como en los grupos /tj, kj/, queda absorbida en la consonante contigua palatalizada, se trata de un hecho que queda fuera del asunto: es como si nunca hubiese existido yod (*lienzo, pereza, fuerza, pozo*). *b)* Situación opuesta es la de los casos en que la yod ha persistido hasta hoy en la sílaba postónica. La inflexión es clara: [e, o] representan a las antiguas vocales abiertas /ę, ǫ/; [i, u], a las antiguas cerradas /ẹ,ọ/ (*premia, soberbia; novio, Segovia; vendimia, vidrio; lluvia, turbio*). *c)* La situación más compleja se produjo cuando la yod se puso en contacto con la vocal tónica, de manera que ambas constituyeron un diptongo. La yod pudo ejercer su acción cerradora sobre la vocal; pero la evolución ulterior de ambos elementos inmediatamente sucesivos es consecuencia, a veces, de analogías con diptongos de otros orígenes. Los diptongos resultantes en principio del contacto de vocal y yod fueron:

1) /a i̯/, de evolución clara (*lego, hecho, eje,* etc.).

2) /ę i̯/. Si la yod hubiese actuado, se esperaría [i]; sin excepción se redujo a [e] (*oveja, deseo, techo, cerveza, abés*).

3) /ẹ i̯/. Coincide en muchos casos con el anterior (*vengo, sea, lecho, cereza*). Pero *peine, seis* no se reducen (en contra de *abés*).

4) /ǫ i̯/. Cuando la yod se fundió pronto en la consonante siguiente, se redujo a [o] (*hinojo*); cuando perduró más tiempo se cerró (reduciéndose o no: *mucho, conducho, buitre*), o bien pudo ser atraído por los resultados de la diptongación de /ǫ/ (*cigüeña, agüero, Bueso*).

5) /ǫ ị/ parece presentar el mismo desarrollo: reducción temprana (*ojo, hoja, poyo*) y atracción por /ue/ (*sueño, lueñe, cuero*). Pero *ocho, noche.*

Se observa, en suma, que en la mayoría de los casos las distinciones ẹ/ę y ǫ/ọ ante yod inmediata desaparecieron (produjeron los mismos resultados: [*e*] y [*o* ~ *ue*]). Sólo se comportaron las abiertas de forma diferente a las cerradas ante /ị l/ (*viejo* frente a *consejo*) y ante /ị t/ (*ocho* frente a *conducho*). Igualmente las dos vocales de cada grado de abertura siguen caminos opuestos (*ojo* frente a *viejo; conducho* frente a *estrecho*).

146. DEL CONSONANTISMO LATINO AL ROMANCE.—Si la evolución del sistema vocálico es relativamente sencilla, las modificaciones y reajustes del sistema de consonantes ofrecen gran complicación.

El repertorio de fonemas consonánticos del latín clásico presenta las siguientes series: 1) oclusivas sordas: /*p, t, k*/ (y /*q*ʷ/ si se acepta su valor monofonemático); 2) oclusivas sonoras: /*b, d, g*/ (y /*g*ʷ/ si lo consideramos fonema único); 3) fricativas (de realización sorda): /*f, s*/; 4) nasales: /*m, n*/; 5) líquidas: /*l, r*/; y estos órdenes de localización: 1) orden labial: /*p, b, f, m*/; 2) orden dental: /*t, d, s, n, l, r*/; 3) orden dorsal: /*k, g*/, y acaso 4) orden labiovelar /*q*ʷ, *g*ʷ/. También existió una «aspiración» /*h*/, que desapareció tempranamente. Las semivocales [*j*] [*w*] (*i, u* en posición asilábica) no pueden considerarse fonemas en la lengua clásica [26]. Asimis-

---

[26] JURET, op. cit., p. 30: «C'est seulement au plus tôt vers la fin du premier siècle impérial que *j* et *v* ont commencé à se transformer en vrais spirantes.» BRANDENSTEIN, op. cit., considera *j v* como fonemas independientes, y hace también cuenta de *h*, que aquí no nos interesa, aunque en un principio tuviera carácter fonemático. Tampoco considera fonemas a [*j*] [*w*], S. MARINER, *Caracterización funcional de los*

mo cabe duda acerca del valor monofonemático de las labio-velares [qʷ, gʷ] [27].

En este sistema, que, descartando las labiovelares, sería triangular, se encontraban estos rasgos pertinentes: *a)* las tres localizaciones: labial, dental y dorsal (que, según el binarismo, resultarían opuestas por los rasgos «denso/difuso» y «grave/agudo»); *b)* la nasalidad y su ausencia; *c)* la oposición continua/interrupta, que oponía las dos fricativas /f, s/ a las oclusivas correspondientes, y a las dos líquidas /l, r/ entre sí; *d)* la diferencia sonora/sorda, distintiva sólo dentro de las oclusivas; y *e)* la distinción de las líquidas respecto a los demás fonemas consonánticos.

He aquí, en resumen, encerrando entre paréntesis los fonemas dudosos o descartados, el sistema latino [28]:

---

fonemas del latín clásico, en *Emerita*, 26, p. 227-233, y ahora en *Fon. lat.*, p. 256.

[27] En efecto, el elemento labial de *qu* y *gu*, si era diferente de las realizaciones de /u/, sólo aparece tras *q* y *g* y ante fonema vocal; en las demás posiciones aparecían otras variantes de /u/, bien vocálicas, bien consonánticas. Y las posibles variantes [q] [g], elemento velar de los supuestos fonemas labiovelares, sólo aparecen precisamente delante de /u/; en los demás casos teníamos [k] [g], o bien [k'] [g']. Parece, pues, que [qw] y [gw] no eran más que realizaciones de las combinaciones asilábicas /ku/ y /gu/. BRANDENSTEIN, loc. cit., considera estas labiovelares como fonemas independientes, basándose en las reglas de Trubetzkoy; pero ya señala que [qw] nunca forma sílaba y sí [ku] (*acu-ere*); la diferencia, pues, entre [qw] y [ku] no se debe a ser el primero un fonema especial, sino a la distinta situación silábica de ambos grupos. Lo mismo para [gw]. MARINER, art. cit., y en *Fon.*, p. 257 nota 15, los considera también monofonemáticos. A. A. HILL, *Intr. to Ling. Structures*, p. 441 sigs., no reconoce estado fonemático a las semivocales ni a [qw], pero sí a [ŋ] (variante nasal de /g/ para nosotros).

[28] Para la combinación de los fonemas latinos, véase E. BENVENISTE, *Répartition des consonnes et phonologie du mot*, en *TCLP*, 8, p. 27-35, y para su clasificación distribucional, S. MARINER, art. cit. en *Emerita*, 26, p. 227-233, y *Fonem.*, p. 264 sigs. Respecto a detalles de la realización

	labial	dental	dorsal sin lab.	dorsal labializado	líquidas
Serie oclus. sorda . . .	p	t	k	(q^w)	r
Serie oclus. sonora. . .	b	d	g	(g^w)	
Serie fricativa	f	s	(h)	—	l
Serie nasal	m	n	—	—	

En el latín hablado, este sistema comienza muy pronto a presentar modificaciones en cuanto a su realización fonética. Estos fenómenos, estrictamente fónicos, llegan con el tiempo a producir perturbaciones de índole fonemática. Se puede señalar con cierta exactitud la fecha en que se generalizan estos cambios fonéticos, pero es imposible saber cuál fue el sistema fonológico del latín vulgar y cuándo sustituyó al clásico. Es imposible, porque las distintas mudanzas que sufrió no ocurrieron simultáneamente; unas se consolidaron pronto y se extendieron por toda la Romania, otras no cobraron vigencia fonológica hasta la época romance, y no en todas las regiones. Así, lo que aquí expondremos es el sistema a que tendía el latín vulgar, el punto a donde se encaminaban los distintos cambios fonológicos producidos o iniciados, aunque tal sistema no llegó a cuajar plenamente en ninguna región del imperio por la intervención de diversos factores.

---

fonética de estos fonemas, cf. por ejemplo, R. G. KENT, *The Sounds of Latin*, Baltimore, 1945.

147. En primer lugar, las semivocales (o vocales con función consonántica) [*j*] [*w*] alcanzan en latín vulgar una realización estrecha, que las convierte en articulaciones fricativas más o menos fuertes y plenamente distintas de las vocales /i, u/. Por lo menos a fines del siglo I d. C. parece que se articulaban como verdaderas consonantes. Lo señalan los gramáticos (por ejemplo, Pompeyo, en el siglo V), y las grafías, desde los siglos II y III, lo confirman mediante confusiones con otros sonidos. Así, ZANUARIO por *Jānuāriō*, ZERAX por *Hierax*, SUSTUS por *Jūstus*, CODIVGI por *coniugī*, etc., demuestran el carácter fricativo (o africado) alcanzado por [*j*]. Igualmente, Velio Longo (a principios del siglo II) dice que [*w*] «sonat cum aliqua aspiratione», y las inscripciones, ya desde el siglo I, nos ofrecen trueques entre las grafías *u* y *b:* BALIAT por *ualeat*, IVVENTE, LEBARE, IVBENTUTIS, BICTORINO, VENE por *bene*, etc. [29].

En estas confusiones se reflejan dos fenómenos: 1) la aparición de consonantes fricativas sonoras, una palatal y otra labial; ésta se integra fácilmente en el sistema como correlato sonoro del fonema sordo /f/; 2) el antiguo fonema /b/ se debilita en ocasiones, puesto que se confunde en la escritura con el nuevo /v/. No obstante, como veremos, no hay total confluencia de ambos, pues en algunos romances se conserva en posición inicial la distinción entre /b/ y /v/ (por ejemplo: francés *boire* frente a *vivre*). Por un lado pueden verse aquí los primeros pasos para la creación de una serie fricativa sonora y de un orden palatal, y por otro, los primeros indicios de una confluencia /b/ = /v/: se supone que /v/ se realizó [ꞵ], y que /b/ se articuló oclusivo [b] tras

---

29 JURET, op. cit., p. 30, 34, 156; DEVOTO, op. cit., p. 291; MEILLET, op. cit., p. 251-252; SOMMER, *Handbuch der lat. Laut- u. Formenlehre*, 1948, p. 156, 163, 198; KENT, op. cit., §§ 60, 44, 61.

pausa y consonante, y fricativo [ƀ] tras vocal; en este último contexto, la distinción /b/-/v/ era imposible. Si /b/ se debilitó en [ƀ], es probable que los otros fonemas de su serie, /d/ y /g/, sufrieran en los mismos contextos intervocálicos análogo debilitamiento y se articularan [đ] y [g] [30].

148. En el latín clásico, las vocales en hiato se reducían ocasionalmente a diptongo: *lārua* (Horacio), *saluos* (Catulo), *deinde, eorum* (bisílabos), etc., casos todos de sílaba átona [30 bis]. Probablemente con el incremento del acento de intensidad [31], toda vocal en hiato se hizo semivocal, de articulación muy reducida, que pudo desaparecer (casos de *pariete* > *parete*, *quietus* > *quetus*, *quattuor* > *quattor*, etc.). En algún caso, por el contrario, esta semivocal nueva llegó a consonantizarse, siguiendo la suerte de las antiguas semivocales (por ejemplo: *manuale* > *mangual*, frente a *manuaria* > *manera*) [32]. Dejemos los casos del nuevo [w] nacido de los hiatos, y atengámonos al nuevo [j] procedente de /e, i/ en hiato. Parece que este [j] comenzó a infectar la consonante precedente, conduciendo a varios resultados: uno, la total coalescencia de [j] con la consonante precedente ya palatalizada; otro, la transposición del elemento palatal delante de la consonante. Es decir, en esquema [33]:

$$\underline{N} + \underline{y} > \underline{N^y} > \left\{ \begin{array}{l} \underline{\underline{N}} \ \ [1] \\ \underline{\underline{^yN}} \ \ [2] \end{array} \right.$$

---

[30] Véase KOCH, *Zur Theorie des Lautwandels*, p. 160, 190 sigs.

[30 bis] SOMMER, op. cit., p. 118, 131 sigs.

[31] MARTINET, *Economie*, §5. 23; MEILLER, op. cit., p. 250; SOMMER, op. cit., p. 111: *vinias* por *uineas, casium, ariam, iamus* por *eāmus*. Cf. KOCH, p. 169 sigs.

[32] Cf. J. G. C. HERCULANO DE CARVALHO, *Coisas e palavras*, Coimbra, 1953, págs. 146 sigs.

[33] Cfr. MARTINET, *Economie*, §6.19.

En el caso [1], la yod desaparece, reducida a un rasgo más (la palatalidad) de la consonante que le precedía. En el caso [2], por el contrario, la yod, aunque no puede actuar sobre la consonante, ejerce sobre todo influencia sobre la vocal, con la que queda en contacto, lo que ocurrió, en general, cuando la consonante, por su punto de articulación, era poco susceptible de palatalización. No puede admitirse que en el latín vulgar (¿de cuándo?) existiese toda una serie de consonantes palatalizadas opuesta a las antiguas consonantes, puesto que las palatalizaciones se han producido sólo en algunas consonantes y no en todos los romances [34]. Ahora bien, es evidente que el latín hablado tendía a crear un orden de consonantes palatales, iniciado con la consonantización de la antigua /i/ en función asilábica, pero no aparecieron fonológicamente a la vez todas ellas. Durante largo tiempo las realizaciones palatales no perturbaron el sistema, siendo simples variantes combinatorias y habiendo un gran margen de seguridad entre los órdenes dental y velar [35].

La más antigua de estas palatalizaciones es la del grupo /tj/. Ejemplos de ello nos ofrecen las grafías como el perdido CRESCENTSIANUS (140 d. C.), y muchas del siglo IV en adelante, como PRETZIOSA, VICENTZA, TERENSVS, TERSIO, MARSALIS (por Martialis), etc., coincidentes todos con el testimonio de los gramáticos, por ejemplo, Papiriano, que dice: «Iustitia cum scribitur, tertia syllaba sic sonat quasi constet

---

[34] Rechazamos la correlación palatal propuesta por A. BURGER, *Phonématique et diachronie*, en *CFS*, 13 (1955), p. 22 sig. Véase también, E. PETROVICI, *Le roumain a-t-il hérité du roman commun la corrélation palatale des consonnes?*, en *Revue de Linguistique*, 3 (1958), páginas 5-11. Cf. W. KOCH, op. cit., p. 232 sig.

[35] Para las palatalizaciones, además de lo citado en nota precedente, véase HAUDRICOURT-JUILLAND, op. cit., 79 sigs.; y MARTINET, *Occlusives and Affricates with reference to some problems of Romance Phonology*, en *Word*, 5 (1949), p. 116-122. Cf. KOCH, op. cit., p. 219 sigs.

ex tribus litteris *t z i*», y Pompeyo, que escribe: «Quotienscumque post *ti* uel *di* syllabam sequitur uocalis, illud *ti* uel *di* in sibilum uertendum est» [36]. Estos testimonios indican que, una vez infectada la [*t*] por el [*j*] siguiente, se originó un sonido más o menos sibilante, reflejado por la *s* y *z* de las grafías y por la alusión al «sibilum» de Pompeyo. Sólo cuando el /*j*/ queda embebido en la consonante precedente, puede hablarse de una nueva consonante palatalizada, pero no necesariamente palatal. Porque si bien hay trueques gráficos de /*tj*/ con el grupo más tardíamente palatalizado /*kj*/, como MUNDICIEI (136 d. C.), FATIO, NUNCIARE, DEFENICIONES, IVSTICIA, etc., no se puede afirmar la total confluencia de ambos, ya que en algunos romances sus resultados se mantienen distintos [37]. Es decir, cuando /*tj*/ constituían una sola consonante, todavía /*kj*/, aunque palatalizado, conservaría su valor difonemático; por otra parte, la realización de /*tj*/ no pasaría más atrás de la región prepalatal, sería algo como una africada alveolar [*t^s*], mientras /*kj*/ sería más retrasada, una africada plenamente palatal, algo como [*t^ʸ*], cuyo apéndice fricativo sería más tipo «ich-Laut» que siseante.

Paralelamente a /*tj*/ y /*kj*/, debieron palatalizarse los grupos sonoros correspondientes /*dj*/ y /*gj*/. Como hemos dicho, es probable que /*d*/ y /*g*/ se articulasen, igual que el fonema /*b*/, más débiles, fricativos [*đ*] y [*g*]. Careciendo de oclusión [*đj*] y [*gj*], es natural que la infección palatal asimilase totalmente el primer elemento al segundo, resultando realizaciones geminadas [*yy*], análogas a las de la anti-

[36] Citados según JURET, op. cit., p. 161. Véase SOMMER, op. cit., p. 218, 219; R. G. KENT, op. cit., § 47. II; JURET, p. 34, 160-161; DEVOTO, op. cit., p. 301, señala el origen rústico de la palatalización.

[37] Ya lo indica SOMMER, p. 218 y 219: /*kj*/ «blieb noch palatales *k + i*, als *ti* sich bereits assibiliert hatte... Erst sehr spät ist der Übergang zum Zischlaut zu belegen».

gua /i/ consonante, y que pudieron alternar (como hace suponer el resultado de algunos romances) con realizaciones africadas tipo [d̥d̥ʸ] o [ŷŷ]. La palatalización completa de /dj/ y /gj/ queda atestiguada por su identificación gráfica con la antigua /i/: AIECTUS (por *adiectus*), IVSUM (por *deorsum*), AZUTORIBUS (por *adiutoribus*), GIOVE (por *Iove*), MAGIAS (por *maias*), ZANUARIO (por *Januario*), OZE (por *hodie*), etcétera [38].

Al mismo proceso, infección de consonante por yod (que eventualmente queda embebida y desaparece), pertenece la palatalización de los grupos como /lj/ y /nj/, que, a la larga, fonematizan las consonantes palatales [l̬] y [n̬] (por ejemplo: en *filiu, uinea*), no sin antes pasar por grados variables en que se mantenían dos elementos sucesivos más o menos palatales, entre los cuales se establecería el límite silábico (por ejemplo: [l̬ŷ ~ yl̬ ~ yŷ], [n̬ŷ ~ yn̬ ~ n̬n̬]).

Cuando estas palatalizaciones estaban ya extendidas por toda la Romania (claro que con diferentes realizaciones), ocurre un segundo proceso de palatalización: las vocales /e, i/ actúan sobre las consonantes precedentes /k, g/ y desplazan su punto de articulación hacia el paladar, hacia la misma localización de /kj/ y /gj/. Pero éste y el primer proceso palatalizante son totalmente distintos: por su cronología y por su naturaleza. La palatalización total de /kj/ y /gj/ se produjo por la coalescencia de ambos elementos componentes del grupo en un solo sonido palatal; ahora, la palatalización de /k/ y /g/ ante vocales anteriores no conlleva la desaparición del elemento inductor /e, i/, que se mantiene. Es, además, fenómeno tardío; las grafías lo atestiguan sólo desde el siglo V: INTCITAMENTO, DISSESIT (por *discessit*), SUS-

---

[38] JURET, p. 160-161; DEVOTO, p. 301; KENT, §§ 46, 48, 60; SOMMER, páginas 156, 219 y 220.

SITABIT, SEPTUAZINTA, TRIENTA (= triyenta)[39], y no lo atestigua
ningún gramático: Procopio (en el siglo VI), que ofrece grafías
asibiladas para /kj/, transcribe todavía /ke/ como sonido velar[40]. En algunas zonas románicas, esta segunda palatalización no llegó a difundirse, como lo demuestran las articulaciones velares del sardo, del dálmata, de los préstamos latinos al germánico, al céltico, al albanés o al vasco (p. e.: *pake*).
En Hispania no se haría general antes de las invasiones ger-
mánicas, puesto que afectó todavía a /ke, ki/ de los nom-
bres visigodos[41]. Queda por aclarar el por qué se extendieron las variantes palatales de /k, g/ ante /e, i/. Que en tal
contexto /k, g/ se articulen más delanteros es cosa natural;
pero ¿por qué se incrementó tal palatalización? Ya hemos citado el fenómeno de la debilitación de las semivocales [w]
junto con consonante: en la combinación /qʷ/ fue general
(salvo algunos casos). Con ello, dos sílabas clásicas como
que y *ce* hubieran cesado de distinguirse. Entonces, cuando
/que, qui/ van perdiendo su [w] y realizándose [ke, ki], los
antiguos /ke, ki/ desarrollaron su articulación más delantera [ķe, ķi] y se harían plenamente palatales, con lo cual,
por otra parte, amenazaban a las realizaciones palatales
de /kj/. De modo que se produjo una reacción en cadena[42]:

/qui/ ——— ⟶[ki]
　　　　　/ki/ ———⟶ 　[t̯ᶻ]
(/kj/ ————————⟶ 　[t̯ᶻ] ———⟶[t̯ˢ] (⟵———/tj/).

149. Echando una ojeada al sistema clásico, vemos que
estas modificaciones fonéticas tienen un presupuesto siste-

[39] SOMMER, op. cit., p. 181, 198.
[40] A. ALONSO, *Las correspondencias...*, en *RFH*, 8 (1946), p. 38 n. 1.
[41] R. LAPESA, *Historia de la lengua española*, 4 ed., p. 90-91.
[42] A. MARTINET, *Function, Structure and Sound Change*, en *Word*, 8
(1952), págs. 11-12, y en *Economie*, § 2.29. Cf. KOCH, op. cit., p. 215 sig.

mático para que triunfen y se generalicen: no había fonemas fricativos sonoros ni fonemas palatales. Por tanto, /u/, en posición asilábica, podía incrementar su cerrazón sin peligro de confusión y modificarse en /v/; y ciertas variantes de las dorsales y las dentales podían cambiar su localización hacia el orden palatal sin temor a confluir con fonemas preexistentes. Había, pues, unas casillas vacías, una tierra de nadie hacia la que ciertos fonemas podían ampliar su campo de dispersión sin cruzar el margen de seguridad que los separaba de otros. He aquí, para el orden palatal, el esquema de estos procesos:

VELARES	PALATALES	DENTALES	SEMIVOCALES

$$/k/ \begin{cases} [k^a] \\ [kj] \longrightarrow \\ [k^{e,i}] \longrightarrow \end{cases} \qquad \longleftarrow \begin{matrix} [t^a] \\ [tj] \end{matrix} \Big\} \ /t/$$

$$/g/ \begin{cases} [g^a] \\ [gj] \longrightarrow \\ [g^{e,i}] \longrightarrow \end{cases} \qquad \begin{matrix} [d^a] \\ \longleftarrow [dj] \end{matrix} \Big\} \ /d/ \\ \underline{\hspace{5cm}} [j]$$

Si no se hubiera procurado conservar las distinciones, /kj/, /tj/ y luego /k^{e,i}/, de una parte, y de otra, /gj/, /dj/, /j/ y luego /g^{e,i}/, hubieran confluido en sendos fonemas palatales, pues todas las realizaciones se encaminaban al mismo punto de articulación. En un principio se conservaron distintos /kj/ y /tj/ entre sí y respecto de /k^{e,i}/, pero no siempre se consiguió mantener el forzosamente escaso margen de seguridad que separaría los unos de los otros. En la primera fase, tendríamos para /tj/, /kj/ y /k^{e,i}/ las siguientes realizaciones:

$$[t^s] \qquad [t^y] \qquad [k]$$

Cuando avanza el punto de articulación de /kᵉ·ⁱ/ hacia la zona de /kj/, pudo ocurrir que éste avanzase también y amenazase confluir con /tj/, como ocurrió, por ejemplo, en rumano, donde /tj/ = /kj/ realizados generalmente [ţˢ] (grafía ţ), mientras /kᵉ·ⁱ/ se realiza [ţ̣ ˢ] (= [ĉ]). Pero antes de tal confluencia se procuró evitarla en ciertas zonas: primero mediante la geminación inducida por la yod, que actuó con /kj/ (por conservar aún su apéndice fricativo palatal), pero no con /tj/ (que por palatalizarse más pronto ya era un sonido único y sin yod). Así, en italiano /tj/ se realiza [ţˢ], mientras /kj/ se geminó en [ţţ ˢ], y /kᵉ·ⁱ/ se mantuvo como [ţ̣ ˢ]. En la Romania occidental, donde, como luego veremos, se produce la sonorización de las consonantes simples intervocálicas, /tj/ y /kj/ se mantuvieron diferentes porque el primero se sonorizó y el segundo se simplificó como consonante sorda (así en francés y en catalán); sólo más tarde /kᵉ·ⁱ/, sonorizada y avanzando su punto de articulación (para no confundirse con los resultados de /gj/, etc.), terminó por igualarse con las realizaciones de /tj/ (esto es, [ḏᶻ]). Pero en español (y portugués), la geminación por yod en el caso del grupo /kj/ no actuó más que parcialmente, acaso porque la sonorización comenzó a extenderse más pronto o porque los elementos de /kj/ se habían fundido temprano, y entonces sus resultados confluyeron pronto con los de /tj/, y más tarde se igualó con ellos el de /kᵉ·ⁱ/ (esto es, [ḏᶻ]). Tendríamos, pues:

En el caso de /ti/, /di/ y /k°i/ el proceso de modificación fue más complejo, pues los dos grupos primeros ya confluyeron entre sí con /i/ semiconsonántica en el mismo latín (tindyo, pues, las realizaciones [tÿ] (o [dÿ]) para aquellos y [ÿ] para /ÿ/), se mantuvieron más tiempo distintas bien conservando la primera la semiconsonante (por ejemplo, en italiano), o simplificándola y desapareciendo la segunda (como en español).

De todos modos, limitándonos al periodo prerromance que llamamos segunda fase, se había creado un orden nuevo de consonante + el palatal, y el triángulo clásico p/t/k era sustituido por el cuadrado p/t/č/k.

Resumiendo, el sistema prerromance se habrá realizado en "« Romania », mejor dicho, el «dia latina» (cfr. § 50) común a todas las lenguas románicas se realizó así:

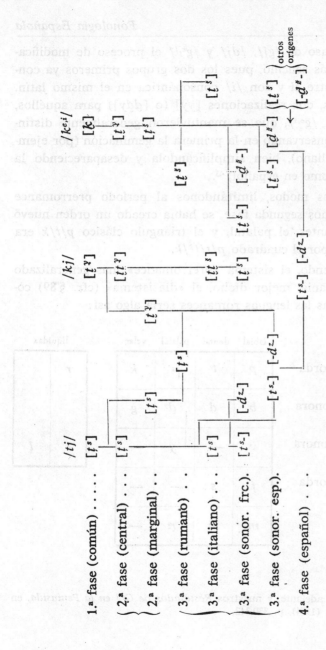

En el caso de /gj/, /dj/ y /g^{e,i}/ el proceso de modificación fue más sencillo, pues los dos grupos primeros ya confluyeron entre sí y con /i/ consonántica en el mismo latín. Hubo, pues, dos realizaciones [yy] (o [d̶d̶y]) para aquéllos, y [y] para /g^{e,i}/, que se mantuvieron generalmente distintas, bien conservando en la primera la geminación (por ejemplo, en italiano), bien simplificándola y desapareciendo la segunda (como en español) [43].

De todos modos, limitándonos al período prerromance que llamamos segunda fase, se había creado un orden nuevo de consonantes, el palatal, y el triángulo clásico p/t/k era sustituido por el cuadrado p/t/t̯^{s}/k.

Resumiendo, el sistema «prerromance» más generalizado en la Romania, mejor dicho, el «diasistema» (cfr. § 89) común a todas las lenguas romances sería algo así:

	labial	dental	palatal	velar		líquidas	
Oclusiva sorda	p	t	t̯^{s}	k		r	
Oclusiva sonora	b	d	d̶^{y}	g			
Fricativa sonora	v	—	y	—		l	l̯
Fricativa sorda	f	s	—	—			
Nasales	m	n	n̶	—			

---

[43] Véase adelante, y nuestros *Resultados de G^{e,i} en la Península*, en *Archivum*, 4 (1954), p. 330-342.

150. De este conjunto de tendencias, más que sistema, hay que partir en el estudio de las lenguas románicas occidentales. Hasta aquí sólo hemos considerado los cambios fonéticos que repercutieron en el sistema, por haber modificado ciertos fonemas independientemente de su situación en el decurso. Pero con posterioridad al refuerzo de las antiguas semiconsonantes /i, u/ y a las palatalizaciones consideradas, se producen otros cambios no menos importantes que modificaron la realización de ciertos fonemas según su posición en el decurso, esto es, dependiendo de sus relaciones sintagmáticas del eje de las sucesividades [44].

En posición interior, el latín presentaba numerosos grupos consonánticos [45]. En la época imperial se desarrolla la tendencia a igualar las consonantes que los forman por procesos de asimilación: *lactuca>lattuca* (s. III), *scriptus>scritus*, *vixit>visit*, *ipse>isse*, *sursum>susum*, *persica>pessica*, *ansa>asa*, *infans>ifas*, *infer>ifer*. Y lo mismo ocurría entre palabra y palabra, como lo demuestra el llamado *raddoppiamento* italiano: *tre kkani<tres canes, e ttu<et tu*, etcétera [46]. De estas asimilaciones rústicas, las más antiguas parecen las de *pt, rs, ns, nf*. Con ellas, entre otras cosas, se hacen más frecuentes en posición intervocálica ciertos fonemas que, como /f/, eran escasos en latín clásico (*rufus*, por ejemplo, no era de origen latino). Las otras asimilaciones tuvieron que ser posteriores, ya que su expansión no llegó

---

[44] Sucesividad, frente a simultaneidad, se usa aquí no en el sentido saussureano (diacronía/sincronía), sino con el valor decurso/sistema que les da JAKOBSON, en *TCLC*, 5, p. 206-207: sucesividad es la aparición, una tras otra, de las unidades distintivas en la cadena hablada; simultaneidad, la validez de varios rasgos distintivos combinados en un fonema.

[45] Véase nota núm. 28, y WEINRICH, op. cit. p. 227 sigs.

[46] Véase WEINRICH, op. cit. p. 51 sigs.

a imponerse al occidente: si /*kt, ks*/ hubieran llegado a las Galias o a Hispania como [*tt*] y [*ss*], las lenguas romances allí desarrolladas luego hubieran confundido esos grupos con las geminadas originarias /*tt*/ y /*ss*/, cosa que no ocurrió. Al occidente, pues, /*kt, ks*/ llegaron aún sin asimilar, y hubo tiempo para que se desarrollase otra tendencia, no asimiladora, sino debilitadora [47] de la primera consonante, que llegó a vocalizarse en [*i̯t*], [*i̯s*] [48]. Con todo esto, resultaba: o mayor abundancia de geminadas o nuevos grupos con elemento palatal (yod).

Por otra parte, en posición intervocálica, funcionaban distintivamente varias series: 1) oclusivas sonoras; 2) oclusivas sordas; 3) geminadas [49]. Con las otras consonantes las posibilidades se reducían a dos: 1) simple; 2) geminada. Esto es, en el latín clásico:

-b- -d- -g-
-p- -t- -k- -s- -m- -n- -l- -r-
-pp- -tt- -kk- -ss- -mm- -nn- -ll- -rr-

A estas series, en el latín hablado imperial, había que añadir los nuevos fonemas palatales: /*ĉ*/ y /*ĉĉ*/ (procedentes de las palatalizaciones estudiadas) y /*y*/ y /*yy*/ o /*d̯*^{y}/ y /*d̯d̯*^{y}/ (provenientes de /*g*^{e,i}/ y de /*gj, dj, j*/).

Desde los siglos imperiales hasta los inicios románicos se producen tres fenómenos fonéticos, caracterizados por el

---

47 DEVOTO, op. cit., p. 60 y 305, señala como osca y celta la tendencia a diferenciar los elementos del grupo, frente a la tendencia latina a asimilarlos.

48 La tendencia vocalizadora de la consonante distensiva es tan persistente en Occidente que los grupos /*pt, kt, ks*/ incorporados en los cultismos, resultan [*u̯t, u̯s*] en el lenguaje popular (*cautivo, efeuto*), o bien [*i̯s*] (*Maisimino*).

49 Las sonoras geminadas eran muy poco frecuentes.

debilitamiento de estas consonantes en posición intervocálica: 1) fricación de algunas oclusivas sonoras (vimos que
dentro del latín ya /b/ se hizo [ƀ]); 2) sonorización de sordas; 3) simplificación de geminadas [50]. La documentación a
mano presenta en ese orden los procesos. Pero hay que tener
en cuenta la lentitud en la generalización de los cambios
fonéticos y la relación sistemática de estos fenómenos [51]. Es
decir, que los tres fenómenos están en relación, unos arras-
tran a los otros: el fenómeno de la sonorización, típico del
occidente, ha triunfado porque había geminadas que tendían
a simplificarse, o bien las geminadas se simplificaron porque
previamente las simples sordas se modificaron, empujando
a (o arrastradas por) las sonoras oclusivas que se debilita-
ban. Esto es, limitándonos al solo orden labial:

$$-pp- \longrightarrow -p- \longrightarrow -b- \longrightarrow -ƀ- \longrightarrow \cdot/.$$

esquema que indica que las tres posibilidades intervocálicas
latinas /pp/, /p/, /b/ se transforman en [p], [b], [ƀ]. A esta
[ƀ] había venido también a confluir la fricativa procedente
de /u/ consonante; como vimos, la integración mayor en el
sistema llevó a [ƀ] a convertirse en gran parte de la Romania en [v] labiodental, como homorgánica sonora de la sorda /f/.

En un principio este deslizamiento de las realizaciones
no modifica el sistema, pues en posiciones no intervocálicas
los fonemas conservaban su antigua realización. Es decir,

---

50 Ejemplos en GRANDGENT, *Latín vulgar* (trad. MOLL), §§ 318, 259, 263,
314, 286, 256: *devere, provata, curabit; agebat; eo* (por *ego*); *labidem*
(por *lapidem*); *amadus* (por *amatus*); *frigare, migat.*
51 A. MARTINET, *Celtic Lenition and Western Romance Consonants,*
en *Language,* 28 (1952), p. 192-217, y *Economie,* Cap. XI; también HAU-
DRICOURT-JUILLAND, op. cit., p. 48 y sigs.

ocurre un fenómeno puramente fonético, mediante el cual cada fonema presenta dos variantes: una fuerte (tras pausa o consonante) y otra débil (tras vocal), fenómeno semejante al de las lenguas célticas, por lo cual algunos autores atribuyen su desarrollo en romance al sustrato celta [52]. Pero el fenómeno romance se extiende por zonas donde nunca hubo celtas, y además—aunque no idéntica en su realización fonética—, la misma *variación*, como la llama Weinrich [53], aparece en otras zonas no occidentales: no pueden separarse del fenómeno de la sonorización, fenómenos italianos como la *gorgia* toscana, por ejemplo, donde también cada fonema presenta dos variantes, una fuerte y otra débil (ésta no sonorizada, sino aspirada y ulteriormente fricatizada): *a kkasa* (< ad casa) frente a *la hasa* (< illa casa). Por tanto, el celtismo del fenómeno occidental es muy relativo. Lo fundamental es: que todos los fonemas latinos se realizaron más débiles en posición intervocálica que tras consonante o pausa. Tal situación, en que el cambio es puramente fonético, perdura, por ejemplo, en el toscano; pero en otros romances, esta *variación* condujo, mediante concurrencias de otros fonemas, a la *fonematización* de sus variantes fuerte y débil. Esto es (limitándonos de nuevo al orden labial):

---

[52] A. Tovar, *Estudios sobre las primitivas lenguas hispánicas*, Buenos Aires, 1949, p. 127 y sigs. (Cap. IX, «La sonorización y caída de las intervocálicas»; = Brae, 28, p. 279 y sigs.), y *Sobre la cronología de la sonorización y caída de intervocálicas en la Romania occidental*, en *Hom. F. Krüger*, I (1952), p. 9 y sigs., y A. Martinet, art. cit. en nota precedente. Igualmente R. Menéndez-Pidal, *Orígenes*, 3 ed. p. 256 y siguientes, y F. Jungemann, *La teoría del sustrato y los dialectos hispanoromances y gascones*, cap. VI, p. 132-152.

[53] Véase Weinrich, op. cit. p. 49 y *ZRPh*, 76 (1960), p. 205-218.

	INICIAL	INTERVOCÁLICA
	(tras cons. o pausa)	
a) *Latín*: /pp/		1.. [-pp-]
/p/	1. [p-]	2. [-p-]
/b/	2. [b-]	3. [-b-]
/v/	3. [ɓ]	4. [-ƀ-]

b) *Primer cambio:*

(variación) /pp/		1. [-pp-]
/p/	1. [p-]	2. [-b-]
/b/	2. [b-]	3. [-ƀ-]
/v/	3. [ƀ-]	4. [-ƀ-]

En esta situación, en el occidente (donde la cantidad consonántica desaparece, bien en beneficio de la vocálica como en francés, bien por isocronía silábica, como en español) era innecesario mantener una geminada [*pp*], pues por su sordez se distinguía suficientemente de /p/ intervocálica (que era [*b*]); por tanto se simplifica. (Pero se mantiene en italiano.) Y entonces, al ser posible [*p*] intervocálico (procedente de /pp/), se le identifica con el fonema /p/, cuya variante intervocálica [*b*] se identifica con la variante inicial de /b/, y a su vez la variante débil de éste, [*ƀ*], queda fonematizada junto con las realizaciones del antiguo /v/. Es decir:

c) *Reajuste:*	1. p-	1. -p-	(<-pp-).
	2. b-	2. -b-	(<-p-).
	3. v-	3-4. -ƀ- (v)	(<-b-, -v-).

Lo mismo sucedió con los fonemas dentales y velares: /tt/, /t/, /d/ pasan a /t/, /d/, /đ/, y /kk/, /k/, /g/ pasan a /k/, /g/, /ɡ/.

Con los otros fonemas, la variación y subsecuente modificación es menos compleja. Por ejemplo, entre /-s-/ y /-ss-/; en intervocálica tendríamos para /s/ la realización [z] sonora; con la geminada /ss/ confluyeron los grupos /ps/ y /rs/ y se simplificaron en /s/ sorda. Entonces quedó fonematizado [z] y tuvimos extendida la correlación de sonoridad a las series fricativas: junto a f/v, apareció la pareja s/z. De igual modo, los nuevos sonidos palatales, como hemos visto (§ 149 final), se escinden en dos fonemas, sordo y sonoro.

Este estado de cosas, la fonematización de las variantes debidas al proceso de _variación_ debió de existir en grandes zonas de Hispania durante el reino visigodo, que lo irradió a casi toda la península, salvo comarcas alejadas de la corte. La mayoría de los dialectos hispánicos heredan este sistema. Pero en el norte, en las zonas vecinas al país vasco, mal romanizadas, el fenómeno no cundió con la misma fuerza, y así, en el alto aragonés, las sordas intervocálicas se han mantenido como tales hasta hoy [54].

En Hispania, pues, lo mismo que en ias Galias, hay que suponer un estadio primitivo, en el cual /p/, /t/, etc., presentaban variación dentro del decurso, igual que hoy la ofrecen, por ejemplo, las hablas del norte de Córcega [55]. Es decir, en un principio, tendríamos:

/t/ _terra_, pero *_la derra, prado_ (<_tĕrra, pratum_).

Cuando por la simplificación de /tt/ la variante [t] fue también posible en posición intervocálica, la variación

---

54 Sobre conservación de la sorda: G. ROHLFS, _Le Gascon_, 1935, párrafos 364-367; A. KUHN, _Der Hocharagonesische Dialekt_, en _Rev. Ling. Rom._, 11 (1935), § 22; HAUDRICOURT-JUILLAND, op. cit., p. 49 sigs.; M. ALVAR, _El dialecto aragonés_, p. 172 sigs. La no sonorización de muchos ejemplos mozárabes se atribuye a influjo árabe; v. R. MENÉNDEZ PIDAL, _Orígenes_, 3 ed., p. 253 y sigs.

55 WEINRICH, op. cit. p. 57 y sigs.: nésPule/skQßa, um Pinnadu/um bęllu ßęru, ę ttǫrta/i vigi ɒardiʮi.

[*t*] ~ [*d*] en posición inicial de palabra se inmovilizó en beneficio de la variante [*t*]: en lugar de *la dierra ~ *con tierra*, tuvimos siempre *la tierra*, *con tierra*, con [*t*] [56], mientras que la variante [*d*] en interior de palabra se identificó con las variantes [*d*] oclusivas del fonema /*d*/.

151. La distinción latina entre las geminadas /*ll*, *rr*, *mm*, *nn*/ y los correspondientes fonemas simples /*l*, *r*, *m*, *n*/ intervocálicos, no podía mantenerse con la misma solución que hemos visto adoptan las oclusivas y fricativas. Aquí, en lugar de tres, sólo hay dos miembros: la geminada y la simple, siempre sonoras. Por tanto, al producirse la variación y adoptar en posición intervocálica variantes débiles, tendríamos [57]:

	INICIAL	INTERVOCÁLICA
/ll/	—	[-ll-]
/l/	[L-]	[-l-]
/rr/	—	[-rr-]
/r/	[R-]	[-r-]
/mm/	—	[-mm-]
/m/	[M-]	[-m-]
/nn/	—	[-nn-]
/n/	[N-]	[-n-]

Al simplificarse las geminadas, para distinguirse de las simples, conservaron una articulación fuerte (la que fuere), y, por tanto, sus realizaciones se identificaron con las variantes fuertes de las simples. Sólo en el caso de /*mm*/ y /*m*/ los resultados confluyeron en [*m*]. Pero en los otros casos, se procuró conservar la distinción entre fuertes y débiles [58]: o

---

[56] WEINRICH, p. 64 y sigs.
[57] En lo que sigue, las mayúsculas, como [L], indican variante fuerte, frente a las minúsculas, como [*l*], que representan variante débil.
[58] Véase HAUDRICOURT-JUILLAND, op. cit. p. 53 y sigs.; MARTINET, art. cit. en nota 51, y para nuestra Península, especialmente, D. CATALÁN,

la geminada se simplificó y consecuentemente la simple se debilitó hasta desaparecer, o la geminada se transformó en cuanto al punto o al modo de la articulación, conservándose la simple. En todos los casos, dada la identificación del resultado de la geminada con la variante fuerte (inicial, tras pausa) de la simple, las consonantes iniciales han sufrido pareja suerte, salvo alguna excepción. Tal ocurrió con la distinción /rr/-/r/, cuya diferencia cuantitativa se interpretó como cualitativa [r̄]-[r], en todo el dominio peninsular. Hay variedad de soluciones en cuanto a las parejas /ll/-/l/ y /nn/-/n/. Partiendo de las realizaciones fuertes /L/, /N/ y débiles /l/, /n/, tenemos tres tipos de resultados:

1. /L/-/l/ ⟶ /l/-·/.
    /N/-/n/ ⟶ /n/-·/.

2. *a)* /L/-/l/ ⟶ /l̦/-/l/
    /N/-/n/ ⟶ /n̦/-/n/
    b) /L/-/l/ ⟶ /d̦/-/l/
    /N/-/n/ ⟶ /d̦/-/n/

En el primer caso, cumplido en gallego-portugués, se debilitan y desaparecen los sonidos débiles; en el segundo, al mantenerse las débiles, son las fuertes las que se modifican, en dos direcciones: o bien el énfasis de su articulación aumentó la aplicación del dorso de la lengua (y de ahí sonidos dorsopalatales como [l̦] y [n̦]), o bien la exageración articulatoria se verificó con el ápice, más o menos retroflejo (y de ahí sonidos «cacuminales» como [d̦] y su nasal correspondiente [d̦]). El resultado dorsopalatal se extendió por la mayor parte de Hispania (español, catalán), mientras que las

---

Resultados ápico-palatales y dorso-palatales de -LL- y -NN-, en *RFE*, 38 (1954), p. 1-44.

soluciones ápico-palatales quedaron confinadas en zonas del astur-leonés y del alto-aragonés (y fuera de la Península, gascón y dialectos meridionales de Italia)[59], donde los poco frecuentes sonidos ápico-palatales sufrieron ulteriormente modificaciones, consecuencia de interferencias con otras realizaciones de fonemas y de la tendencia a integrarlos mejor en el sistema (así, la nasal ápico-palatal no se ha mantenido en ninguna parte y ha confluido con la [n] ápico-alveolar; y la [d̦] se ha ensordecido o ha avanzado su punto de articulación, resultando hoy [ț], [țˢ], [č], [t], según las zonas).

En un principio, estas distinciones entre los resultados de geminadas y simples se daban sólo, forzosamente, en posición intervocálica de palabra. Pero como el fenómeno de la variación se producía también en principio de palabra, de modo que tras consonante o tras pausa la consonante inicial era más fuerte que tras vocal, estas variantes iniciales se igualaron con las realizaciones de geminada y simple en interior de palabra; es decir, las distinciones (pertinentes en interior) l̦/l, r̄/r, etc., se extienden (sin valor distintivo al principio) a la posición inicial. Tendríamos, pues, que de las primitivas parejas latinas /l, n, r/ y /ll, nn, rr/ distribuidas según su posición así:

	INICIAL DE PALABRA		INTERIOR DE PALABRA	
	Tras vocal	*Tras cons. o pausa*	*Simple*	*Geminada*
/l/	-o la-	-os la-	-ola-	-olla- (-oLa-)
/n/	-o na-	-os na-	-ona-	-onna- (-oNa-)
/r/	-o ra-	-os ra-	-ora-	-orra- (-oRa-)

---

[59] Véase D. Catalán, art. cit. nota precedente. Para la posible relación de sustrato véase R. Menéndez Pidal, *A propósito de «l» y «ll» latinas: colonización suditálica en España*, en *BRAE*, 34 (1954), p. 165-216, y *ELH*, I, p. LXXXVII sigs. También D. Alonso, *ELH*, I, Supl., p. 138 sigs.

resultaría, mediante los fenómenos indicados, el siguiente juego de variantes:

/l/	-o la-	-os ḷa-	-ola-	-oḷa-
/n/	-o na-	-os ṇa-	-ona-	-oṇa-
/r/	-o ra-	-os r̄a	-ora-	-or̄a-

Luego la alternancia contextual de las variantes iniciales [*l*] ~ [*ḷ*], [*n*] ~ [*ṇ*], [*r*] ~ [*r̄*], desaparecería por generalización de una de ellas: en leonés y en catalán, la variante «fuerte» ([*t͡suna*], [*ḷuna*], *lluna* < *luna*); en castellano, en cambio, la variante débil (*luna*) para el caso de /l/; en casi toda la península la variante débil en el caso de /n/ (aunque a veces la [*n*] moderna puede ser resultado de una cacuminal antigua), salvo zonas leonesas (*ñariz*); para el caso de /r/, la variante fuerte [*r̄*] triunfó en todos los dialectos, igual que sucedió (si aceptamos lo supuesto al final de § 150) con las consonantes oclusivas. Evidentemente, el hecho de que la consonante inicial cesara en su variabilidad y adoptase una sola realización independientemente del contexto precedente es, en parte, consecuencia de la fonematización de esas variantes fuerte y débil en posición interna, y también acaso consecuencia de que la pérdida de ciertas consonantes o vocales finales de la palabra precedente hizo que las variantes iniciales pudieran aparecer una y otra sin motivación contextual (por ejemplo: **viened ḷuego* > **viene ḷuego* > *viene luego; *venide luego* > *venid luego*). Pero lo que no queda aclarado es el por qué en unos casos se generalizó en posición inicial la variante fuerte y en otros la débil [60]; esto es, por qué /r/ inicial se igualó con /rr/ en todas partes, por

---

[60] Problema planteado por MARTINET, art. cit. en nota 51, y *Economie*, § 11.33, y por D. CATALÁN, art. cit. en nota 58, especialmente pág. 36, que lo vuelve a tocar en *Dialectología y estructuralismo diacrónico*, La Laguna (1959), págs. 10 y sigs., rechazando la solución de Martinet.

qué /l/ inicial se igualó con /ll/ en gallego-portugués, leonés
y catalán; por qué /n/ inicial se igualó con /nn/ en gallego-
portugués y en zonas del leonés, y por el contrario, en castellano, /l/ y /n/ iniciales no se igualaron con [ḷ] y [ṇ], resultados de las geminadas /ll/ y /nn/. Lo excepcional parece,
pues, el tratamiento castellano de las iniciales /l/ y /n/. Para
explicar la conservación de /l/ inicial, se ha aludido a los
resultados de los grupos iniciales /pl/, /kl/ y /fl/, que, como
es sabido, dan en castellano [ḷ]. Entonces la generalización
de [l] para /l/ inicial se debería a la intención distinguidora
respecto de la [ḷ] resultado de aquellos grupos; de lo contrario, *lana* y *plana* (> *lana*, *llana*), *lama* y *flamma* (> *lama*,
llama), *lausa* y *clausa* (> *losa*, *llosa*) habrían coincidido. En
catalán, donde aquellos grupos se mantienen, la /l/ inicial ha
confluido con la geminada en [ḷ]. Pero en leonés resulta que,
en general, tanto los tres grupos como la /l/ inicial se han
igualado con la geminada ([ḷ] o [tˢ]), y en las zonas en que el
resultado de los tres grupos es distinto de /l/ inicial, ésta es,
sin embargo, igual a la geminada; y en aragonés, donde los
grupos permanecen intactos (como en catalán), la /l/ inicial,
no obstante, presenta (como en castellano) la realización [l].
Por tanto, según D. Catalán, no es válida la explicación propuesta. Sin embargo, el hecho de que dos realizaciones con-
fluyan en unas zonas (perdiéndose distinciones), no implica
que en todas partes se desatienda la intención diferencial:
aunque en el leonés confluyeron los resultados de /pl, kl, fl/
con el de /l/ inicial (generalizándose la variante fuerte de
ésta), no hay motivo para creer imposible que en el castellano se evitara esa confluencia mediante la generalización
de la variante débil de /l/ inicial [l] [61].

---

[61] De igual modo, el hecho de haber confluido la africada /ŝ/ medieval (de *caça*) con la sibilante de *casa* en el andaluz y en el español

152. En los inicios de los romances españoles podemos suponer un sistema de consonantes, basado en el esquema de tendencias expuesto al final de § 149, que constaría de las siguientes series:

1) Oclusiva sorda: /p, t, k/, provenientes de lat. /p, t, k/ iniciales o posconsonánticas y de /pp, tt, kk/ y grupos asimilados como /pt/; además /ţˢ/ procedente de /kᵉˑⁱ/ inicial o tras consonante, de /kkᵉˑⁱ/ y de los grupos /tj/ y /kj/ posconsonánticos [62].

2) Oclusiva sonora: /b, d, g/ procedentes de lat. /b, d, g/ iniciales o posconsonánticas, de /bb, dd/ y de /-p-, -t-, -k-/; y además las palatales o palatalizadas /ₔᶻ/ y //ₔʸ/: la primera originada por la sonorización de /kᵉˑⁱ/, /tj/ y /kj/ [62] intervocálicos, y la segunda, resultado de /dj/, /gj/, /i/ consonántica, y de /gᵉˑⁱ/ inicial o posconsonántica [63].

3) Fricativa sorda: /f, s, š/; las dos primeras procedían del lat. /f, s/ iniciales o posconsonánticas y de /ff, ss/ (y /nf, rs/); /š/ aparecía sólo en posición interna como resultado de palatalizaciones como las de /ks, ssj/, etc.

4) Fricativa sonora: /v, đ, g̑, z/, resultados de lat. /u/ consonante y /b/ y /f/ intervocálicas, de /d/, de /g/ y de /s/ (y /ns/) intervocálicas; /v/ y /z/ presentaban un correlato sordo (/f, s/), mientras /đ/ y /g̑/, no; /v/ aparecía en posición inicial también, mientras las otras tres sólo en intervocálica.

---

americano (esto es: [káša]), no obliga a rechazar, como explicación de la /θ/ moderna del castellano, la intención de salvaguardar la distinción fonemática entre [ş] y [ś], hoy [θ] y [ś].

[62] Ya vimos que /kj/ intervocálico también se incluye en el resultado /ţs/ en Cataluña y las Galias. Véase nuestro artículo *Algunas consideraciones sobre la evolución del consonantismo catalán*, en Misc. Hom. A. Martinet, 2, p. 6 y sigs.

[63] Véase adelante § 155.

5) Nasal /m, n, ṇ/, procedentes de lat. /m, mm/ (y en zonas /mb/), de /n/ y de /nj, gn, nn/.

6) Líquidas: /l, ḷ/ procedentes de /l/, de /lj/ (y grupos con éste confluidos: /kl, gl, tl/) y posteriormente de /ll/; y las vibrantes /r, r̄/ originadas de lat. /r/ intervocálico y de /rr/ y /r/ inicial.

La localización de estos fonemas consonánticos se puede reducir a varios órdenes:

1) Labiales: /p, b, m/, sin duda bilabiales, y /f, v/, que variarían, según las zonas, entre bilabiales y labiodentales.

2) Dentales: /t, d, đ/.

3) Apico-alveolares: /s, z, n, l, r, r̄/ [64].

4) Velares: /k, g, g̑/.

5) En cuanto a /š, ḷ, ṇ/ y /đy, ṭˢ, đᶻ/, si las cuatro primeras son evidentemente palatales, cabe duda acerca de la localización de /ṭˢ/ y /đᶻ/. El resultado de lat. /kᵉ,ⁱ/, etc., esto es /ṭˢ/, mientras no aparecieron variantes de otros fonemas o grupos de fonemas que se acercasen a su realización (por ejemplo, en castellano, la solución de /ịt/, /lt/), no tenía ningún motivo para avanzar su punto de articulación (ya indicamos, § 149, que [ṭˢ] procedente de [kj] avanzaría antes que el procedente de [kᵉ,ⁱ]). Pero la realización fonética de esos grupos latinos (y de /tj/) en posición intervocálica debió desplazarse hacia la zona alveolo-dental para evitar la confluencia con los resultados también sonoros y palatales de /gj/, /dj/, etcétera. De modo que si podemos incluir a /ṭˢ/ dentro del orden palatal en los inicios romances (como parecen indicar los testimonios mozárabes), de ninguna manera /đᶻ/ debe in-

---

[64] Admitimos el carácter apical (y no predorsal) de la /s/ latina, aceptado por M. Joos, *The Medieval Sibilants*, en *Language*, 28 (1952), p. 222-231; MARTINET, *Concerning some Slavic and Aryan Reflexes of IE* s. en *Word*, 7 (1951), 91-92, y JUNGEMANN, op. cit., cap. IV, 5. Véase ahora A. GALMÉS, *Las sibilantes en la Romania*, Madrid, Gredos, 1962.

cluirse en el mismo orden: desde muy pronto sería un fonema de localización intermedia entre los órdenes palatal y ápico-alveolar, o, incluso, se integraría en este último como oclusiva (africada) sonora. En suma, el «diasistema» hispánico presentaba esta organización:

	labial	dental	alveol.	palatal	velar		líquidas	
Oclus. sordas .	p	t	←	t^s	k		r	$\bar{r}$	—
Oclus. sonoras	b	d	d^z	d^y	g		l		$ḷ$
Fricat. sonoras	v	$đ$	z	↓	$ǥ$				
Fricat. sordas	f	—	s	$š$	—				
Nasales	m	—	n	$ṇ$	—				

153. Peculiaridades cantábricas.—Este sistema o tendencia de sistema se desarrolla diferentemente en cada región hispana. Nos interesa ver ahora las modificaciones que, originadas en la zona cantábrica, se extienden, por motivos políticos y culturales, a todo el dominio castellano hodierno.

Mientras en la mayor parte de la península se desarrollaban en relativa concordancia las tendencias indicadas antes, en una pequeña región del Norte, aproximadamente la cuenca alta del Ebro, se presentan novedades. Es la cuna del castellano; en ella se originan algunos de los rasgos que caracterizan luego al idioma de los primeros documentos literarios.

Uno es el tan debatido paso de *f-* latina inicial a [*h-*] aspirada. Parece indudable que ello se deba al sustrato: al igual que el vasco, la lengua prelatina (fuera o no pariente del vas-

cuence) [65] de la región limítrofe en que nacerá Castilla, carecía de *f-* inicial, y por tanto, al oír la *f-* labiodental latina,
los indígenas hubieron de acomodarla a su manera. Según
Menéndez Pidal, el fonema autóctono que se utilizó para repre-
sentarla fue la [*h*] aspirada [66]. Las objeciones hechas desde
el punto de vista fonético a esta opinión no la invalidan;
pero desde el campo fonológico, merece atención el parecer
expuesto por Martinet [67]. Parte, desde luego, de creer el fenómeno un hecho de sustrato, pero apunta que ninguna lengua
desconocedora de /*f*/ adopta ésta por medio de una consonante laríngea; si posee oclusivas labiales aspiradas, utiliza /*ph*/, y si no, utiliza /*p*/, teniéndose, por tanto, en cuenta
primordialmente la labialidad y no la fricación [68], como sería
en el caso de la sustitución directa de /*f*/ por /*h*/. Según
Martinet, y aceptando para la lengua «cantábrica» un estado
semejante al supuesto para el vasco, esto es, la existencia
de oclusiva labial sorda aspirada, la /*f*/ latina labiodental
sería adaptada como /*ph*/, la cual llegaría luego a [φ] bilabial y a su natural debilitación [*h*] aspirada. Para el vasco
supone, en este período remoto, dos series de oclusivas iniciales: una de sordas aspiradas /*ph th kh*/ y otra de sordas
lenes /*ƀ đ g*/. Así, tanto /*p*/ como /*f*/ latinas iniciales tuvieron que adaptarse. La /*p*/ latina, que era sorda no aspirada
fortis, fue imitada por medio de la sorda lenis /*ƀ*/ (que se
sonorizaría más tarde) o de la aspirada /*ph*/ (que se debi-
litaría luego en [φ] y [*h*]); por ejemplo: *pullus* > **phoi-*

---

[65] Para el vascuence, véase L. MICHELENA, *Las antiguas consonantes
vascas*, en *Misc. A. Martinet*, 1 (1957), p. 113-157, y *Fonética histórica
vasca*, San Sebastián, 1961, p. 262 sigs. y 373 sigs.
[66] *Orígenes*, 3 ed., p. 198-233.
[67] *The Unvoicing of Old Spanish Sibilants*, en *Rom. Philology*, 5
(1951-52), p. 141-145, y *Economie*, cap. 12, págs. 297 y sigs.
[68] *Economie*, p. 306, nota 22.

lo > *oilo* 'gallina'. Igual sucedió con /f/: *filu* > **philu* > **φilu* > **hilu* > *iru*. Los latinismos más tardíos (cuando *ph* > *h*), se ven obligados a sustituir /f/ por /þ/, por ser la única labial que quedaba en el sistema: *fagu* > *þagu, festa* > *þesta*. La alternancia *pake/bake* (< p a c e m) se deberá al posterior influjo de la /p/ románica.

De igual modo sucedería en los orígenes del castellano. El latín *farina* sería adaptado como **pharina* > *φarina* > *harina,* o bien **þarina* > **parina*. Restos de esta posibilidad última cita el mismo Menéndez Pidal: río *Porma* < *forma* (*Orígenes* [3], § 41₆b).

Ahora bien, cabe objetar lo conjetural de este estado supuesto para el vasco y su vecina lengua «cantábrica», y el desconocimiento de lo que era en realidad fonéticamente el sonido que llamamos [*h*] aspirada en esta zona cantábrica. ¿Era realmente una aspiración glotal débil, o sólo fue débil cuando el castellano se amplió hacia el Sur? ¿No sería una verdadera fricativa velar o uvular, como la que se conserva (confundida con la *j* castellana moderna) en el oriente de Asturias y occidente de Santander [*x*]? En este caso supuesto, la sustitución de /f/ por [*x*] no ofrece las dificultades que se objetan a la otra hipótesis [69].

Sea de ello lo que fuere, cuando esta [*h*] penetra en ámbitos lingüísticos diferentes, donde los más cultos conservan arraigadamente la [*f*] labiodental latina, se produce un choque de dos tendencias diferentes: los norteños, de habla menos cultivada, usan siempre [*h*] (*harina,* lo mismo que *huerte*) o la pierden (*lacio* < *flaccidu*); los centrales, de lengua más conservadora o mejor aprendida, usan [*f*] (*farina, fuer-*

---

[69] Ejemplo de sustitución de [*f*] por [*x*], en JAKOBSON, *Principes de phonologie historique*, incluido en TRUBETZKOY, *Principes de Phonologie*, traducido por J. Cantineau, París, 1949, p. 323.

te, flor). El valor fonemático de estas dos modalidades en el nuevo ambiente burgalés, será el de simples variantes estilísticas (de estilo social): la [h] será más ruda, más vulgar, más familiar; la [f] más literaria, más distinguida. Pero se llegará al compromiso, al cabo de algunas generaciones, aunque la lengua escrita, salvo en contados casos, mantenga cuidadosamente la grafía *f-*: [h] se usará ante vocal silábica (*harina*), [f] ante sonido asilábico (*flor, fuerte*). Los más cultos persistirían en el empleo de [f] para ciertas palabras (por ejemplo: *fe*), y a la larga, ambas variantes [h] y [f] se consolidarán en sus distintas conquistas; al poder aparecer en la misma posición, resultan fonemas distintos. Es la situación observable a fines del siglo xv, en la lengua cultivada. En el habla más popular o familiar, seguramente, esta diferenciación fonemática *f/h* no se consumó: recuérdense los rusticismos (*a la he*, por ejemplo, frente *a la fe*). Cuando [h] desaparece, queda la otra variante [f] como única actualización del fonema [70].

Durante toda la edad media, pues, [f] y [h] pudieron funcionar indiferentemente sin perturbar la comprensión de las palabras. El análisis fonemático nos haría considerar este fonema como compuesto exclusivamente de los rasgos continuo, sordo y grave (de resonador bucal único); el punto de articulación, en el orificio anterior de la cavidad fonadora o en el orificio posterior, carecía de valor diacrítico. La permutación de [f] y [h] explica que la mayoría de los arabismos con sonidos laríngeos o faríngeos se representaran en español por [f] o [h] indistintamente [71].

---

[70] En las zonas donde se mantuvo [h], al aparecer la fricativa moderna [x] en el siglo xvii, no fue posible diferenciarlas, e inexorablemente confluyeron: en el Sur, en [h] (con sus variedades); en el Norte, en [x].

[71] Comp. mis notas sobre *Alternancia de «f» y «h» en los arabis-*

154. La especial situación fonológica del fonema /f/ en Castilla la Vieja (en su fracción más antigua), dejó relativamente aislado al fonema /v/, que hasta el siglo XVI fue en la mayor parte de la península una fricativa labiodental [72]. Es muy posible que, desde el principio, la zona donde nació el castellano ignorase la articulación labiodental y mantuviese para /v/ (esto es, lat. /u/ consonante y /b/ intervocálica) la pronunciación bilabial. Al carecer /v/ de un correlato sordo exclusivamente labiodental [f] y oponerse a la alternancia [f] ~ [h], sobre su localización predominó como diferencial su calidad de fricativo, que lo oponía al oclusivo /b/ (procedente de /b/ inicial y /p/ intervocálico). Pero en la región cantábrica, vecina al territorio vascuence, hay desde muy pronto testimonios de confusión entre /v/ y /b/. Parece que allí se originó un nuevo fenómeno de variación con los fonemas oclusivos sonoros: /b, d, g/ (y sin duda /ǯ/ y /ǵ/) se realizaron más débiles entre vocales, tanto internos en la palabra como en la frase. Así resultaba, para ceñirnos a uno de ellos, que /b/ era [b] oclusivo precedido de consonante o de pausa, y [b̵] fricativo tras vocal. Con ello resultó que entre vocales /v/ y /b/ venían a confluir, y sin duda más tarde /v/ desarrolló, por analogía, también una variante fuerte. Esta situación castellana, que se da también en el aragonés y se propaga del XIV al XV por el catalán, es el fermento de la pérdida de [v] labiodental durante el siglo XVI en casi toda

---

mos, en *Archivum* (Univ. de Oviedo), 1 (1951), p. 29-41. Para la explicación de· *f > h* puede verse B. MALMBERG, *Le passage castillan f > h, perte d'un trait redondant?*, en *Mélanges Petrovici*, p. 337-343, y en *Orbis*, 11 (1962), p. 160-161.

[72] A. ALONSO, *Examen de las noticias de Nebrija sobre antigua pronunciación española*, en NRFH, 3 (1949), p. 63 y sigs., y *De la pronunciación...*, págs. 23-71. De importancia fundamental para la confluencia B=V es DÁMASO ALONSO, *B=V en la Península Hispánica*, en *ELH*, I, supl., p. 155-209.

la península, y de la creación de una serie de consonantes sonoras con variación (es decir, con variantes oclusivas o fricativas, según el contexto), en la cual quedan confundidas las dos series sonoras primitivas [73]. Así, en las dos series

Oclusiva . . . . b d g
Fricativa . . . . v $đ$ g

/b/ y /v/ confluyen, y lo mismo /d/ y /đ/, /g/ y /g/ (aunque el aflojamiento de las oclusivas conllevó amenudo la pérdida de las fricativas /đ/ y /g/). Y resulta la serie /b, d, g/, realizada [$b \sim b$], [$d \sim d$], [$g \sim g$]. El mismo aflojamiento intervocálico debió ocurrir con /đ^z/ y /đ^y/, pero sus resultados no confluyeron en principio con otros fonemas [74].

155. En el diasistema (§ 152, final) hispánico hemos simbolizado por /đ^y/ los resultados de la palatalización de sonidos sonoros. Pero sabemos (§ 149) que los sonidos originarios no confluyeron totalmente, puesto que en posición intervocálica se distinguía la geminada [đđ^y] (o [ÿÿ]) de la simple [đ^y] (o [y]). Según el proceso de variación estudiado arriba, era de esperar que en posición inicial el resultado coincidiera con el geminado, y que al simplificarse la geminada, la simple intervocálica desapareciera en el romance. Es la situación ofrecida por el catalán y el portugués [75].

---

[73] MARTINET, *Economie*, pág. 311-315; JUNGEMANN, op. cit , p. 336-361, para el catalán nuestro art. cit. en nota 62, pág. 23-32. Para los resultados de lat. -D-, véase Y. MALKIEL; *Paradigmatic Resistance to sound change*, en *Language*, 36 (1960), p. 281-346.

[74] Cfr. *Algunas consideraciones sobre la evol. del cons. catalán*, citado ya, págs. 15-24. Véase adelante.

[75] Véase nuestros *Resultados de G^{e,i} en la Península*, en *Archivum*, 4 (1954), págs. 330-342, con mayor detalle.

INICIALES

/g^{ei}/ generu > gendre, genro . . . . . . ⎫
/j/ januariu > gener, janeiro . . . . ⎬ [ẑ] o [ž]
/dj/ deorsu > jus, juso . . . . ⎬
/gj/ Georgiu > Jordi, Jorge . . . . . . ⎭

INTERVOCÁLICAS

cogitare > cuidar, cuidar . . . . ·/.

maiore > major; ieiunare > jejuar . . . . ⎫
radiare > rajar; hodie > hoje . . . . ⎬ [ž]
fugio > fujo, fujo . . . . ⎭

Y de manera análoga el aragonés y el leonés (aparte ulteriores ensordecimientos).

Por el contrario, el castellano presenta un mayor ablandamiento de estas articulaciones: en posición intervocálica, la repartición de resultados es idéntica, pues /g^{ei}/ desaparece, y los otros se mantienen, o desaparecen tarde, absorbidos en vocal palatal vecina; así, frente a *cuidar, maestro, sello*, etcétera, tenemos, de un lado, *peor, hastío, poleo*, y de otro, *mayor, rayar, haya*. En esquema:

1. /-g^{ei}-/   > ·/.   —
2. /e,ij ~ dj ~ gj-/ > -y- > ·/.
3. /ªj ~ dj ~ gj-/   > -yy- > -y-

En la posición inicial, esperaríamos un tratamiento análogo a la geminada, esto es [y]. Pero como en el decurso podía ir precedida de consonante o de vocal, esta [y] se mantuvo y hasta se reforzó en el primer caso y se debilitó en el segundo:

1. -A $g^{e,i}$- ———→ -A ·/.^{e,i} (pérdida como intervocálica).
-N $g^{e,i}$- ———→ -N $y^{e,i}$
2. -A j- ———→ -A y- (como en *maiore*).
-N j- ———→ -N $ŷ$-

En efecto, /j, dj, gj/ se mantienen siempre, bien como [y], bien como [$ǯ$] o [$ž$]): *ya, yace, yunta, juego, jamás, junto*. Es posible que el castellano primitivo tuviera siempre [$ž$], y que [y] fuese la solución central (mozárabe), o bien que se generalizase una u otra variante como consecuencia de la mayor frecuencia en composición sintáctica. Igual que en interior de palabra teníamos *mayor* frente a . *arzilla*, en posición inicial alternarían: *elo yugo* ~ *elos ŷugos, elo yúez* ~ *elos ŷuezes, non seya ya mas* ~ *non seyan ŷa mas*, y más tarde se extendería una de las dos variantes (*yugo, juez, jamás*) [76]. Por el contrario, se generalizó la pérdida de /$g^{e,i}$/: *hermano, helar, encía* (pues la actual [y] de *yerno, yelo, yema*, etc., es consecuencia del diptongo /ie/ procedente de /$ĕ$/, salvo el caso de *yeso*, que requiere explicación especial) [77].

156. Por otra parte, la geminada /ll/ tendía a sustituir, como ya vimos, su cantidad por la calidad de palatal [$ļ$]. Con esto, su realización confluiría con el resultado de los grupos latinovulgares /lj/ y /$k'l$/. En la región de Burgos [78], el antiguo fonema /$ļ$/ (</lj/, /$k'l$/) se vio forzado, para mantener

---

[76] Los casos de pérdida de /y/ inicial ante vocal posterior se deben a otros fenómenos: disimilación, por ejemplo, en *iungĕre* > *[yúnyere]* > *[únyere]* > *uñir, uncir*.

[77] Art. cit. en nota 75, pág. 339.

[78] En el norte de la vieja Castilla perduró [$ļ$]: *mallo, garuyo, cascullo, amella, cervilla;* igual en vasco (García de Diego, *Gramática Histórica Española*, Madrid, 1951, p. 84 y 99), pero v. Michelena, *Fon. hist. vasca*, p. 195 sigs.

su distinción respecto del nuevo [ḽ] (< /ll/), a adoptar otra realización, que, por lo que indican las grafías y los resultados ulteriores, fue el sonido fricativo [ž] o su correspondiente africado [ǯ], justamente un sonido que no se utilizaba en posición intervocálica [79]. La tendencia era, pues:

$$/ll/ \longrightarrow [ḽ]$$
$$[ḽ] \ (< /lj/, /k'l/) \longrightarrow [ž]$$

Por otro lado, la distribución fonemática en el decurso:

POSICIÓN INICIAL	POSICIÓN INTERVOCÁLICA
ḽ-	-ḽ- (</lj/, /k'l/) ⟶ /ll/
ǯ- (< /j/)	—

mediante el cambio se completó así:

ḽ-	-ḽ- (< /ll/)
ǯ-	-ǯ- (< /lj/, /k'l/)

De todos modos, /lj/ no pudo pasar a [ž] por intermedio de un estado yeísta [y] (como hoy en zonas de América: *ll* > *y* > *ž*), porque entonces toda [y] (por ejemplo, en *mayo, poyo*) hubiera llegado a [ž] (*mažo, *požo). Martinet [80] supone que [ḽ] (< *lj*), como *-ll-* en Sicilia (o en comarcas asturianas), pasó a una [ḍ] cacuminal, que luego, para engranarse en el sistema, se rehiló confundiéndose con [ž].

Pero ¿hay que suponer el grado [ḽ] en el castellano de Burgos para los grupos /lj/ y /k'l/? En casi toda la península parece que, en efecto, ése fue su resultado. ¿Y en Castilla? Pensemos en que otros grupos con yod presentan, junto a un resultado general, otros divergentes; por ejemplo, frente a la solución normal [y] del grupo /dj/ (*radiu* > *rayo*), en-

---

[79] Sin embargo, *-nj-* y *-nn-* confluyeron en [v] sin salvaguardar la distinción.

[80] MARTINET, *The Unvoicing...* citado, pág. 136, y *Economie*, pág. 300.

contramos divergencias como [θ] (*radia* > *raza*), [ĉ] (*radia* > *racha*), o [x] (*inodio* > *enojo*). Tales resultados pueden atribuirse al diferente silabeo del grupo, considerando /d/ como final de sílaba y /j/ como inicial, o bien considerarse consecuencia de la geminación de la consonante producida por la yod. En este caso, /dj/ se realizaría [d̦d̦y] y su parte explosiva evolucionaría como cuando el grupo era posconsonántico (*argilla* >*arcilla*), y así, *radia* > *[rad̦d̦ya]* > *raza*, *inodio* > *[inod̦d̦yo]* > *enod̦žo* > *enojo*. En el caso de /lj/ y /k'l/ podemos suponer también que el resultado palatal no absorbió en la zona burgalesa a la yod y que resultaron una geminada palatal más o menos deslateralizada [ḷḷ] o [d̦d̦], que terminó simplificándose y asibilándose en [ž̦] (o [ž]). Recuérdese que los grupos /pl, fl, kl/ que iniciales dieron [ḷ], cuando van precedidos de consonante se deslateralizaron (y quedaron sordos: *mancha, ancho*); y las grafías geminadas primitivas del castellano, como *Cogga, Nogga, Naggara, Taggada, ualeggo, uiegga, etc.* [81]. Entonces podríamos suponer, por ejemplo: *palea* >*palya* > *palḷa* >*pad̦d̦a* > *pad̦ža* > *paža* > *paja*.

157. Sistema del castellano alfonsí y medieval.—Con la elevación del castellano a lengua cancilleresca se normalizan sus características. Esta lengua que comienza a escribirse es un compromiso entre el hablar docto—con influjo latino—y ei habla popular. De ahí la ausencia en lo escrito de fenómeno tan arcaico como [h] en lugar de /f/ inicial. Con la regularización ortográfica de Alfonso X ya tenemos datos fidedignos e inequívocos para poder determinar cuál era el sistema fonológico de este primer castellano literario, en el cual, como dijimos, los rasgos originarios del Norte se modificaron en parte al contacto con los rasgos de los dia-

---

[81] Menéndez Pidal, *Orígenes*, 3 ed. pág. 59.

lectos centrales. Tal sistema, consolidado en la región toledana, es el que caracteriza al castellano cultivado hasta el
siglo XVI, según lo describe Nebrija. Pero, como veremos, ya
en la Edad Media se incuban, en las regiones septentrionales,
y se van extendiendo, modificaciones que se generalizan y
triunfan en la época moderna. En el sistema alfonsí se encuentra el siguiente estado fonético: 1) oclusivas y africadas
sordas: [p, t, k, ŝ, ĉ] (ort. *p, t, c, ç-c, ch*); 2) oclusivas sonoras: [b, d, g]; a) africadas (o fricativas) sonoras: [ẑ, ẑ ~ ž]
(ort. *z, j-g*); 4) fricativas sonoras: [ƀ, đ, g] y [v, z] (ort. *v-u,
-s-*); 5) fricativas sordas: [f ~ h, s, š] (ort. *f-h, s- ~ -ss-, x*);
6) nasales: [m, n, ŋ]; 7) líquidas: [l, ļ], [r, r̄].

Fonológicamente se pueden agrupar estos sonidos en varias series: oclusiva sorda, oclusiva sonora, fricativa sonora,
fricativa sorda, nasal y líquida; y en varios órdenes: labial
(con la diferencia entre bilabial /p, b/ y labiodental /f, v/);
dental (o dentoalveolar), donde se situaban sin duda /t/,
/d/ (y /đ/ si realmente el resultado de lat. /d/ intervocálico
era aún distintivo con respecto al de lat. /t/ intervocálico,
lo que no es probable), y además las africadas escritas *c-ç*
[ŝ] y *z* [ẑ] (procedentes de lat. /k^{e,i}/, /kj/, y /tj/), que serían
articulaciones más o menos flojas.dorsodentales o dorsoalveo-
lares; por el contrario, /s/ y /z/, a primera vista sus correlatos
fricativos, eran sin duda, como hoy, ápicoalveolares [ṣ] y [ẓ],
y por tanto, podían constituir por sí solas un orden especial;
la otra africada /ĉ/ y el fonema /ž/ (realizado ya sin duda
con variantes africadas y fricativas) tampoco constituían en
puridad, un orden homogéneo: ambas eran, como /š/, dorsales, pero /ĉ/ seguramente, como hoy, más avanzada que
/ž/ y /š/, ambos palatales; para el orden velar no hay problema: /k/ y /g/. Además /f/ presentaba las dos variante
(más estilísticas que contextuales) [f] y [h], y es arriesgado

decidir a qué orden pertenecía fonemáticamente. En cuanto al carácter diferencial de estos fonemas, queda atestiguado por ciertos cotejos distintivos: la presencia o ausencia de oclusión distinguía /b/ de /v/: *uebos* (< ŏpus) / *uevos* (< ŏvos), *cabo* (< caput)/*cavo* (< cavo), y además en las posiciones de neutralización de la sonoridad no coincidían entre sí, sino /b/ con el oclusivo /p/, y /v/ con el fricativo /f/: *Lob Diez* (frente a *Lope*), *nuef* (*nueve*), *nief* (*nieve*), *of* (*ove*). Aunque en alguna zona norteña (y acaso no sólo el castellano) la sonoridad ya no fuera pertinente, era ése el rasgo que distinguía entre /s/ y /z/, /ŝ/ y /ẑ/ y /š/ y /ž/ (y en parte también el carácter más o menos flojo de la articulación): *osso* (< ursu)/*oso* (<auso), *posso* (<pulsu)/ *poso* (< pauso), *cosso* (< cursu)/*coso* (< consuo), *espesso* (< spissu) / *espeso* (< expensum); *façes* (< fasces) / *fazes* (< facis), *foçes* (< falces) / *fozes* (< fauces), *deçir* (< discedere)/*dezir* (< dicere), *faça* (< fascia)/*faza* (< facie ad); *puxar* (< pŭlsare)/*pujar* (< cat. *pujar* <*pŏdiare), *coxo* (<*coxu, coxit)/*cojo* (< colligo), *fixo* (< fixum)/*fijo* (< filium). He aquí el sistema:

| | labial | ápico- | | dorso- | | velar | (glotal) | líquidas | | |
		dental	alveol.	dental	palatal					
Ocl. sordas	p	t	—	ŝ	ĉ	k	—	r	ř	—
Ocl. sonoras ...	b	d	—	ẑ	ẑ / ž (ɤ)	g	—	l		l̦
Fric. sonoras ..	v	—	z	—	ž	—	—			
Fric. sordas ...	f	—	s	—	š	—	(h)			
Nasales	m	—	n	—	ɲ	—	—			

Hay que señalar que ciertas oposiciones eran algo vacilantes: primero, por el escaso margen de seguridad entre sus miembros, y segundo, por su distribución defectiva en el decurso. Por ejemplo, entre fricativas ápico-alveolares y dorsopalatales hay, en el castellano medieval, trueques frecuentes [82]: *visitar ~ vegitar* ([z] ~ [ž]), *tiseras ~ tigeras, cosecha ~ cogecha, simio ~ ximio* ([s] ~ [š]), *sastre ~ xastre*, e incluso casos de /š/ instalada definitivamente en lugar de /s/, especialmente en posición inicial (*jabón, etc.*) [83].

Tampoco debía de ser muy clara la distinción entre las dos series sonoras: seguramente /d/ y /g/ ya presentaban variación (y en ellas habían confluido los escasos restos de /d/ y /g/ intervocálicas latinas), y lo mismo /ž/, que sería africada tras pausa o consonante y fricativa tras vocal; y en cuanto a /b/ y /v/, su distinción sería vacilante fuera de la lengua cultivada.

158. En suma, el sistema se diferenciaba poco del de los otros dialectos hispanos, salvo en la distribución fonemática en la cadena hablada y la especial situación de /f/, que poco a poco iba desarrollando la posibilidad de fonematizar sus dos variantes [f] y [h]. A primera vista, hasta el siglo XVI el sistema se mantiene sin variación; pero ciertos rasgos de la lengua hablada, no toledanos, sino norteños, lo fueron minando, extendiéndose paulatinamente gracias al poco rendimiento de ciertas oposiciones del sistema toledano: la omisión de la diferencia oclusiva-fricativa con las sonoras era natural que se propagase, pues sólo era pertinente en el caso

---

[82] Cf. A. ALONSO, *Trueques de sibilantes en antiguo español* en *NRFH*, 1 (1947), p. 1-12.

[83] El origen «morisco» (esto es, mozárabe) sólo es válido en algunos de estos casos. Cf. JUNGEMANN, op. cit., cap. IV y ALONSO, cit. en nota precedente.

de /b/-/v/; de igual modo, la distinción sorda-sonora, combinada con las sibilantes, sólo era pertinente en posición interna intervocálica, y así las confusiones /ŝ/ = /ẑ/, /s/ = /z/,
/š/ = /ž/ se empiezan a dar en el Norte (y no sólo en castellano). Por otra parte, el orden velar (frente al labial, por
ejemplo) presentaba muchas lagunas, y en cambio había una
excesiva acumulación fonemática en las zonas dento-palata-
les (diferencias entre /t/, /ŝ/, /ĉ/, etc.); gráficamente, frente a zonas baldías, en barbecho, había otras de excesivo cultivo. Parece natural que la economía intentara reorganizar
el sistema integrando mejor sus miembros, aprovechando las
posibilidades articulatorias no utilizadas, y aclarando las
zonas enmarañadas y frondosas. Este reajuste, paralelo fonológicamente a lo que ocurre en otros romances, se cumple
en las centurias clásicas; pero aunque sus rasgos esenciales (aflojamiento de africadas, reducción de puntos de articulación diferenciales, etc.) sean comunes con los otros romances (portugués, catalán, francés, etc.), los motivos que con-
ducen a que el reajuste se produzca fonéticamente de la
manera en que ocurrió son particulares a la península, y
condicionados, por tanto, por la situación peculiar hispánica
(sustratos, bilingüismo, nivelación de dialectos convivientes
e importados en una misma zona, etc.). Por ejemplo, las africadas procedentes de las palatalizaciones se han aflojado y
han desplazado su punto articulatorio en toda el área galo-
hispana, y se puede aceptar la comunidad de este rasgo evo-
lutivo (a pesar de su distinta cronología en cada zona); pero
el modo y el resultado de tal proceso es diferente en cada
dialecto [84].

---

[84] Cf. A. ALONSO, *De la pronunciación*, pág. 101 y nota 7. Y adelante § 160.

159. Reajuste de los siglos XVI y XVII.—Las modificaciones implantadas en esa época en el castellano general y literario no son resultado de una rápida evolución, o revolución, fonética, como a primera vista parece, al comparar la norma nebrisense con la que propugna, por ejemplo, Correas un siglo después [85]. Se trata más bien del triunfo de modalidades preexistentes, dialectales, sobre las hasta entonces consideradas como más pulidas y refinadas. Es, pues, un cambio de la norma fonológica, y los fenómenos fonéticos que la produjeron proceden de los siglos medievales y de ciertas zonas. El triunfo de la nueva norma es un fenómeno social, es una subversión de la estimativa lingüística cortesana. El buscar los motivos de esta subversión tiene que basarse en datos ya no lingüísticos, sino puramente histórico-sociales, y no podemos aquí entrar en el problema. No debe, sin embargo, olvidarse que los caracteres de la nueva norma venían en parte a reorganizar un sistema bastante disperso y poco económico, en especial en los órdenes intermedios entre el dental y el velar; es decir, acaso los puntos débiles del antiguo sistema fueron una condición—pasiva—para que triunfara el nuevo.

Las particularidades fonéticas del castellano moderno, respecto del medieval, son las siguientes:

1) Frente a los dos fonemas /f/ y /h/ toledanos, que en Castilla la Vieja, a fines de la Edad Media, eran /f/ y cero (nacidos, como sabemos, de la fonematización de las dos variantes primitivas [f]—de los cultismos y dialectalismos— y [h]), ahora, por la extensión de la pérdida de /h/, queda sólo /f/, salvo en zonas marginales, donde ha perdurado /h/ (confluyendo con otros fonemas).

---

[85] Cf. G. Correas, *Arte grande de la lengua española castellana*, ed. y pról. de E. Alarcos García, Madrid, 1954.

2) Frente a la oposición *b/v* medieval, ahora se instala la confusión, que vimos era muy antigua en el Norte (esto es, /*b*/ con variantes combinatorias oclusivas y fricativas).

3) Pérdida de la distinción sorda/sonora entre las sibilantes, en beneficio de las variantes sordas: *s/z, ŝ/ẑ* y *š/ž* se igualan (como parece venía sucediendo desde mucho antes en el Norte).

4) Velarización de las antiguas palatales /*š, ž*/.

5) Interdentalización y pérdida del elemento oclusivo de las antiguas africadas dentales /*ŝ, ẑ*/.

Sabemos que los fenómenos 1 a 3 son antiguos, y que oponían en la primera mitad del siglo XVI la norma toledana (y cortesana), conservadora de las diferencias, a los castellanos viejos, entre los cuales ya se habían consumado los tres cambios (pérdida de /*h*/, igualación de *b/v* y desaparición de la sonoridad) [86]. En cuanto a la igualación de /*b*/ y /*v*/, hemos indicado que venía a completar la formación de una serie de consonantes sonoras, cuyo modo de articulación, oclusivo o fricativo, es puro resultado de su posición sintagmática. Así, las dos series antiguas de oclusivas /*b, d, g, ẑ*/ y fricativas /*ƀ, đ, g, ž*/ quedaban fundidas en una sola, y la variación, ya existente antes, entre [*d*] ~ [*đ*] /*d*/, [*g*] ~ [*g*] /*g*/, [*ẑ*] ~ [*ž*]/*ž*/ [87], se extiende al otro miembro labial:

---

[86] Testimonios como el de fray Juan de Córdoba, que abandonó España en 1540, y escribe que los de Castilla la Vieja dicen *açer, xugar, alagar*, mientras los de Toledo dicen *hazer, jugar, halagar*.

[87] A. ALONSO, *Las correspondencias*, en *RFH*, 8 (1946), pág. 15 nota 1, dice que esta africada [ẑ] «todavía mantenida en la primera mitad del siglo XVI, pudo ser fricativa mucho antes, condicionadamente. Hoy mismo la conservan los judíos españoles en posición inicial y tras consonante (ẑeneral, ánẑel, verẑel), pero la pronuncian fricativa entre vocales (viežo, paža, ožo)».

/b/ - /v/ → [b] ~ [ƀ], igual que ya sucedía desde muy antiguo en Castilla la Vieja y comarcas limítrofes[88].

160. El fenómeno 3 ha sido objeto de muy atentos estudios[89]; en resumen, a lo largo del siglo XVI, la indistinción de sibilantes sordas y sonoras, primero sólo típica de la Castilla norteña, se impone sobre el reino de Toledo y a toda la península de habla castellana: así, Villalón, castellano viejo, en 1558; Benito Ruiz, madrileño, en 1587; el lexicógrafo Covarrubias, toledano, en 1610; Bonet, también en Toledo, 1620 y Correas, extremeño y profesor en Salamanca, atestiguan la igualación. En la propagación del fenómeno tuvo, sin duda alguna, influencia el escaso rendimiento funcional de las antiguas oposiciones sorda/sonora (s/z, ŝ/ẑ, š/ž). El origen del fenómeno, según Martinet[90], parece razonable achacarlo a la lenta acción de siglos del primitivo sistema «cantábrico», nacido bajo el influjo del sustrato semejante al vasco, en el cual se ignoraban las sibilantes sonoras; por tanto, la pérdida de la sonoridad de las sibilantes sería resultado de esa

---

[88] Creemos arriesgado suponer que la igualación /b/ = /v/ es en otros dialectos pura repercusión y propagación del castellano: en aragonés es muy antigua y en leonés aparecen confusiones tempranas entre ambos. Para el catalán continental (que cumpliría la igualación a fines del XIV o principios del XV), véase nuestro art. cit., en *Misc. Martinet*, 2, págs. 28-31. Véase para la historia de la igualación /b/ = /v/ en el toledano A. ALONSO, *De la pronunciación...*, págs. 23-71, y JUNGEMANN, op. cit., p. 336-361. Ahora el estudio de DÁMASO ALONSO, en *ELH*, I, supl., p. 155-209.

[89] Cf. MARTINET, *Economie*, págs. 297-325; A. ALONSO, *De la pronunciación*, págs. 93-450 (y reseña de L. MICHELENA, en *Bol. Soc. Vasc. Am. Pais*, 10 [1954]); D. CATALÁN, *The end of the phoneme /z/ in Spanish*, en *Word*, 13 (1957), págs. 283-322, y *El çeçeo-zezeo al comenzar la expansión atlántica de Castilla*, en *Boletim de Filologia*, 16 (1957), páginas 306-334; R. LAPESA, *Sobre el ceceo y el seseo andaluces*, en *Misc. Martinet*, 1, págs. 67-94; JUNGEMANN, op. cit., págs. 318-335.

[90] MARTINET, *The Unvoicing...*, pág. 220, nota 2, y *Economie*, p. 316.

extensión, impuesta con lentitud y seguridad, a través de años y regiones, a todo el ámbito castellano moderno [91].

Tenemos, pues, que los fenómenos 1 a 3 no son más que la consecuencia del cambio de la norma social toledana por la castellana vieja. Motivos sociales, que aquí no podemos tratar, trasladaron el prestigio al habla norteña, que, impuesta en la corte madrileña, irradió hacia las demás regiones. Se trata de una propagación, geográficamente en dirección Norte-Sur, socialmente de abajo a arriba, de las clases populares a las cultas [92].

Por el contrario, los otros dos fenómenos 4 y 5 pertenecen a diferente proceso. La velarización de /š, ž/ no penetró ni en las hablas leonesas, ni en el dominio catalán, ni en las zonas del aragonés pirenaico no castellanizado. Por otro lado, los testimonios de velarización son relativamente tardíos, y sólo debió cumplirse en el siglo XVII. Durante el siglo XVI son inequívocos los testimonios de su carácter palatal, con frecuentes equiparaciones con la pronunciación italiana o francesa: /š/ como en francés *chevalier*, como italiano *pos-*

---

[91] E incluso penetró en el dominio catalán, donde el valenciano llamado «apitxat» presenta idénticos ensordecimientos. Los ensordecimientos del leonés —y del asturiano— se suelen atribuir también a la época en que el sistema castellano viejo se impone sobre el toledano; no obstante, creemos que un estudio detenido de los documentos asturleoneses medievales nos llevaría a otra opinión: en muchos documentos asturianos del XIII y XIV hay casos indudables de ensordecimientos de /ż/ y /z/, de los que nos ocuparemos en otra parte: *façer, diçen, raçon*, etc. Ver también D. ALONSO, *ELH*, I, supl., p. 85-103.

[92] Hay dos zonas, marginales del reino de Toledo, donde la desonorización no alcanzó: una en Extremadura y otra en los confines del dominio castellanoaragonés con el catalán. Para la primera véase: A. M. ESPINOSA, *Arcaísmos dialectales*, anejo 19 de *RFE*, y para la segunda, R. MENÉNDEZ PIDAL, *Manual Gram. Hist. esp.*, 6, p. 115, nota 1, y M. SANCHIS GUARNER, *Noticia del habla de Aguaviva de Aragón*, en *RFE*, 33 (1949), p. 43. Pero en una y en otra se han producido confluencias de /š, ż/ con otros fonemas, bien con /d/, bien con /s-z/.

cia, pesci, /ž/ como italiano *generoso,* etc. A fines del siglo
parece que algunos gramáticos se refieren a articulaciones
dorsopalatales muy retrasadas, tipo «ich-Laut» alemán, como
Torquemada («se pronuncian en lo último del paladar, cerca
de la garganta» 1574) y Oudin, 1597 (se pronuncian «retour-
nant la pointe de la langue vers le haut du palais et en de-
dans de la gorge»). Pero en el XVII, Sumarán (1626), Correas
(1630), Mulerius (1636) y otros las equiparan a *ch* alemana
([x] ~ [χ]), a χ griega, o a las variantes toscanas aspiradas
de /k/ (la «gorgia»), y además se señala, como el sevillano
Juan de Robles o Correas, la confusión de esta nueva articulación velar con la antigua /h/ aspirada producida entre «el
vulgo de Andalucía la baja» [93]. Claro que en el sistema existían condiciones para que triunfara la innovación: en el
orden velar no existían consonantes fricativas sordas, y, por
otra parte /s, z/, ápico-alveolares casi palatales, estaban
muy cerca del punto articulatorio de /š, ž/. Esta velarización se produjo ¿antes o después de la confluencia de sordas
y sonoras?, es decir, ¿/š/ y /ž/ confluyeron primero en /š/ y
luego se hizo ésta /x/, o bien aquéllas pasaron primero a /x/
y /g/ y luego confluyeron? Parece que la pérdida de la sonoridad fue anterior: primero, porque ya está atestiguada pronto en el Norte, y segundo, porque un *[g] procedente de /ž/
habría confluido con la variante [g] del fonema /g/, lo cual
no sucedió.

El fenómeno 5, la interdentalización de /ŝ/ y /ẑ/ es un
proceso sólo definitivamente cumplido muy tarde, pues si los

---

[93] Véase nuestro *Esbozo de una fonología diacrónica del español,*
en *Est. ded. a Mdez. Pidal,* 2, págs. 31-33. Schopp, en 1629, declara que
tal articulación y su triunfo procede del habla femenina. No hay otros
datos que lo confirmen, pero muy bien pudo ser a través de las mujeres de la corte como el fenómeno se extendió en vigencia social, aunque sin duda preexistiera como variante.

testimonios inequívocos de la articulación [θ] son del siglo XVIII [94], no podemos creer que estuviera realmente extendido antes de la segunda mitad entrada del XVII. Pero la interdentalización no es más que un pequeño reajuste para salvaguardar distinciones, ocurrido sólo porque otros fenómenos habían modificado previamente las antiguas africadas /ŝ/ y /ẑ/. En efecto, la condición para la interdentalización (así como para los fenómenos andaluces y americanos del ceceo) es que tales africadas se aflojasen perdiendo su elemento oclusivo. Tal proceso es común—no cronológicamente—a muchos romances, y podemos suponer que ocurrió primero en el fonema sonoro /ẑ/, pues como tal sonoro debió incurrir en el proceso de variación contextual de los otros oclusivos sonoros (/b/, /d/, /g/, /ž/), es decir, que en posiciones tras consonante y pausa sería [ẑ], pero entre vocales sería /ʒ/ (una fricativa dorso-dental y no ápico-alveolar como el fonema /z/) [95]. Es, pues, muy probable que en la primera mitad del XVI, /ŝ/ y /ẑ/ se opusiesen de igual modo que /p/ y /b/, /t/ y /d/, etc., es decir, simplemente por la sonoridad: frente a los sordos siempre oclusivos /p, t, ŝ/ se oponían los sonoros /b, d, ẑ/, unas veces oclusivos [b, d, ẑ] y otras fricativos [ƀ, đ, ʒ]. Un poco más tarde el ablandamiento de la africada alcanzó también a /ŝ/, acaso porque si a las sibilantes sonoras ápico-alveolar /z/ y palatal /ž/ se oponían sordas fricativas /s/ y /š/, análogamente a la sibilante sonora [ʒ] (/ẑ/) se debería oponer una sorda fricativa (y no africada) [ş] también predorso-dental. En ciertas zonas, este ablan-

---

[94] A. ALONSO, *Formación del timbre ciceante en la «c, z» española*, en *NRFH*, 5 (1951), págs. 121-172 y 263-314, y *De la pronunciación...*, páginas 396-410.

[95] En catalán también /ẑ/ perdió la oclusión e incurrió en ulteriores modificaciones bastante antes que su primitivo correlato /ŝ/ sordo, cfr. nuestro art. cit., en *Misc. Martinet*, 2 págs. 17 sigs. y 26 sigs.

damiento de ambas africadas es temprano: en Sevilla y en toda su comarca, durante el siglo xv, hay testimonios de que /ŝ, ẑ/ no eran más que fricativas predorso-dentales [ş, ᶎ] (como hoy en el norte de Portugal) [96]. Por tanto, la transformación de estas africadas en fricativas es anterior a la confluencia de ambas en un solo sonido sordo [97]. La fecha de propagación de la igualdad /ŝ/ = /ẑ/ se puede rastrear por los testimonios de los gramáticos y escritores del siglo xvi: según éstos, la confluencia castellana vieja (ya cumplida a principios del siglo) penetra en el habla de la corte de Madrid y Toledo en el último tercio del siglo, con tal fuerza que en el último cuarto hasta los maestros de escuela propugnan la indistinción [98]. Y así, en el siglo siguiente, ni Covarrubias ni Correas hacen distinción alguna.

161. Vimos que el debilitamiento de /ŝ/ y /ẑ/ no es típico del castellano, sino común con otros romances. Lo que caracteriza al castellano—y a los dialectos limítrofes—es el ulterior cambio del punto de articulación de la fricativa resultante /ş/ predorso-dental. Había entonces (en las zonas en que se habían aflojado y confluido las dos africadas) tres fricativas sordas, de tipo sibilante, entre las cuales existía muy escaso margen de seguridad: /ş/ predorso-dental (proveniente de /ŝ, ẑ/), /ś/ ápico-alveolar y /š/ palatal. Ya indicamos que la escasa diferencia entre estas dos últimas (que

---

96 Cf. Catalán, y Lapesa, art. citados en nota 89.

97 Así piensa, con razón, D. Catalán, *The end of the phoneme /z/*, ya citado, en contra del parecer de A. Alonso, *De la pronunciación...*, que creía que hasta el siglo xvii perduraba alguna distinción entre ambos, aunque no por la oposición sorda/sonora, sino porque /ŝ/ sería todavía africada, mientras /ẑ/, aunque ensordecida, ya fricativa.

98 D. Catalán, *The end...*, p. 304. Para todo esto, véase R. Menéndez Pidal, *Sevilla frente a Madrid*, en *Misc. Martinet*, 3, p. 99-165.

había producido ya trueques entre ambas en la época me-, dieval) es uno de los motivos sistemáticos de la velarización de /š/, que pasando a [x], llenaba la casilla vacía de fricativas velares. Pues bien, un análogo desplazamiento, preventivo de confusiones, afectó al nuevo /ş/, sólo diferenciado del antiguo /ṡ/ por la diferencia predorso-dental/ápico-alveolar; así, al mismo tiempo, haciendo intervenir más y más al ápice de la lengua y al filo de los incisivos superiores en la articulación de /ş/, éste pasó a ser homorgánico fricativo de la oclusiva /t/ y su correlato sonoro /d/, es decir, se hizo interdental (como las variantes flojas de /d/). En esquema:

$$/ş/ \leftrightarrow /ṡ/ \leftrightarrow /š/ \qquad \text{resulta en español moderno}$$
$$/\theta/ \quad /s/ \quad /x/$$

Con ello, la oposición de las sordas oclusiva/fricativa que se daba en *p/f* se extiende a todo el sistema, y tuvimos *t/θ, č/s, k/x*. Por otra parte, la disociada situación sistemática de las oposiciones en los órdenes dental a palatal en el sistema medieval:

p	t		ṡ	č	k
b	d		ẓ		g
v		z		ž	
f		s		š	

adquiere mayor trabazón:

p	t	č	k
b	d		g
f	θ	s	x

Es decir, frente a las localizaciones diferenciales ápico-dental (de /t/), ápico-alveolar (de /s/), dorso-dental (de /ṡ/), dorso-palatal (de /č/), ahora sólo resultan distintivos dos órdenes: uno dental (de /t/ y /θ/) y otro alveolo-palatal (de /č/ y /s/).

162. Tal situación, en lo que respecta a las antiguas africadas /ŝ/ y /ẑ/ (> /θ/) se dio también en leonés y aragonés, y penetró parcialmente en gallego. Otros romances (dialectos norteños del portugués) conservaron (aparte la sonoridad) la distinción [ṣ]/[ṡ] inmodificada, o bien presentaron una solución confundidora en lugar de distinguidora (así, más tempranamente en el catalán, donde el nuevo /ṣ/ predorsal fue absorbido por el apical /ṡ/; o bien el portugués centro-meridional, donde la confluencia de [ṣ] y [s] se produjo, resultando un solo fonema /s/, realizado predorsal [ṣ] o bien palatal [š] en ciertas posiciones, donde se neutraliza con el fonema /š/) [99]. En una amplia zona del castellano, la andaluza (y en su prolongación canaria y americana), donde vimos que el ablandamiento de las antiguas africadas precedió al del castellano, tampoco se mantuvo la diferencia /ṡ/ apical y /ṣ/ predorsal: incluso antes de que la pérdida de la sonoridad alcanzara al Sur, las dos sibilantes confluyeron en beneficio de la realización predorsal [ṣ], originando el fenómeno llamado en el XVI *ceceo* (igualación de /ŝ/ y /s/ en favor de [ṣ]) y *zezeo* (igualación de /ẑ/ y /z/ en favor de [ẓ]). De este fenómeno, cuando la confluencia castellana de sordas y sonoras se propaga al Sur a fines del XVI, queda sólo el *ceceo*, que significaba la igualación de la predorsodental y la ápico-alveolar en favor de la primera, es decir, en realizar tanto /ṣ/ como /ṡ/ con la articulación [ṣ] (mientras el *seseo* se reservaba para esa igualación realizada con

---

[99] Para el portugués, cf. TH. R. HART, Jr., *Notes on Sixteenth-Century Portuguese Pronunciation*, en *Word*, 11 (1955), págs. 404-415. Además, S. DA SILVA NETO, *História da Língua Portuguêsa*, Río de Janeiro, 1952-57, págs. 484 y sigs., especialmente p. 486, donde se recoge la comunicación de LUIS F. L. CINTRA (al *Congresso da Lingua falada no teatro*, de Bahía, 1956) sobre las sibilantes portuguesas y su distribución actual.

la apical [ś], como en el catalán) [100]. Sólo modernamente se distinguen el *ceceo* y el *seseo* andaluces con otro criterio, según que la primitiva [ş] predorsal se realice con un orificio plano (como nuestra [θ]) o con un canal longitudinal (como las sibilantes); pero todas las variedades andaluzas hodiernas del fenómeno (dento-interdental [θ], o predorso-dental [ş] o corono-dental [s̄]) son históricamente *ceceo* (en la pronunciación del siglo XVI [şeşéo]), es decir, articulación de la antigua apical /ś/ como una predorsal igual a /ş/.

Resumiendo, los fenómenos que se extienden en los siglos XVI y XVII, modificando la situación del sistema medieval, pueden representarse en este gráfico:

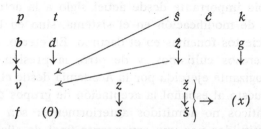

Sin duda en esa misma época, al velarizarse las antiguas palatales /š, ž/, debió comenzar el refuerzo de la /i/ [y ~ j] en posición consonántica, incurriendo en una variación análoga a la de /b, d/, etc., es decir, realizándose tras pausa o tras consonante, como [dy] (o [ŷ]) y como [y] entre vocales. Con ello se intentaba colmar el vacío de las sonoras en el orden palatal, orden aún hoy poco trabado (como indicamos en § 113), pues la sorda /ĉ/ es dorso-alveolar o prepalatal y la fricativa /s/, por el contrario, es ápico-alveolar, mientras el nuevo fonema /y/ es dorso-palatal y algo más retrasado que /ĉ/. Esta situación explica en parte las modificaciones

---

[100] Cf. LAPESA, art. cit. en nota 89.

articulatorias de esos fonemas en algunas zonas: la frecuencia de /ĉ/ más alveolar que palatal, la articulación rehilada
y estrecha de /y/ (como [ž]) que se desplaza hacia adelante
aproximándose a /ĉ/, etc. Pero todavía el que podemos llamar orden alveolo-palatal no está definitivamente constituido.

163. MODIFICACIONES EN EL SISTEMA ACTUAL.— El sistema
castellano general, cuajado en el siglo XVII, es el hoy aún
vigente, que, pese a particularidades locales, se mantiene por
la ventaja de la intercomunicación y por la facilidad moderna del intercambio y la propagación de las formas presti-
giosas de hablar [101]. En la lengua correcta, sólo hay que señalar
un cambio importante desde aquel siglo a la actualidad. Se
trata no de modificación en el sistema, sino en la distribución de ciertos fonemas en el decurso. En efecto, de un lado
los numerosos cultismos, y de otro, la presión normativa
y etimologizante ejercida por la Academia desde el siglo XVIII
han impuesto al español la aceptación de grupos de fonemas
consonánticos no admitidos anteriormente: son grupos todos constituidos por una consonante final de sílaba seguida
de otra u otras que inician la siguiente; con ello, grupos latinos que habían sido eliminados han vuelto a ser posibles en
los esquemas distributivos del español: *pacto, apto, obnubi-
lar, digno,* etc. (cfr. § 124).

Otras modificaciones, aunque no admitidas por la norma
oficial, han alcanzado (aparte del seseo andaluz-americano)
gran extensión en las hablas castellanas. Dos son los fenómenos que vamos a señalar:

1) La confluencia de /ļ/ y /y/, y

---

[101] Para lo que sigue, ver *Algunas cuestiones fonológicas del español de hoy,* en *Presente y futuro de la lengua española,* II, p. 151-161,
Madrid, 1964.

2) La pérdida, o al menos el debilitamiento de /s/ final en algunas zonas.

Ambos hechos no son, sin embargo, una peculiaridad del español, pues con anterioridad se han cumplido en otras lenguas; por ejemplo, el francés. En cuanto al primero, hay que reconocer que hoy la confluencia en sí ha ganado en estimación social y que se trata de un fenómeno urbano frente al mayor conservadurismo de las zonas rurales que mantienen la distinción. Madrid es yeísta, y aunque el habla de la capital no tiene en España el poder irradiante que posee, por ejemplo, en Francia París, ello, no obstante, contribuye a que la igualación goce de plena admisión en la lengua culta. A grandes rasgos, la mitad sur de la península es yeísta, como América (salvo raros islotes), mientras la mitad norte de España (salvo la mayoría de las ciudades y sus zonas de influencia) conserva la distinción /l̦/-/y/. Evidentemente no tiene un rendimiento funcional muy amplio. Sin embargo, parece más bien que uno de los motivos de la igualación es el carácter aislado de tal oposición. La realización del resultado de esta confluencia varía, según las zonas, desde el yeísmo normal, con variantes [dy] y [y] según su posición, hasta las articulaciones tipo [ž] o [š], dialectales o vulgares [102].

El segundo fenómeno, debilitamiento de /s/ implosiva, se acusa en muy diversos grados. El menos chocante (y, por tanto, casi inconsciente en quienes lo practican) es la reali-

---

[102] Para todo este asunto, véase A. ALONSO, *La «ll» y sus alteraciones en España y América*, en *Est. ded. a Mz. Pidal*, 2, págs. 49-89, incluido también en *Estudios lingüísticos (temas hispano-americanos)*, Madrid, 1953, p. 196-267. También los trabajos de J. COROMINAS, *Para la fecha del yeísmo y del lleísmo*, en *NRFH*, 7 (1953), págs. 81-87, y A. GALMÉS, *Lle-yeísmo y otras cuestiones ling. en un relato morisco del siglo XVII*, en *Est. ded. Mz. Pidal*, 7 (1957), págs. 273-307.

zación [ɹ] fricativa ante consonante sonora, típica de Madrid (*desde* [déɹðe]), y que sin duda es el origen del debilitamiento más avanzado en la mitad meridional de la península, las Canarias y América. En estas zonas /s/ implosiva se realiza [h], y se llega a producir a veces una fusión entre tal variante y la consonante siguiente (por ejemplo, en la Mancha, *rasgo* y *rajo*, realizados prácticamente idénticos como [r̄áxo]). La situación es más avanzada en Andalucía, donde la realización [h] ha llegado a desaparecer, por lo menos ante pausa. Además, en la Andalucía oriental (y parcialmente en zonas americanas) tal fenómeno conlleva importantes consecuencias en el sistema vocálico, que queda subdividido fonéticamente en dos subsistemas, uno de vocales más abiertas y más largas, y otro de vocales más cerradas y más breves, según las vocales fueran seguidas o no de una primitiva /s/ implosiva. Esta distinción de la vocal final actuó también metafonéticamente sobre las vocales anteriores de la palabra, de forma que en ciertos lugares, por ejemplo, las vocales de los plurales, son todas abiertas, y las de los singulares correspondientes, todas cerradas: [bjé̦ho̦]/[bjé̦ho̦]. Ahora bien, como en otras posiciones que no sea ante pausa, la vocal, aunque se abre, no se alarga, y además la consonante siguiente se modifica y se gemina, fonológicamente hemos de admitir la existencia en tales casos de un fonema /h/ en el decurso, cuya acción repercute tanto sobre la vocal precedente como sobre la consonante siguiente: *los ves* se distingue de *lo ve* mediante las realizaciones [lo̦ φφé̦:]/[lo̦ b̦é̦]. Este fonema /h/ del andaluz oriental sería, pues, heredero, primero, de la antigua /h/ castellana (exclusivamente inicial); luego, de las antiguas palatales /š, ž/ (que el castellano velarizó en /x/), y, por último, de la /s/ implosiva [103].

---

[103] Para esto véase nuestro trabajo *Fonética y fonología (a propósito de las vocales andaluzas)*, en *Archivum*, 8 (1958), págs. 191-203, y además: T. Navarro Tomás, *Dédoublement de phonèmes dans le dialecte andalou*, en *TCLP*, 8 (1939), págs. 184-186, y *Desdoblamiento de fonemas vocálicos*, en *RFH*, 1 (1939), págs. 165-167; D. Alonso, A. Zamora y M. J. Canellada, *Vocales andaluzas*, en *NRFH*, 4 (1950), págs. 209-230; L. Rodríguez-Castellano y A. Palacio, *El habla de Cabra*, en *RDRTP*, 4 (1948); M. Alvar, *Las encuestas del Atlas lingüístico de Andalucía*, Granada, 1955, págs. 6-14, y *Las hablas meridionales de España y su interés para la lingüística comparada*, en *RFE*, 39 (1955), págs. 284-313; G. Salvador, *El habla de Cúllar-Baza*, en *RFE*, 41 (1957), págs. 161 y sigs.

ÍNDICE DE TÉRMINOS DE LA PRIMERA PARTE

(Los números envían a las páginas)

ÍNDICE GENERAL

SEGUNDA PARTE

FONOLOGÍA DEL ESPAÑOL

Págs.